新形势下档案安全风险及防控对策研究

谭 萍 著

辽宁大学出版社
Liaoning University Press

图书在版编目（CIP）数据

新形势下档案安全风险及防控对策研究 / 谭萍著
. —沈阳：辽宁大学出版社，2019.12
　　ISBN 978-7-5610-9898-1

　　Ⅰ.①新… Ⅱ.①谭… Ⅲ.①档案管理－安全风险－
研究 Ⅳ.① G271

中国版本图书馆 CIP 数据核字（2019）第 296260 号

新形势下档案安全风险及防控对策研究

XINXINGSHI XIA DANGAN ANQUAN FENGXIAN JI FANGKONG DUICE YANJIU

出　版　者：辽宁大学出版社有限责任公司
　　　　　　（地址：沈阳市皇姑区崇山中路66号　邮政编码：110036）
印　刷　者：沈阳文彩印务有限公司
发　行　者：辽宁大学出版社有限责任公司
幅面尺寸：170mm×240mm
印　　张：16.5
字　　数：310千字
出版时间：2019年12月第1版
印刷时间：2020年3月第1次印刷
责任编辑：田苗妙
封面设计：孙红涛　韩　实
责任校对：齐　悦

书　　号：ISBN 978-7-5610-9898-1
定　　价：65.00元

联系电话：024-86864613
邮购热线：024-86830665
网　　址：http:// press. lnu. edu. cn
电子邮件：lnupress@ vip.163. com

前　言

在传统档案保护及其管理过程中，从甲骨档案、金石档案到纸质档案，无论对档案实体还是档案内容信息的保护，当代都有较成熟的技术，并且还在不断完善与发展。由于档案具有长期保存与利用的要求，新旧技术也在不断地更替，当前正在使用的先进的技术，不久后就可能落伍，不再使用，如卫生球防虫曾经广泛使用，但这些年这一保护技术逐渐被淘汰。

在传统档案保护研究及管理中，针对保护技术的使用与变迁，档案保护过程中的新技术存在的时效性是否对档案实体及信息存在威胁因素等问题，国家及相关部门颁布了相关的标准与规范，如《档案馆建设标准》《档案虫霉防治一般规则》《档案修裱技术规范》等。在整个档案保护与管理生命周期中，这些标准和规范大多属前期与中期保护与管理标准，在档案保护与管理生命周期的后期，缺乏相关的、有针对性的分析、评价与测度，即使存在所谓的评估，其技术实施效果评价主要人选也是相关领域的专家或专业技术人员，无统一的评价标准，带有很强的主观性，评估中主要依据每位评审员的经验和主观判断。

传统档案安全保护与管理带有较强的人为因素，评价主体是相关领域的专家或专业技术人员，这也使其评价有了可信性与权威性。对档案保护技术在实施中由于环境、人为操作偏离规范或标准等因素所造成的某些档案在修复后出现的字迹洇化、扩散、生霉长虫等现象，可以通过评估找出其主要原因，认清问题的根本所在，以便改善技术，确保再次修复时不会产生同样的结果。

随着计算机应用技术在档案管理中的普遍应用，档案管理信息化的步伐不断加快，而数字档案信息的原始性、真实性、完整性及不可抵赖性决定了长期持续地保存并利用数字档案信息在传统档案管理过程中会面临前所未有的挑战。例如，数字档案信息保存中的技术风险、数字档案信息系统突发事件风险、数字档案信息管理风险、数字档案信息保存中的人员责任与合作风险、数字档案信息知识产权风险、数字档案信息保存元数据风险等都突出地显现出来。这就要求档案管理人员关注数字档案的安全，不断地研发在数字档案保存及利用过程中更加切实可行的方法与技术，完善数字档案管理的策略。

因此，在档案保护与管理生命周期中，处于后期反馈信息阶段的评估机制的研究至关重要。在国家档案管理部门提出的"档案安全体系"中明确提出了电子文件的大量产生给非传统载体档案信息安全带来了新的难题。如何保证数字文件的齐全完整、真实有效及可识别，让今天产生的数字文件在几十年甚至几百年后还能被他人识别利用，是一个需要我们从现在起就要深入研究和探讨的问题。我们在研究电子文件特性的同时，必须对保护电子文件的相关法律、体制及标准等进行研究，在数字档案保护中充分发挥其应有的作用，确保档案保护措施不偏离数字档案要求的长期安全并可读取与利用的目标。

目　录

第一章 档案保护与安全概述

第一节 档案保护的概述

档案是人类社会发展的产物，并伴随社会的发展而发展。从古老的甲骨档案、金石档案、简牍档案、缣帛档案到纸质档案的产生，再到近现代照片档案、声像档案、电子档案等的出现，形成了丰富多彩的档案财富，记录着人类历史的每一步足迹。

档案载体随着社会和科技的发展而不断改变。中国早期有甲骨档案、金石档案、简牍档案和缣帛档案；东汉时期造纸术发明以后，出现了大量以纸张为载体的纸质档案；近现代则出现了以胶片、磁带、光盘等为载体的档案新形式。这些档案的材料在保存和使用中会发生变化，载体材料会逐渐老化而损毁，记录材料也会出现字迹退变和信息失真现象，严重时则会失去利用价值。档案保护的基本任务是认识档案材料的变化规律，借助一定的技术和方法，改善档案保管条件，修复损坏的档案，使档案能长久地为人类文明和社会发展服务。

保护档案是保持民族文化传承、连接民族情感纽带、增进民族团结和维护国家统一及社会稳定的重要文化基础，也是维护世界文化多样性和创造性、促进人类共同发展的前提。加强档案的保护是建设社会主义先进文化、贯彻落实科学发展观、构建社会主义和谐社会的必然要求。

一、档案保护的发展过程

档案材料多种多样，年代跨度也很大，档案材料老化和档案保护工作一直广受关注。档案保护的发展过程可以划分为四个阶段。

（一）档案保护的早期阶段（纸张出现前）

我国早期档案保护的对象是甲骨档案、金石档案、简牍档案及缣帛档案等。这些材料耐用、持久，不易损坏，保护技术显得不那么重要和迫切。其中，缣帛档案应用范围不广，即使较易腐烂，难以长期保存，也未引起社会的广泛关注。早期的档案保护缺乏主动的意识和自觉性，更多的是档案的整理、归类和管理，是一种朴素的、原始的档案保护活动。

（二）纸张出现后的档案保护阶段

纸张的种类繁多，质量差别很大。早期手工纸档案的损坏主要来自火、水、虫、霉、战乱和一些机械损坏，为克服这些因素的破坏，我国采取了染纸防蠹、改进馆舍建筑和使用档案装具等方法，以更好地保存纸质档案。

随着机械造纸的出现，纸张数量激增，质量却急剧下降，纸质档案寿命引起了社会的广泛关注。档案保护工作逐渐国际化、社会化、专业化。

制造和使用更耐久的新闻纸、提高文献纸张的稳定性、分析纸张老化的原因和情况、探讨重要手稿的保护问题、建立文献纸张质量标准、提交保存纸张最佳环境报告、研究纸张去酸与文献保护修复工作、用醋酸纤维素胶纸和绢丝层压保护退变损坏纸张等是档案保护工作专业化的重要体现。

（三）影像与数字信息的档案保护阶段

19 世纪后，胶片的运用促使胶片档案大量产生，随之而来的胶片老化和影像退变现象不断发生。认识胶片材料变化规律，加强胶片保护方法的研究是档案保护工作的发展需求。

20 世纪后，磁带和光盘相继问世，档案信息形式更加多样，档案载体和信息记录方式有了很大改变，扩大了档案保护的范围。关注磁性载体和光盘材料的变化，掌握载体和信息的保护方法，是档案保护工作的拓展和深入。

（四）现代档案保护的发展阶段

21 世纪，档案事业的发展创新了档案保护的观念和理论，新方法、新技术、新成果不断涌现，档案保护标准和技术规范不断完善。档案异质异地备份、永久档案安全封存、档案减灾和突发事件处置、智慧档案馆和智能管理系统建设、档案保护与安全管理的对接和融合使档案保护进入了一个崭新的时期。

二、档案保护技术的起因

随着岁月的流逝，档案本身的材料组成、结构、性能及其所处的外界环境因素的变化使档案受到不同程度的损坏，甚至毁灭。档案损毁的原因分为人为因素和自然因素，它们对档案的损坏造成了档案利用的长久性要求与档案寿命的有限性之间的矛盾。为了缓解档案损毁与长久利用之间的矛盾，档案保护技术应运而生。

（一）人为因素

档案遭受人类有意识和无意识的破坏是十分普遍而又十分严重的，人为的有意破坏对档案的危害最大。

一是战争对档案的破坏。鸦片战争时，西方列强用大炮轰开中国大门之后，大肆对档案图籍进行掠夺破坏，甲骨、简牍、敦煌石室遗书都曾遭到侵略者的洗劫，损失惨重。第二次世界大战期间，纳粹当局于1943年9月2日肆意纵火，使波兰华沙的中央历史文献档案馆蒙受了无法弥补的损失，90%的档案资料被焚为灰烬；1943年8月的一次空袭之后，米兰国家档案馆的主体建筑在20天内化为灰烬；法国的布雷特斯、沙勒维尔和奥尔良档案馆的大部分档案被德军空袭及空袭之后的大火摧毁。

二是政治对档案的破坏。秦始皇的"焚书"使秦以前的档案典籍焚毁殆尽；秦代所藏档案图籍在项羽入关火烧阿房宫时基本被全部破坏；李自成攻陷北京之后，内府藏书被付之一炬；1921年国民党统治时期，教育部以经费困难为由变卖内阁大库档案，史称"八千麻袋"事件。

三是盗窃造成档案的损坏。

四是管理不善引起档案的损坏。

五是方法不科学带来档案的损坏。不科学的保存方法、不符合要求的保护修复材料、不合理的保护方法和工艺都会给档案带来有害保护或破坏性保护。

（二）自然因素

自然因素对档案的破坏不仅有重大自然灾害导致的毁灭性破坏，还有经常性的、缓慢的、日积月累的破坏。

一是重大自然灾害的破坏。地震、台风、海啸、火山爆发、雷击等重大自然灾害对档案的破坏既迅猛又严重，往往还难以预料。

二是有害生物破坏。有害生物破坏主要是指有害昆虫、有害微生物及鼠类对档案的破坏。有害昆虫不仅具有一般昆虫的共性，还具有其特点（惊人的抗干旱能力，很强的耐高低温、耐饥饿能力，极强的杂食能力和繁殖能力等），对档案的破坏性非常大。有害微生物（如霉菌、放线菌等）在潮湿环境下以档案材料作为营养基生长繁殖，使档案发霉、腐烂、变质；微生物分泌的纤维素酶、淀粉酶、蛋白酶、果胶酶等会分解档案材料，使档案破坏更为严重。鼠类的咬食使受害档案轻则散页、残缺不全，重则被咬成木屑、纸片，造成无法挽回的损失。

三是经常性的缓慢的累积性破坏。它包括不适宜的温湿度、光、空气污染物（有害气体、降尘）等对档案的破坏。比如，湿度过低会引起档案的干缩、翘曲，过高会引起档案的霉变；紫外线辐射可使档案褪色、脱色，材质发生光化学氧化、光化学老化和光分解；空气中的 NO、NO_2、SO_2、H_2S 等有害气体，酸、碱、盐粉末和颗粒等降尘成分遇到水分或潮气会溶解、腐蚀档案，使档案酸化分解。

档案保护需要坚持以防为主、防治结合的方针，遵循加强重点与兼顾一般、常态管理与减灾处突相结合的原则。防范有害因素的破坏是档案保护的重要内容。

档案保护工作需要以档案实体材料和记录信息为研究对象，认识与探索档案材料的变化规律及档案受损因素，遵循相关法律法规和标准规范，严格执行规章制度，通过提高从业人员专业素质，改善馆（库）基础设施条件，改进和完善档案的保管和利用环境，运用有效的技术和方法，实施有效的监管和分类管理，消除损坏档案的内部和外界不利因素，加快破损档案的抢救与修复，扎实有效地保护档案，延长档案使用寿命。

三、档案保护技术的内容

档案保护技术与化学、物理、生物、建筑、计算机、现代通信技术等结合紧密，具有明显的综合特征。按照技术实施的环节，档案保护技术可分为预防性保护技术、治理性保护技术、再生性保护技术。

（一）预防性保护技术

预防性保护技术是指为防止内外界因素对档案的影响而采取的技术方法和技术手段。针对外界因素的预防性保护技术主要通过档案保存环境控制来实现。档案保存环境是指围绕档案保存和利用等各环境相关因素的总和，具体包括库房建筑及设备、库房内的环境条件（温度、湿度、有害气体、光）和档案在利用中所使用的与之相关的设备或所处的暂时环境条件。档案馆建筑应按照功能要求，在结构、技术、材料、艺术、形象、节能、绿色环保等方面满足档案保管、利用、宣传、教育等业务及行政管理方面的可持续发展要求，配置必要的设备，合理控制档案库房温湿度，防光、防火、防潮（水）、防震、防盗、防尘、防空气污染、防有害生物，创造良好的档案保存环境。对电子档案而言，还要注重信息安全监测、访问控制、网络安全等，将技术措施、管理策略和法规制度融为一体，建立一个涵盖各个层面的档案信息安全立体防护体系。

针对内部因素的预防性保护技术主要通过提高档案的性能来实现。档案的性能与档案制成材料的组成成分关系密切。在相同的环境条件下，不同的档案由于制成材料的不同，老化变质的情况差别很大。因此，首先要选择耐久性好的档案制成材料，即档案载体与记录材料应具有耐高温高湿、耐光等不易受环境影响的性能。其次，要提高档案制成材料的性能。通过研究档案制成材料的成分、结构、性质，揭示档案材料老化变质的实质，掌握档案材料老化变质的规律，从而采取科学的预防措施和方法，提高档案抵抗外界不利因素的能力，降低其损毁速度。

（二）治理性保护技术

治理性保护技术属于抢救性的保护措施，是指对受损档案或存在不利于永久保存因素的档案进行干预，提高档案制成材料耐久性的技术方法和技术手段。治理性保护技术包括档案去污技术、去酸技术、加固技术、修裱技术、字迹显示与恢复技术、杀虫灭菌技术等。去污的方法有干法去污、水洗去污、有机溶液去污和氧化去污；去酸的方法有液相去酸和气相去酸；加固的方法有封套加固、涂膜加固、辐照聚合加固等；杀虫的方法有物理方法和化学方法；灭菌的方法主要是通过药物抑制霉菌繁殖，消灭菌孢子，消除霉菌斑。

任何治理性保护技术都会给档案带来影响。因此，治理性保护必须注意干预的度和标准，尽量避免过度干预对档案造成的"保护性损害"。

（三）再生性保护技术

再生性保护也称内容保护，是指对档案信息内容进行转换、迁移的技术方法和技术手段。再生性保护技术包括档案仿真复制、档案缩微、档案翻拍、档案数字化、档案备份等。档案仿真复制的方法有手工临摹、数字仿真复制、静电复印等；档案缩微的方法有缩微摄影和计算机输出缩微品；档案数字化有纸质档案数字化、缩微胶片数字化、照片档案数字化、音像档案数字化等；档案备份强调异质备份和异地备份。

四、档案保护修复原则

贯彻"以防为主，防治结合"方针，就是要倡导预防性保护，以预防性保护为第一选择途径。这一现代保护理念要体现在馆藏档案保护方案编制和保护技术实施中，贯穿于馆藏档案保护工作的全过程。

"以防为主，防治结合"方针是我国长期档案保护理论与实践的总结，与以 1964 年《国际古迹保护与修复宪章》（又称《威尼斯宪章》）为代表的国际原则不谋而合。"防"一是指从档案形成源头做起，包括合理选择载体、记录材料等；二是指改善档案保存条件，控制环境因素，尽量减少外界因素对档案的侵蚀和破坏。"治"是对已遭损害的档案进行抢救性保护处理，清除档案病害，增加强度，使档案重新变得稳定，恢复原貌。"防"和"治"结合，能够实现档案实体安全和信息安全。

档案保护修复的原则如下：

（一）最小干预原则

强调加强日常管理和预防性保护工作，即监控档案的保存环境，这是档案得到良好保存的基本工作；强调保护和修复工作只在预防性工作的基础上展开，并且只在档案的结构稳定性或完整性受损时，采取必要的保护修复措施，以维持其结构稳定性和完整性。

（二）相似性原则

所选用的修复材料必须与被修复的档案具有相似的厚度、颜色和结构等。修复部分远观相似，近察不同，或通过修复记录可加以区别。

（三）使用成熟技术原则

所有的新材料、新工艺、新技术都必须经过前期试验和研究，证明是最有效的、对档案是无害的才可以使用。

（四）可逆性原则

在修复时，所使用的材料应该易于在必要时采取温和的方法去除，使档案恢复到处理前的状态。

（五）不改变原状原则

档案修复不得改变档案原状，即不得改变档案原有的形状、原有的结构、原来的制作材料、原来的制作工艺技术。

五、档案保护技术要求

档案的特点及保护修复原则决定了当前档案保护技术应具有以下要求。

（一）系统性

既要涵盖传统纸质档案的保护方法，也要涵盖非纸质档案特别是电子档案的保护手段和措施，并重视技术的管理。既要继承和发扬传统的档案修裱加固技术、去酸去污技术、受损档案修复技术，也要巩固和加强档案馆建筑设计、档案馆改造、档案馆设备设施、消防系统、安全防范系统，更要深化和推进档案载体的转换、数据的备份、信息安全的防护，特别是电子档案真实性、完整性、可靠性和可用性的全程维护等安全保障技术，同时在管理层面促进各项档案保护技术的有效实施。

（二）科学性

应运用调查法、实验法、文献研究法、经验总结法、比较研究法、跨学科研究法、个案研究法等，从多个角度全面开展研究，保持档案保护技术的学术价值、社会价值和经济价值。档案保护应既有在长期的应用实践中证明是科学的传统工艺技术，也有经过前期试验和研究验证的已成熟的新材料、新工艺、新技术，以满足当下档案保护工作的新需求。

（三）实用性

档案保护技术应强调基础知识、基本技能，着力给出切实可行的操作方法和整体性解决方案，由此及彼、由表及里，使从事档案保护实践的一线工作人员易学易懂，乐于使用。

（四）前沿性

档案保护技术应反映档案保护领域最新的理论、学术主张和实践经验；应通过比较、鉴别，有选择地吸收，重点攻关，在电子文件（档案）备份中心建设、国家重点档案抢救与保护、档案馆灾害防治及档案安全体系建设等方面有所突破，填补档案保护领域的空白。

六、档案保护发展趋势

（一）档案保护理念呈现"藏用并举，为藏而保，为用而保"趋势

在古代，档案保管一直采取"重藏轻用，以保养藏"的深墙大院式管理。当代，档案部门完全打破了围墙观念，档案馆成为档案信息资源的服务中心，为公众服务。2010 年，国家档案局提出构建"三个体系"，即"建立覆盖人民群众的档案资源体系、方便人民群众的档案利用体系、确保档案安全保密的安全体系"。"三个体系"的提出与实施充分体现了我国档案保护工作理念的转变和档案保护文化的时代变迁。"藏用并举，为藏而保，为用而保"成为档案保护工作的最高指引，档案保护技术也因此不断革新，如档案载体多样化、档案信息数字化等，既使"死档案"变成了"活信息"，又最大限度地延长了档案寿命。

（二）档案保护研究领域不断扩大

传统的档案保护建立在对实体档案特别是对纸质档案保护的基础上。纸质档案内容与载体不可分割，只要把档案载体保护好，档案内容便可得到相应的保护。而必须依靠特殊设备才能获取内容的档案，如电子档案，不再集档案信息内容和载体于一身，即使我们把电子档案的载体保存完好，也不一定能把载体上的档案信息内容读取出来。因此，载体不再是唯一的保护对象，档案保护既有档案载体的保护，又有档案内容的安全性保障。档案保护从以往侧重载体寿命研究转为档案实体与档案内容永久

性保护研究并重，档案保护的研究领域不断扩大。

档案是文化的一部分。档案保护是还原社会记忆、传承文化成果的重要实践。1992 年，联合国教科文组织发起"世界记忆工程"，实施联合国教科文组织宪章中规定的保护世界珍贵历史文献的任务，对世界范围内正在逐渐老化、损毁、消失的文献记录进行抢救，从而使人类的记忆更加完整。我国先后有民族传统音乐与民间音乐录音档案、《清代内阁秘本档》中有关 17 世纪中叶西洋传教士在华活动的 24 件满文档案文献、云南省丽江纳西族东巴经手稿、清朝金榜和清代样式雷图档入选《世界记忆名录》。由此可见，档案保护参与文化传承已成为发展潮流。

（三）档案保护对象和保护技术日益多元化

在数字信息时代，档案管理技术和方法有了质的飞跃，原本以手工操作为主的档案管理实践被计算机软件、便捷的网络、成熟的信息技术取代。档案管理技术的革新给档案保护内容增添了多元化的因素，如以往的档案保护只要求对库房条件进行研究即可，现在的电子档案则面临着来自四面八方的威胁，包括计算机病毒侵害、黑客攻击、不合法用户干扰等，它们会使档案信息产生再现障碍；载体自身的寿命和技术的升级换代也会影响档案信息内容获取能力的传承。这些都会降低档案的作用与价值，制约档案凭证效能的发挥。因此，档案载体的转换、数据的备份、信息安全的防护以及电子档案真实性、完整性、可靠性和可用性的全程维护是档案保护工作面临的新挑战，也使档案保护对象和保护技术呈多元化发展趋势。

（四）档案保护跨学科色彩更加浓烈

跨学科交叉是解决当前日益复杂的客观问题的现实需要。美国国家科学院 2004 年发表的《促进跨学科研究》报告指出："跨学科研究是人类进行的最具成效、最鼓舞人心的一种探索活动，它能提供一种产生新知识的对话和联系形式。"档案保护跨学科的先天基础更决定了其依赖自然科学技术的发展。国际公认的现代文明三大支柱——材料、能源和信息技术中，与档案保护直接有关的就有两个——材料和信息技术。这些领域的发展必然会对档案保护的发展带来变革。因此，档案保护将不断进行相关学科的研究方法和研究成果的有效整合，跨学科交叉日益深入，更加适应时代的发展。

（五）档案保护国际交流与合作更趋广泛

在社会经济、科技、文化全球化的今天，加强国际交流与合作势在必行。国外同行有许多优势和特色值得我们借鉴与学习，如美国、德国的纸张去酸技术位于世界前列，日本在应对火灾和地震方面有丰富的经验，法国在防治生物危害、照片和数字化载体保护等方面有突出成果，特别是国外关于电子档案真实性、完整性、可靠性和可用性的全程维护具有前沿性。采取"走出去，请进来"的开放战略，通过举办学术会议、人员互访、项目合作等形式，洋为中用，汲取各国档案保护工作的先进理念和成功经验，同时向世界传播我国悠久灿烂的档案保护文化，是我国档案保护实现可持续发展，创造更大辉煌，由档案大国变成档案强国的必经之路。

（六）档案保护标准化水平进一步提高

标准化工作是科技、经济和社会发展的基础。截至 2011 年底，我国制定的档案保护技术方面的标准共 30 余项，内容涵盖档案用纸、档案字迹耐久性测试，档案馆建筑、装具，档案有害生物防治，档案修裱，档案缩微，照片、磁性载体、光盘、电子文件管理，纸质档案数字化等。这些标准极大地促进了档案保护工作的规范化发展。随着档案信息化建设的推进，大量电子档案产生，档案管理工作内容发生了巨大变化，档案保护工作呈现出许多不同于传统档案保护的新特点，电子档案的长期保存、档案信息安全等对档案保护工作提出了更高的要求。标准化成为档案保护工作的发展方向。

（七）档案保护日趋绿色环保

档案保护方法和保护材料的选择由只追求高效转变为既追求高效，又要求生态、环保、低毒、无残留。生态、低碳、环保是时代发展的潮流，也是档案保护发展的必然趋势。建筑耗能在人类整个能源消耗中占 30%~40%，因此，建筑节能意义重大。档案馆建筑群体及设备设施应遵循《绿色建筑评价标准》《公共建筑节能设计标准》，最大限度地节约资源（节能、节地、节水、节材），保护环境，减少污染，提供健康、适用和高效的使用空间，与自然和谐共生。

（八）档案保护呈社会化服务态势

根据发达国家的经验和我国档案保护工作实践，由社会服务机构为档案部门提供档案保护技术服务成为一种趋势。档案保护工作的一些环节重复性强、维护成本高、技术支持难度大，档案馆既无必要也不可能都配备相应的设备设施、拥有相关的专业技术和人员。因此，客观上要求把各档案馆共同的重复性的档案保护工作环节分离出来，成立专业性的社会服务机构来从事这部分工作，以减少档案馆的风险和压力。档案保护社会化服务有利于资源的优化配置和合理利用，有利于档案保护向深度和广度进军，实现专业化、系统化和产业化。

（九）危机管理日益强化

随着世界的复杂化、网络化、信息化、媒介化以及实践的广域化，出错的概率变得越来越大，影响变得越来越广，危机越来越不可避免，危机管理成为应对危机不可或缺的利刃，预测和处理危机的能力也成为档案馆必须具备的核心能力之一。档案馆危机包括突发性危机和常态性危机：突发性危机是对档案馆系统造成严重威胁或破坏，需要档案馆人员立即反映的高度震荡状态，如灾害、风险、事故、突发事件等；常态性危机是对档案馆工作产生干扰或破坏，进而影响档案馆发展，需要档案馆人员持续关注的高度不确定性状态，如人才危机、经费危机、资源危机、技术危机、服务危机等。档案馆除建立危机应急预案、做好应急准备工作外，还应加强危机应急体制和机制的建设，如建立和完善危机预警机制，设立常设性危机管理决策和执行机构，建立应急信息系统等，不断提高危机管理的水平。

（十）档案保护参与文化传承不断加强

档案保护参与文化传承表现在两个层面：一是保护好档案本身。因为档案是承载文化稳定而可靠的载体，保护档案就是保护文化。以圆明园遗址的恢复为例，从整个园址的范围、布局到各个建筑的位置、式样，再到建筑内部的装饰、陈列等，都是以保存至今的档案为依据恢复重建的。二是记录并保护濒危文化遗产。档案工作者要主动记录即将消失的各种文化现象，用文字、照片、录音、录像等各种形式为濒危文化建立档案。比如，民族、民间、民俗文化的搜集和保存，传统戏曲剧种、剧目的挖掘和保护，中医中药及少数民族医学的保护，后继无人、快要失传的工艺以及即将迁移或改造的社区、街道、村庄、建筑的记录和保存等。

第二节　档案安全的内容

一、档案安全概述

档案安全是对档案实体和信息采取防范措施，避免受到自然灾害、人为事故和突发事件的破坏，使档案处于安全状态，确保不发生档案丢失和损毁，以及信息泄密事件。确保档案安全是档案部门的基本任务和第一要求，也是档案工作者的基本职责。

确保档案的绝对安全是档案安全的根本目的。档案安全应遵循严格管理、预防为主、防治结合、确保安全的原则，其基本任务是确保档案在管理活动中不发生破坏性事件或事故，化解和消除管理活动中存在的安全风险和隐患，使保管和利用的档案没有危险、不受威胁、不出事故。

二、档案安全的主要内容

档案安全管理的对象是档案实体和档案信息。要想确保档案的绝对安全，就需要明确档案安全管理职责，确保档案实体和档案信息的安全，维护档案保管和使用中的安全稳定。

（一）加强档案实体安全

确保将工作活动中形成的具有保存价值的档案资料收集齐全、完整、真实、准确，并及时归档。分类存放和规范保存不同载体材质的档案。定期进行收藏档案清点核对，做到登记台账与档案实体相符。建立健全档案调归卷制度、档案与人员出入库登记制度。用复制件代替原件提供利用。

（二）强化档案信息安全

认真执行档案工作保密制度，制定档案信息安全管理制度。做好档案的鉴定工作，划定档案开放与控制使用范围。严格制定涉密档案和控制使用档案的审批和执行规定。涉及保密档案的电子设备、通信和办公自动化系统均应符合保密要求。打印及输出涉密档案信息，应当按相应密级的文件进行管理。档案信息采用异质化处理时必须进行病毒预检，防止病毒破坏系统和数据。

（三）明确档案安全职责

建立健全档案安全责任制和档案安全管理制度，制定切实有效的突发性灾害、事故应急处置预案。定期实施档案安全检查，及时发现安全隐患，及时报告发生的档案安全事故，第一时间进行抢救恢复，不断完善应急措施。

（四）注重工作活动中的档案安全，做好灾害防范工作

档案库区内应安装安全防护监控系统或防盗报警装置，加装防盗门、防盗窗等可靠的安全防护设施。配备火灾自动报警系统和灭火设备，确保库房密闭性、门窗防火性以及库房消防通道的畅通性。

加强档案工作活动中的安全管理，注重整理、利用和提供服务等活动中档案载体的安全和环境安全，消除档案损毁、丢失等安全隐患。

加强档案安全教育，强化安全技术培训，确保档案管理员经过档案安全知识和消防安全技术培训。做好档案自然灾害和人为事故、档案工作突发事件、档案信息灾难的安全防范工作。

三、档案安全文化的内涵与架构

（一）档案安全文化内涵

档案安全文化是在档案安全保护实践工作中积累形成的，是经验的总结，是保护档案安全、抵抗外来一切风险的重要手段。我国从古到今，档案保护技术源远流长，从商代殷墟甲骨在地窖中分类保管到当今档案在恒温恒湿的现代化库房保存，从杀青、染纸避蠹到大规模熏蒸杀虫灭菌，从古代手工装裱技术到当今的机械化修裱技术，尽管在档案保护技术历史上没有形成"档案安全文化"的称谓，但这些随着人类科学技术发展而不断创新的档案保护技术与保护理念就是为了保护档案安全而产生的，实际上已经在无形中形成了灿烂的档案安全文化。档案安全文化是档案文化的重要组成部分，也是档案文化得以发展的有力保障。

毫无疑问，档案安全文化隶属于档案文化。王英玮认为，档案文化"是人类社会各组织和社会成员通过有意识的创造性劳动，逐步积累和保存下来的维系和促进人类历史文明延续和发展的物质与精神文化财富"。档案文化有狭义和广义之分：狭义的档案文化一般指档案实体文化；广义的档案文化则除了档案实体文化之外，还包括人类有效管理和利用这种实体文化成果而采取的活动方式及其创造出来的档案事业，包括档案管理理论、管理体制、相关法律政策、管理技术、档案意识、档案行为等。在此，笔者从广义的档案文化视角阐释档案安全文化。档案安全文化也有狭义与广义之分。从狭义上讲，档案安全文化可以仅从精神层面界定，即保护档案安全的价值观念、行为准则与规范等。从广义上讲，档案安全文化就是人们在长期的档案管理实践中为了保护档案安全而形成的物质财富和精神财富的总和，具体表现为与档案安全保护相关的政策、法规、制度、意识、技术等；简而言之，就是在档案管理活动中围绕档案安全而产生的文化。

档案安全文化的提出是为了更好地保障组织机构实践中档案的安全。因此，把档案安全文化放在组织机构中理解更具实践意义。需要说明的是，本书中的组织机构不仅指档案机构，还包括企事业组织、机关等社会组织，因而档案安全文化又可以理解为组织文化的一部分，即组织文化的亚文化。霍夫斯泰德认为，组织文化是一种心理或组织的潜意识，它一方面在组织成员的行为中产生，另一方面作为"共同的心理程序"引导这些成员的行为。石伟等给组织文化的定义是，组织文化是组织在其内外环境中长期形成的以价值观为核心的行为规范、制度规范和外部形象的总和。尽管人们对组织文化的表述不同，但基本都认为组织文化表现在外是一种组织成员共享的行为规范，内在本质是组织成员共有的核心价值观。因此，在组织机构内，档案安全文化可理解为组织运作过程中在组织成员中形成的、较为稳定的保护档案安全的价值观、行为规范、制度规范等的总和。笔者认为，组织机构内档案安全文化的形成就应该是这样一种过程：把档案安全目标内化为组织成员的潜意识或者心理，形成文化自觉，进而指导人们在组织工作中的档案安全保护行为，从而达到档案安全保障的目的。因此，档案保护工作可以把档案安全文化的影响作为一种档案安全管理的手段，利用"文化"的形式和手段为档案安全服务，达到实现档案安全保管的目的。把档案安全文化视为组织文化的一个重要分支，通过安全价值观等"软"性因素约束组织成员的安全行为，比规章制度等"硬"性因素的约束与管理的作用更强大、持久与深刻。

（二）档案安全文化的内容构成

由于档案安全文化隶属于组织文化，因而可以参照组织文化来架构档案安全文化的内容。笔者把档案安全文化划分为五个层次。

第一，档案安全物质文化层。档案安全物质文化层是指组织内实现档案安全保护的安全保障产品、工具、装具、设备、环境的总称，是实现档案安全保障的条件和基础，是档案安全保障的"硬件"。档案安全物质文化是档案安全文化的表层，是外显层，其内容一目了然，可以折射出组织的档案安全管理意识，反映档案安全水平。

档案安全的物质文化层可以分为以下几类：首先，档案库房的设计与构造类，如库房围护结构、库房的门窗设计等。其次，档案装具、修复工具类，装具如保管档案的柜架、档案卷盒等；破损档案抢救所需工具，如绷子、排笔、糨糊等。再次，电子档案保护硬件、软件类，如电子文件生成与管理系统，数据迁移、备份、恢复软件等。最后，档案安全保护所用化学药品类，如去霉防虫、去污去酸、字迹恢复的系列化学制剂。这些均构成了档案安全物质文化。档案安全物质文化能够比较客观、明显、真实地反映档案安全保护发展阶段的特点，反映不同历史时期档案保护意识、技术水平的高低。

第二，档案安全制度文化层。档案安全制度文化是指对档案机构、组织及其档案管理人员的行为产生规范性、约束性影响的系列管理制度体系。一方面，从档案安全保护业务角度来看，档案安全制度文化包括科学制定、颁布档案安全保障的法律法规、条例、管理办法，档案安全管理体系，档案保护指南、标准、规章制度，以及安全宣教与培训制度等；另一方面，从档案安全保护的行政管理角度来看，档案安全制度文化包括不同等级档案安全保障的组织机构、关系网络、职权分布、安全管理责任分担等。

第三，档案安全行为文化层。档案安全行为文化是在实际档案管理过程中所采取的安全保护行为的表现。比如，在档案馆对档案的日常维护工作，对破损纸质、声像档案的抢救保护工作，对机构电子文件的前端与全程控制，在突发性灾害来临时的应急处理与抢救等，它们都是档案安全保障行动的具体表现。档案安全行为文化是档案安全价值观念的直接体现。

第四，档案安全价值规范文化层。档案安全价值规范文化层是档案安全文化最核心、最重要的组成部分，是组织领导者在工作过程中对档案安全保护行为、方法、环境、原则等的基本态度和价值观念、行为规范的总和。比如，档案安全意识、安全理念、安全价值标准等均属于该层次。美国人类学家安·瑞菲尔德说，"价值观念是一种或明确或隐含的观念。这种观念制约着人类在生产实践中的一切选择、一切愿望以及行为的方法和目标"。档案安全价值观念尽管无法看到，却可以外在表现为一个组织公认的安全价值标准，内化在组织成员的内心深处并指导其安全行为，从而形成安全行为规范。而档案安全行为规范则表现为安全道德伦理、组织的档案安全管理的风俗习惯。

档案安全价值规范文化影响着档案组织成员如何理解组织内档案安全制度文化，如何采取安全行为。档案安全价值规范文化决定着组织内档案安全文化的方向。而这种价值规范文化不是一朝一夕能形成的，因此，组织机构应该重点关注组织成员的档案安全价值规范文化的形成。这也是我国当前档案安全保障的主要问题所在，需要把安全价值观念内化并自觉地遵守，与组织文化相融合。

第五，档案安全知识层。档案安全知识层是组织机构档案安全文化的基础与智力支持。如果没有档案安全保护的知识技能，档案安全就无法保证。因此，档案安全知识层是实现档案安全的先决条件。档案安全知识既包括传统环境下的档案安全保护理论，如各种档案载体内在结构、损毁规律知识，不适宜温湿度、光、空气污染等不良环境对档案制成材料的破坏机理，有害生物对档案的物理与化学的破坏等知识，也包括数字环境下与电子文件保护相关的元数据、数据备份、迁移，以及网络环境、云环境下的数据安全等知识。档案安全保障的知识技能随着社会科学技术的发展而发展，也需要组织成员不断进行知识学习与创新。

第三节 档案安全体系建设

一、档案安全体系建设的主要任务

确保档案安全，建立科学、实用、针对性强的档案安全体系，这在当前和今后一段时期非常重要。档案安全体系建设的主要任务：一是提高思想认识，为档案安全构筑坚固的思想防线；二是加强安全管理，为档案安全提供健全的制度保障；三是加强基础设施建设，为档案安全提供更好的条件；四是大力保护档案原件，确保档案原件的安全；五是认真管好电子文件，确保电子文件的安全；六是切实搞好安全备份，确保突发情况下的档案安全；七是建立档案开放利用审核机制，确保档案信息的安全。

二、档案安全体系建设的主要内容

档案安全体系是一个确保不发生丢失、损毁等危及档案安全的事件或事故所采取的一切保障策略、制度或措施的完整工作体系。建设档案安全体系需要做好以下工作。

（1）遵循整体设计、分步实施，综合防范、整体安全，分级保护、务求实效，动态发展、常抓不懈的原则。实施同步规划，同步建设，根据地区、行业特点和档案实体的安全需求，综合衡量各业务系统的重要性和面临风险的大小，从实体、环境与设备等方面建立安全防范机制，实施安全等级建设和管理。

（2）针对档案安全范畴、行政管理部门级别、利用服务方式、安全管理方法等内容，综合分析档案风险及安全隐患，实现确保档案绝对安全的目标。

（3）针对档案的安全需求、管理现状和存在问题，进行安全风险分析，提出解决方案和预期目标，明确等级保护实施办法，制定安全保护策略。

（4）遵循国家相关政策、法规和标准，强调管理与技术并重、预防与应对机制共存，使预防、安全检查、抢救修复一体化，按照机构层次、工作环节和档案类型进行整体安全设计，实现多层次的纵深安全防范。

三、档案安全体系的实施——风险控制

（一）风险控制方式

档案安全的风险控制指标是一种对档案安全事故发生和发展能够做出基本判别的评估指标。借助量化的风险控制指标，能区分档案安全风险隐患，确定事故的破坏程度，预判危害的发展态势，达到减少灾害发生的概率和控制风险的目的。这种指标能够预判和评估灾害及事故的可能性和危害性，具有操作性和可行性。

档案安全体系的实施是通过档案减灾、突发事件处置和消除安全事故隐患、化解安全风险来实现的。档案减灾、突发事件处置是紧急状态下的安全应对，而日常工作中的灾害防范、常态化的风险控制是档案安全重要性和长期性的体现，是档案安全体系建设中的重要内容。

（二）风险控制指标的制定与实施

风险控制指标应从策略、管理及技术三个层面进行总体设计。策略保障是为档案事业发展提供法律依据，界定法律边界，规划发展目标和策略方向；管理保障是为档案安全实际情况制定协调制度，颁布具体条例，说明执行程序和制定实施办法；技术保障是根据档案安全整体方案和功能需求，选取有效的技术方案，采取具体的实施方法，实施安全态势监督，实现档案运行的安全管理。

风险控制指标的实施需要达到档案总体安全的目标，从时间周期、保护措施、控制风险效果等方面，加强档案安全管理，并通过档案安全状态的实时监控，及时分析档案安全态势及发展，确保档案安全目标。

设计风险控制指标，需要依据国家档案安全战略、本单位所属系统的发展需求、面临的安全工作形势和现实情况，从降低档案安全风险的要求出发，认真研究和制定考核依据、考核内容、考核办法、评分标准等。

档案馆（室）风险控制指标的核心内容是档案保管和档案利用的安全保障。风险控制指标应包括档案安全隐患和潜在风险可能存在的各个层面、环节、人员和场所。控制风险的范围包括库房基础设施、配置的设备设施，也包括档案前端与后端管理，以及档案减灾处突和档案抢救修复等内容。

风险控制指标的作用如下：一是可以成为档案行政管理部门指导和监督档案馆（室）开展档案安全工作的依据；二是可以成为各级各类档案馆（室）进行档案安全工作自查，实施自我监督的工作标准，还可以成为衡量各级单位档案安全工作开展情况的评估标准。

第四节 档案物理管理与保护

一、档案物理管理与保护的发展历程

自文字产生以来，人类就有了档案的记录和保存的历史。在这个历史发展过程中，先是发明制作档案的记录工具和寻找存储档案内容的载体材料，然后是针对不同形态档案进行各种保护技术的探索和应用。通过对档案制作、保存实践与理论的总结，人们最终建立起专门的保护技术学科并进行系统研究。

（一）记录工具的发明和使用

人类的历史从制造和使用工具开始，并以制造和使用工具作为其发展的主线之一。每一次新工具的发明和使用都带来了人类社会翻天覆地的变化。迄今为止，按照人类发明和使用工具的自动化程度，记录工具可划分为手工记录工具、半自动化记录工具和自动化记录工具。手工记录工具主要有刀具、笔；半自动化记录工具主要有打字机、键盘、传统印刷机；自动化记录工具主要有照相机、录音机、录像机、打印机、数字印刷机等。

1.手工记录工具

利用人工直接进行书写和记录的工具，统称为手工记录工具。

（1）刀具。我国甲骨档案、金石档案的记录是通过刀具的刻录完成的。商代甲骨文是目前我国大量发现的最早且较为系统的古文字档案。甲骨档案的文字是用铜刀或石刀刻在坚硬的龟甲兽骨上的。因此，我国最早记录档案的工具是刀具。考古界认为，最早的刀是商周时期的青铜刀，它距今已有4 000多年的历史。在我国考古发现中，出土了不少商代铜刀，如在郑州商城发掘了作为兵器使用的铜刀，在安阳殷墟也出土了铜刀。从商代出土的铜刀看，其刀背处有一排圆形穿孔，这说明殷商铜刀主要是缚在木柄上使用的。除了用铜刀外，也用石刀在龟甲兽骨上刻字形成甲骨档案。石刀就是先从石头上打下石片，再用敲琢的办法，将其修理成为适当的形状，然后进行磨制形成刃部，最后经过钻孔而成。除了甲骨档案之外，石刻档案上的文字也是用刀（铜刀或石刀）刻上去的。

（2）笔。自从以简牍作为档案的载体材料出现以后，刀就结束了作为档案记录工具的使命。笔成为简牍档案、缣帛档案和纸质档案主要的记录工具。

在古代社会，人类发明了简易的笔，主要有我国的毛笔、埃及的芦苇笔和欧洲的羽毛笔。公元前 2000 年，我们的祖先用老鼠毛制成毛笔，用煤烟、灯油和凝胶相混合制成墨水进行书写。公元前 1200 年，埃及人的记录工具是用芦苇制成的书写用的芦苇笔。公元 700 年，罗马人发明羽毛笔，这种笔由一种大鸟翅膀上的羽毛制成，羽毛笔成为此后 1000 多年西方社会的主要记录工具。

纸张产生之前的简牍档案和缣帛档案都是采用毛笔作为主要的记录工具。简牍上的文字用笔墨书写，刀的主要用途是修改错误的文字，并非用于刻字。造纸技术的发展，除了毛笔记录外，刺激了笔的改进，人们又发明了许多类别的笔（如铅笔、钢笔、圆珠笔、炭笔、粉笔和蜡笔等）并付诸实践。1884 年，美国的保险推销员刘易斯·埃德森·沃特曼发明了第一支实用的自来水笔。1984 年，日本樱花公司推出中性墨水笔，它是圆珠笔和记号笔的中间产品，用的是中性墨水。因此，毛笔、钢笔、圆珠笔、铅笔、中性笔等都成了档案的记录工具。

2. 半自动化记录工具

打字机、键盘、传统印刷机属于半自动化记录工具，这些工具的共同点是首先通过人工输入录入机器，但输出是通过机器实现的，可实现一次录入多次输出，与手工书写相比，其效率大大提高。半自动化记录主要是以纸张为载体制作档案的一种记录方式。

印刷机的发明和使用对人类文明的进步和文化的传播产生了巨大的推动作用。随着纸张的发明和应用，档案数量不断增加，推动了印刷术的发明和推广。中国先发明了雕版印刷和活字印刷技术，后来欧洲各国陆续发明了印刷机。1439 年，德国的谷腾堡制造出木制凸版印刷机，这种垂直螺旋式手扳印刷机虽结构简单，却沿用了 300 年之久；1812 年，德国的柯尼希制成第一台圆压平凸版印刷机；1847 年，美国的霍伊发明轮转印刷机，1900 年，制成六色轮转印刷机；1904 年，美国的鲁贝尔发明胶版印刷机。20 世纪 50 年代以前，传统的凸版印刷工艺占据统治地位，印刷机的发展也以凸版印刷机为主。但铅合金凸版印刷工艺存在劳动强度高、生产周期长和污染环境的缺点。从 20 世纪 60 年代起，具有周期短、生产率高等特点的平版胶印工艺开始兴起和发展，铅合金凸版印刷逐渐被平版胶印刷所代替。进入 21 世纪，印刷技术与计算机技术密切结合，数字印刷的自动化记录时代已经到来。

3. 自动化记录工具

自动化记录工具是完全通过机器进行信息的记录和读取的工具，主要有以下几种。

（1）照相机、录音机、录像机。19 世纪以来，声像技术的产生与发展不仅促成了档案制成材料的变化，还使档案的记录方式发生了巨变。这一时期产生的声像档案主要有照片、录音带、录像带等。与之相对应的记录工具是照相机、录音机和录像机。

照相机是用于摄影的光学器械，其工作原理如下：被摄景物反射出的光线通过照相镜头聚焦和控制曝光量的快门聚焦后，被摄景物在暗箱内的感光材料上形成潜像，经冲洗处理（显影、定影）形成永久性的影像。最早的照相机结构十分简单，仅包括暗箱、镜头和感光材料。1822 年，法国的涅普斯在感光材料上制出了世界上第一张照片，但成像不太清晰，而且需要 8 个小时的曝光。1826 年，他又在涂有感光性沥青的锡基底版上，通过暗箱拍摄了一张比较清晰的照片。现代照相机的构成比较复杂，有镜头、光圈、快门、测距、取景、测光、输片、计数、自拍等系统，是一种结合光学、精密机械、电子技术和化学等技术的复杂产品。计算机诞生后，数码相机的出现更方便了照片和影像档案的记录。

录音机主要用于记录声音档案，它是通过电磁能的转换来实现声音的录放功能的。它以硬磁性材料为载体，利用磁性材料的剩磁特性将声音信号记录下来，再通过该设备进行声音的重放。最常用的录音机是磁带录音机。磁带录音机的种类有很多，按磁带形式分为盘式录音机、盒式录音机、卡式录音机，按体积分为落地式录音机、台式录音机、便携式录音机、袖珍式录音机，按功能分为立体声录音机、单放机、跟读机、多用机等。

录像机是记录活动影像和声音的设备。录像机分为磁性录像机、电视屏幕录像机、电子束录像机等。

（2）打印机。打印机是计算机的输出设备之一，用于将计算机处理的结果打印在相关介质上。按照打印机的工作方式，打印机可以分为针式打印机、喷墨打印机和激光打印机等。早期使用的打印机是针式打印机和喷墨打印机。针式打印机在打印机历史上很长一段时间内占据着重要的地位，但它的打印质量较低、保存性差、工作噪声较大。喷墨打印机具有良好的打印效果和较低价位，是继针式打印机之后占领了广大中低端市场的记录设备。喷墨打印机还具有更为灵活的处理能力，在打印介质的选择上，也具有一定的优势：既可以打印信封、信纸等普通介质，又可以打印各种胶片、照片纸等特殊介质。激光打印机则是近年来高科技发展的一种新产物，也是有望代替喷墨打印机的一种机型，分为黑白和彩色两种。它为我们提供了更高质量、更快速度、更低成本的打印方式。如今，打印机正向轻、薄、短、小、低功耗、高速度和智能化的方向发展。

总之，档案记录工具是随着社会和科技的发展而不断发展和更新的，总的趋势是记录的自动化程度越来越高，记录速度和信息处理能力越来越强，记录的档案内容越来越丰富。

（二）档案制成材料的选择与演变

档案制成材料包括载体材料和记录材料两种物质。任何一种档案都由这两种成分共同构成，缺一不可。载体材料起到固化档案信息内容的作用，记录材料起到显示和表达信息内容的作用。下面按照载体材料的发展历程来梳理档案制成材料的选择和演变过程。

1. 直接取材于自然物或简单加工的材料（纸前时代）

在纸张发明以前，人类主要用直接取材于自然物或经简单加工后的材料来记录和保存档案信息。由于当时的生产力水平比较低下，使用的材料与生存活动的地理位置和环境有密切的关系。因此，这个时期的档案实物主要集中在人类文明的发源地。

从考古发掘物和历史文献的记载来看，大约在公元前 3000 年前就有了档案记录的实体物件。这就是纸张发明之前主要的档案形态，包括甲骨档案、金石档案、简牍档案、泥版档案、纸草档案等。具体使用过的材料如下：古代西亚两河流域普遍使用泥版和石头；古埃及人广泛使用纸莎草；中世纪的欧洲使用羊皮纸；中国使用的是甲骨、石头、金属、竹木、丝织品等。使用的记录材料主要是机械刻痕、墨等各种字迹材料。这个时期记录技术的特点是，档案制成材料的选择以就地取材为主。

2. 纸质材料

纸具有价格低廉、质地轻软、易于书写的性能。纸的出现和推广逐渐使古代多载体的时代结束，纸成为一统天下的主流载体材料。造纸术的发明是中国古代科学技术发展的一项伟大成就，也是对世界档案事业的重大贡献。纸的出现为人类提供了廉价的书写材料，使文书、档案和其他文献的载体、记录方式、传播工具等都发生了空前的变革。特别是纸张与印刷术的结合为人类文明的保存和传递做出了重大的贡献。

纸是由中国最先发明的，比较成熟的手工造纸技术产生于公元 2 世纪，然后陆续传到世界各地。12 世纪，法国建立了大型造纸厂，开始了现代机制纸的时代。从此，纸成为世界范围内通用的档案、书籍等信息的记录载体。

3. 高分子复合材料时期（纸后时代）

随着科学技术的发展和现代化技术的广泛应用，自 19 世纪 20 年代以来，一大批具有光、电、磁特性的唱片、胶片、磁带、磁盘、光盘等新型载体档案相继问世，使档案信息记录载体进入又一个多载体时代。这些材料记录的信息内容丰富，实现了对声音、影像的保真记录、保存以及完整的还原。但新材料质地普遍较纸张脆弱，对保存环境要求高，信息保存寿命短。

按照信息信号的记录方式，高分子复合材料可分为模拟记录材料和数字记录材料两种，从而形成了模拟记录档案和数字记录档案。模拟记录形成的档案主要是照片档案、录音档案、录像档案，这些档案是对纸质档案主流体系的一种补充，形成和保存数量都不大，主要集中在影视等专业部门。因此，对这部分档案的保护技术研究也不很普遍，只在一些相关部门有一些专门的技术，没有成为档案保护的主流技术。数字记录形成的档案主要是电子档案。20世纪80年代后，这种形式的档案普及速度非常快，而且大有取代纸质档案的趋势。电子档案在记录技术上的变革给纸质档案保护技术理论与实践体系带来诸多的挑战。

（三）档案保护技术的产生与发展

按照档案制成材料发展的阶段，相应的档案保护技术也经历了三个发展阶段。

1. 以藏为主的收藏技术阶段

直接取材于自然物或简单加工的甲骨档案、金石档案、简牍档案等从保存特性来看，耐久性比较好，材料的机械强度较高，对保存环境和条件要求不高，再加上形成档案的数量不大，因而档案保护工作只处于萌芽阶段，人们只进行了简单的收藏处理，如集中存放在比较安全的宗庙、窦窖里，竹木等植物制品做杀青等防虫处理即可。

2. 以静态库房保护技术为主的阶段

纸张时代，由于档案数量不断增加，档案管理工作不断专业化，保护技术也进一步细化。以中国为例，主要体现在出现了专门保管档案的库房建筑、纸张虫害防治技术和破损档案修裱技术以及保护管理制度等，并不断完善。

（1）中国封建社会时期的档案库房保护技术。

①纸质档案虫害防治方面。中草药染纸技术从中国东汉时期开始历代都有使用，如用黄蘗、花椒浸染纸张防虫，用铅丹（主要成分为四氧化三铅）制成"万年红"防蠹纸做档案、书籍的封面、副页或者包装纸。

②纸质档案修裱技术方面。纸张修裱技术历史悠久，是中国的独特技术，至今仍在书画装裱、档案修裱中起着重要的作用。该技术早在南朝时期就开始了探索，距今有1 500多年的历史。明代周嘉胄所著《装潢志》对中国古代修裱技术进行了专门的总结。

③档案保护制度方面。中国早在西周时期就有了副本制度，也就是现今所说的备份制度。自秦朝时期开始制定防火规定以后，历朝历代对防火都很关注。此外，还制

定了官吏定期检查档案、轮流看守档案库房、防治盗窃丢失等一系列保护制度。

（2）世界范围内档案库房保护技术的研究。

进入工业社会以来，科学技术不断进步，人类文明的发展进程日益加快，信息量的产生和保存呈暴增趋势，机制纸档案脆化、字迹退变日益严重，声像档案寿命大大缩短，档案损毁因素复杂多样，对保护技术不断提出新的要求，由此推动了保护技术的繁荣发展，即保护技术不断向标准化、高科技、多样化发展。进入 20 世纪以来，世界范围内出现了各种专业研究文献保护机构。1910—1913 年，美国图书馆协会成立了一个新闻纸和印刷纸老化委员会，专门研究文献纸张老化问题；1927 年，美国标准局在《图书馆季刊》上发表了保存纸张最佳环境的报告，苏联档案总局成立修复工作室，苏联科学院图书馆、国立列宁图书馆和谢德林图书馆都相继开始了文献保护与修复工作的研究。

在中国，自 20 世纪 80 年代以来，对传统技术的现代化改造最具代表性的例子就是对档案修裱技术的标准化、自动化的改造，研制出了档案修裱用纸标准、糨糊制作标准、档案修裱机等，出台了档案馆建筑规范、标准，并对耐久书写纸进行了专门研制和推广，对档案保存环境质量进行了定量化研究，对机制纸去酸、加固，计算机修复字迹，声像档案修复技术等进行了多方面的研究。

以上保护技术的应用基本是在档案库房中进行的，是以保管在档案部门的档案为主进行各种保护技术的研究和应用，对流通中档案的保护关注不多。

3. 数字时代档案保护技术的探索

20 世纪 80 年代以后，随着信息技术的发展，在办公自动化条件下出现了新的档案记录形式——电子文件。20 世纪 90 年代后电子文件的产生和利用速度非常快，而且大有取代纸质文件的趋势。由于电子文件在记录技术上的变革，电子档案的保存和利用给纸质档案保护技术理论与实践体系带来诸多挑战。同时，从这些挑战中我们也应反思以纸质档案为主的时代保护技术的一些不足。

传统档案信息与载体"相依为命"，不可分割，保持材料的原始性是保护工作的基本要求，也是最大限度地延长档案寿命的主要方法。这就是所谓的延续性保护措施。电子档案的原始信息与载体不再是一一对应的，原始的记录信息可以在非原始的载体上自由迁移。由于形成电子档案的数字记录技术不断升级换代，周期短，所以技术寿命较短。信息的迁移不只是一种复制手段，更重要的是一种延长电子档案寿命的主要方法。因此，对电子档案的保护，许多人认为技术的过时比制成材料老化对其寿命影响更为严重。

影响电子档案寿命的因素除了影响制成材料的理化因素外，还包括影响档案信息安全的因素。这些因素主要有电脑病毒的侵害、黑客的破坏，档案信息的流转过程（包括逻辑归档和档案信息利用传输过程）中由于信息不断被分解组合，原件的信息内容可能随时被更改、覆盖，这些对档案保护工作者来说都是前所未有的挑战。因此，今后档案保护与管理工作和计算机等信息技术领域的合作显得尤为重要。

保护工作范围不仅局限在档案库房的静态保护，还应包括从文件制作起直到档案寿命终结的全程控制和保护，以达到维护档案真实、完整、长期可读的目的。

二、档案物理管理与保护的对象和内容

对档案的有序管理和安全保护可以说是出于一种人类自我保护的本能。档案是伴随人类各种社会实践活动产生的原始记录，这种原始记录既是管理社会实践的工具，又是人类文明进程的记忆。为了发挥档案管理工具的作用，维护人类文明的真实记录，迄今为止，人类通过制造和使用各种工具来达到对这些原始记录管理与保护的目的。随着社会科技的进步、档案种类的增多，对档案有序管理和安全保护的方法和理念也在不断地变化，对这些方法和理念的总结及应用就构成了档案物理管理与保护的主要内容。

（一）档案物理管理与保护的含义

1. 档案物理管理与逻辑管理

档案管理是广泛社会管理活动中的一个类别，任何一项管理活动都有其特殊的使命和管理的方法。档案管理的使命（目的）是对社会实践活动中产生的各种档案进行集中收集、有序保管、方便利用。将管理工具的性质（物质的或意识的）作为判断的标准，制作和使用物质性工具称之为物理管理，创造和使用意识性工具称之为逻辑管理。本书所指的物理管理主要侧重在一定的环境中围绕各种物质工具对档案的管理和保护。档案管理中的逻辑管理主要包括制定档案归档方法、制定档案接收范围、制定档案分类方案、制定档案管理期限表、制作档案编研作品、与相关技术人员合作制作档案管理软件及制定其他各种制度、规则、办法等。

2. 档案的物理管理与保护

档案物理管理与保护是指利用各种物质性工具对档案原始记录进行有序管理、安全保护，以最大限度地延长档案的寿命，更好地满足社会的各种需要。

档案物理管理和保护中应用到的物质性工具主要包括档案馆（库）建筑、温湿度调控设备、安全保护设施（设备）、各种柜架、卷盒、卷皮、修复工具、计算机硬件、档案信息迁移备份设备等。

（二）档案物理管理与保护研究的对象

计算机产生的电子档案的原始记录的保持与纸质档案有很大的不同。它有一个最大的问题就是，随着计算机技术的不断升级而改变它的形式，也就是说要长期保留档案的原始记录，必须在不同的读取系统和载体间对其内容进行迁移。固化档案内容的载体不再是唯一的了。目前，对电子档案的构成要素基本达成共识，即由内容信息、结构信息与背景信息三部分组成。① 可以说，这三者共同构成了电子档案的原件。电子档案的内容信息、结构信息与背景信息通过各种功能的元数据进行记录和保存。背景数据所描述的是形成电子文件的背景，其中有形成的目的、形成之初的结构、形成和使用阶段的功能与活动、影响文件形成和维护的历史环境；结构信息描述的是电子文件的格式、编排结构、硬件和软件环境、文件处理软件、字处理和图形工具软件、字符集等数据。电子档案的原件虽然形式上是不固定的，但档案的原始记录性相关内容被完整地保留下来，并且是可被存取的。

档案物理管理与保护研究的对象既包括构成档案原始记录的物质材料的寿命，也包括精神内容的原始性的保持。纸质档案原始记录的保护方法主要是通过对档案制成材料寿命的保护来达到延长其寿命的目的，电子档案则需要通过保存精神内容保持其原始记录性。这主要是因为纸质档案的原始记录被封闭在原始的制成材料上，两者不可分离，这就是我们熟知的原件。在这个原件上有特定的内容、载体、字迹材料、体例、格式以及有法定效力的签署、印章等，这些要素特征在纸质档案上表现得一览无余，是我们识别其原始记录的依据，也是它具备凭证性的必备条件。也就是说，纸质档案通过保管制成材料就可以把其承载的内容的原始性、真实性、完整性、可读性保存下来。

归纳迄今为止产生的档案原始记录的特点和保护方法，可以得出的结论是：档案物理管理与保护研究的对象是各种形式的档案原始记录的性能、损毁规律和保护方法，其目的是最大限度地延长档案的寿命。

（三）档案物理管理与保护研究的内容

档案物理管理与保护研究的内容包括两方面：一是档案原始记录的种类和性能；二是延长各种档案原始记录寿命的方法。

1. 档案原始记录的种类和性能

自档案产生以来，迄今保管的档案种类多种多样，每种档案的物质构成和寿命

---

① 丁海斌.档案学的哲学与历史学原论[M].沈阳：辽宁大学出版社，2011：8.

都各不相同，也就是说，影响它们寿命的因素复杂多样。人们通过对这些档案的物质构成、记录特点和保存性能的了解及研究总结出档案损毁的规律。一方面，根据损毁定律，文件档案部门制定各种档案制成材料的质量标准，生产档案制成材料的部门改进产品质量，提供符合档案长期保存的产品，并监督文件部门选用符合档案要求的材料和管理的技术系统；另一方面，根据档案材料的性能，改善保护条件，修复破损档案，寻找科学延长档案寿命的方法。

作为物质的每一种档案制成材料的载体材料和记录材料都会随着时间的流逝、环境的影响，由新变旧，甚至变质、损毁，最终消亡。作为精神的档案内容也会受到各种损毁因素的影响，如受到伪造、丢失、内容不可识读等。概括起来，无论物质的材料还是精神的内容，损毁原因不外乎内因和外因两方面。

内因是由构成档案制成材料的性能和形成档案的技术系统决定的。档案制成材料的性能主要由物质原料的质量、原料中主要成分的理化性能和生产的工艺工程决定；形成档案的技术系统主要指记录和读取设备的性能、记录过程的质量等，如相机的性能、胶片的冲洗工艺、磁记录设备的性能、记录过程的质量、计算机管理软件对电子档案原始记录性的保障、信息迁移过程的保真等。

外因主要指档案的保管环境。它是档案形成、利用和保管的空间中直接或间接地影响档案寿命的各种因素的总和。这些因素主要有环境质量（如温度、湿度、光线、空气污染物、有害生物等）、自然灾害（如火灾、水灾、地震等）、人为破坏（如伪造、盗窃、战争等）。这些因素是客观存在的，我们只有充分了解和研究其影响档案寿命的途径、后果，才能因地制宜，防患于未然。特别是在档案形成后、内因既定的情况下，对档案外因的控制和管理是档案物理管理与保护的主要工作。

2. 保护档案的方法

档案因受到各种因素的影响会变质、损毁甚至消亡，这是不以人的意志为转移的，我们只能通过寻求各种保护方法来延长档案的寿命。保护档案要采取技术和管理并重的方法，即既要研制各种科学的技术方法，又要加强对整个保护工作的管理，以最大限度地延长档案的寿命。

（1）保护管理方法。技术手段对档案的保护是最直接的，效果也是最易看到的，但技术的应用如果没有管理配套跟上，就达不到标本兼治的目的。因此，技术与管理要相互协调，共同成为推动档案保护事业发展的动力。

管理方法可分宏观和微观两个层面。宏观层面是站在国家的角度，为档案保护提供相应的法律保证、政策支持和标准规范；微观层面则是以文件与档案管理部门为主体对档案施加的各种管理手段。具体来说，有以下几点：

在管理的微观层面，建立一套科学的保护工作管理制度，以此来规范档案保护工作的内容，明确工作人员的责任和义务，如制定各种管理规范、标准，各种考核评估办法，确保规范、制度、标准的执行；在实际工作中对库房各种调控设备的科学管理、合理利用也是保护管理重要的领域。

在管理的宏观层面，档案行政管理部门要制定长期保护策略，提出我国档案保护的管理规章、管理机制、管理模式，制定档案保护体系的基本框架及发展战略；加强立法工作，各地区档案馆应根据国家档案法和相关遗产保护法，制定本地区档案保护的管理规章，制定应急预案，提高危机管理意识，对可能发生的突发情况随时做好准备和应答；对所有档案的界定、分类、分级、保护措施、经费来源和利用原则、保护人员资格和责任、应急措施、抢救办法等制定具体的标准或做出明确规定，结合实际把档案保护和抢救工作进一步细化，为档案的保护提供强有力的组织保障，做到档案保护法制化，使之真正纳入法治轨道；加强标准化建设，促进档案保护的科学化、规范化管理；研究档案保护标准体系的总体构成，研究各标准项目的适用范围、主要内容及与相关标准的科学关系，将先进的保护技术和普遍认可的保护材料转化为技术标准；开展档案保存环境标准、档案馆功能设施标准等通用标准研究；进行不同类型档案抢救与保护规范以及技术标准研究，推进档案保护技术的发展及成果推广，推动档案保护标准体制、管理体制、运行机制的协调发展。

（2）保护技术方法。对档案的保护技术可以归纳为两类：一类是预防性保护技术；另一类是治理性保护技术。预防性保护技术是指为档案提供一定的物质条件和日常技术管理措施来防止或延缓各种有害因素对档案的破坏，如合乎要求的库房建筑、必要的设备、温湿度调控、良好的空气质量以及防光、防火、防水等库房管理技术措施等；治理性技术是指对已损坏或存在不利于永久保存因素的档案进行修复，恢复其原始记录的特性，如纸质档案的修裱、消毒、杀虫、退变字迹的恢复等，声像档案声音和影像的清晰度的恢复，电子文件数据的备份、迁移和修复等。

三、档案物理管理与保护的原则

（一）预防为主，防治结合

档案保护工作的核心职能有三项：检查、保管和修复。执行这三项职能的过程实际上就是在贯彻"预防为主，防治结合"的工作方针。检查主要是对档案保管状况的了解，弄清楚档案原始结构和物质组成，及时发现档案老化变质状况，以便加强保管或修复；保管是通过提供各种设备、工具，调控保存环境条件与质量，以阻止或延缓档案老化变质，使档案尽可能地接近持久不变的状态；修复是在尽量不改变档案的原始状态的前提下，尽可能地使老化变质的档案恢复其原有的形状、款式、色泽和功能。当然，对于声像档案和电子档案来说，修复这项工作由信息迁移工作来代替。从这三项职能的内容来看，前两项工作应该是保护工作的重点，也就是对预防技术的应用，这是保护工作的根本。第三项修复或迁移则是对预防工作的一种必要弥补，是因预防工作出现漏洞、年久档案老化严重、各种突发事件导致档案遭受破坏、技术过时等一系列因素引起的损毁而进行的延长寿命的方法。只有将这三项工作有机结合、恰当应用，才会使档案的寿命得到最大限度的延长。

另外，还要注意一点：技术的运用必须有相应管理措施的配套，只有技术与管理并重，才能使技术发挥最佳效能。档案文献遗产保护不仅涉及技术方面的问题，还涉及档案文献保护过程中与组织、管理、规章等相关的问题。实践中重技术轻管理的现象还是比较多的，这制约了保护技术作用的发挥，影响了保护工作的效果，导致保护技术工作陷入了防不胜防、治不胜治的怪圈中。

管理是对技术发挥作用的必要保障。例如，对预防技术的管理主要集中在日常保护技术的应用中，制定各种管理规则、标准，加强预防技术的培训和应用效果的评估；对修复技术的管理应重点关注技术的适用性、科学性，确保修复时不造成二次破坏。更全面的技术管理应该是在档案形成、利用和保管之中，将档案保护技术的管理要求、技术标准，保护过程中的风险管理，技术平台的建立、应用、维护和更新，技术资源的配置与整合，技术效果的评价等内容统一设计、全面监控。

（二）前端控制，全程保护

按照文件生命周期理论，档案来源于文件，从现行文件到历史档案是一个完整的生命过程。因此，档案的寿命应从文件算起，否则是不完整的。目前，档案保护技术的研究范围主要局限于库房中的档案材料，这不符合文件生命周期理论的要求。科学地研究一个事物的寿命应该是从生到死的全过程的研究，不能割断事物的寿命整体，用其中的一个阶段来代替全部。

从文件生命周期理论来看，进入库房的档案是文件运动的最后一个阶段，前两个生命阶段的保护状况对它的耐久性状况好坏起着很大的作用，即文件在制作形成和执行现实利用职能阶段的质量直接影响着进入库房档案的寿命质量。传统档案保护技术理论的研究内容只局限于静态的库房中的档案，即以档案库房的环境与保藏物为研究对象。这是目前档案保护技术的主要构成内容：预防与治理的技术手段。虽然这种理论与实践上的局限性已逐渐被人们意识到，并开始向文件形成阶段延伸保护技术的要求，如研究并推广耐久书写纸和耐久字迹材料，但是由于观念和体制上的影响，效果并不尽如人意。

电子文件的产生让人们越发感受到文件运动的整体性和全程管理的必要性。国际档案理事会指出，电子文件管理工作范围的第一项原则是档案馆应参与产生和保管具有档案价值文件的电子系统的整个生命周期，以保证文件真实可靠，且适合保存。

因此，无论对纸质档案还是电子档案寿命的保护研究，用文件生命周期理论来指导是必要的，也是必需的。在文件生命周期理论的指导下，根据文件从制作形成到寿命终结的每一个阶段的特征，因地制宜地采取最佳保护措施，才能真正达到最大限度地延长档案原始记录寿命的目的。

（三）拓展领域，加强合作

数字时代产生了一种全新形式的电子档案，这种档案的产生一方面给档案保护技术及学科的理论与实践带来了许多冲击，另一方面为保护技术的发展注入了新的技术力量。保护技术学科的发展领域又进一步拓展到高科技的信息技术领域。

以纸张为核心的档案保护广泛涉及物理、化学、生物等自然科学领域的知识和技术，需要多种领域的专业人员、技术、设备的合作，围绕保护档案寿命而进行技术的研究和应用。此外，进入 21 世纪，文化遗产保护工程等相关工程不断地启动和开展，如"世界记忆"工程、文献遗产工程、城市记忆工程、非物质文化遗产工程等，这些工程都与档案保护有密切关系。我们应充分利用这些工程的政策环境、技术力量、保护理念，开阔视野，加强交流与合作，推动档案保护工作的发展。

第五节　档案信息安全工作

信息技术在档案部门的广泛应用，一方面为档案管理和利用提供了高效便捷的手段和方法，另一方面给档案信息安全带来了新的隐患，使档案信息安全问题日益突出。自 20 世纪 90 年代初期开始，信息技术以人类历史上从未有过的高速度持续发展，并点燃了一场全球范围内的信息革命。随着国家信息化建设和电子政务建设的迅速推进，档案信息化建设进程逐渐加快。

档案保管主要是对档案的日常维护、保护性管理，其重点在于维护，使档案实体处于良好的状态，使档案不受任何损坏，并尽量延长档案的寿命。我国自古就有档案保管的经验和技术，但这些经验和技术是零散的、片面的，还没有形成一门独立的学科。

当前，我们已经步入信息社会，信息社会对档案工作以及档案学科的发展产生了深刻的影响。档案保护理论与技术的含义和内容也随之有了新的发展。由于电子文件数量的急剧增加和档案信息载体的多样化，档案保护理论与技术研究的范围和重点正在逐步扩大。笔者认为，信息时代的档案信息安全保障建立在全方位的、综合的、立体的、动态的概念基础之上。电子文件和电子档案的保护将是档案保护学的研究重点。因此，发展与完善档案信息保护理论与技术学科，树立新时代的档案信息保护观念，是摆在我们面前的重要任务。

一、影响档案信息安全保障的因素

影响档案信息安全保障的因素既有内部因素，又有外部因素；既有主观原因，又有客观原因。具体来讲，影响档案信息安全的因素主要有自然因素、环境因素、技术因素、社会因素、管理因素和资金因素等。

（一）自然因素

档案信息资源存在于自然界，自然界的雷电、火灾、水灾、风灾、地震、强磁场、强电子脉冲等灾害时常发生，直接危害着档案信息资源的安全。

（二）环境因素

环境条件若不符合有关标准，则会对档案信息造成危害，如档案信息网络控制中心机房场地和工作站的环境不合要求：电源质量差，温湿度不适宜，无抗静电、抗磁场干扰和无防尘、防火、防水、防雷电、防漏电、防盗窃的设施和措施，存在光、空气污染物以及害虫、霉菌等有害生物，这些都会给档案信息带来不利的影响。

（三）技术因素

技术因素是决定档案信息安全的本质因素。对于纸质档案来讲，决定纸张本身耐久性的因素是造纸植物纤维的质量、造纸植物纤维的化学性质及造纸过程。对于新型载体档案来讲，载体的质量、计算机技术等决定了档案信息的安全。比如，网络安全漏洞、计算机网络故障、硬件故障、软件系统缺陷或错误、电磁泄漏、信息安全产品过于依赖国外等都会对信息的安全产生影响。

（四）社会因素

人类社会的暴力、战争、恐怖事件、网络犯罪、网络黑客、盗窃、破坏等也都可能危及档案信息安全。随着互联网在我国的迅速普及，各种敌对势力会利用互联网作为工具进行反动宣传活动。另外，利用互联网进行赌博、毒品贩卖、恐怖活动和信息犯罪等行径也呈增长趋势，这些情况在西方发达国家尤为突出。

（五）管理因素

管理因素包括档案信息安全法律法规、标准制度和人员的素质、心理、责任心。档案信息组织管理和决策的核心是人，人是网络的建设者和使用者、网上内容的提供者，人网结合是网络时代信息安全的本质特征。

（六）资金因素

档案信息管理的资金投入直接决定着档案部门对档案信息管理系统的总体规划及其发展和功能。如果对档案信息管理的资金投入不足，档案信息管理系统设计粗略，设备简陋，保管不利，就会给档案信息带来安全隐患。

二、档案信息安全保障体系构建原则

大数据应用使档案信息安全面临更多的技术和管理风险，同时信息安全和隐私保护出现了诸多法律空隙。档案信息安全保障体系的构建应遵循以下原则：

（一）法规标准导向原则

法规标准是风险防范的基础。法规标准有助于从顶层厘清各方权责利关系，规范安全活动中相关参与者行为，避免各行其是的局面。因此，需要加强档案信息安全领域的立法和标准建设，加强宏观治理，为档案信息安全体系建设提供制度支撑。

（二）数据驱动原则

数据驱动是风险防范的动力。数据驱动是相对于传统的事件驱动而言的，即经营管理决策可以自上而下地由数据来驱动，甚至像量化股票交易、实时竞价广告等场景中那样由机器根据数据直接决策。档案安全引入数据驱动理念，要求风险防范从过去的被动应对向未来的主动防御转变，利用数据进行风险监控、风险预警和安全决策。档案部门应视数据为资产，以数据流带动人流、物流、技术流、资金流等各方资源的合理配置和科学运转，确保档案信息安全，管理可视、可控、精准、高效。

（三）安全管理原则

安全管理是风险防范的要求。大数据风险及其特点要求安全管理是一种全过程的管理，更是基于风险本身的管理。全程管理的重点是落实对数据、平台和人的管理。风险管理作为信息安全管理的重要方法，是应对广泛存在的动态档案信息安全风险的绝佳选择，应将其与全程管理相结合。风险管理的重点是设计贯穿档案数据生命周期的风险监控系统，确保安全管理过程的动态控制、持续改进。

（四）技术保障原则

技术保障是风险防范的工具，需要运用云计算、虚拟现实、神经网络等关键技术实现数据存储、处理和分析挖掘。大数据作为新技术，也为应对安全风险、进行风险防控提供了全新工具。

三、保障档案信息安全的基本策略

保障档案信息安全是一项复杂而庞大的系统工程，它需要观念意识、政策法规、标准制度、技术手段、人才培养等有机融合，形成合力，建立档案信息安全保障体系，从而全面提升档案信息安全保障能力。

（一）强化社会档案信息安全保障意识

档案信息资源是国家的宝贵财富，确保档案信息安全不仅是档案工作永恒的主题，还是国家信息安全工作的一项重要内容。档案部门应认真学习、宣传、贯彻国家关于信息安全及档案管理方面的规定，强化档案信息安全意识，开展档案信息安全教育，普及档案信息安全知识，消除档案信息安全认识上的误区。

树立科学的、正确的档案信息安全观念。坚持"积极防御，综合防治"的方针，将档案信息安全纳入信息安全整体保障体系之中。开展多种形式的档案安全教育活动，使各级档案工作的领导者、广大档案工作者及社会各界深刻认识到档案安全的重要性，不断增强使命感、责任感，时刻牢记确保档案信息安全责任重于泰山，自觉从思想上、行动上把确保档案信息安全放在各项工作的首位。

（二）建设档案信息安全保障体系

作为国家宝贵财富和重要战略资源的组成部分，档案信息资源只有建立在安全的基础之上，才能真正体现自身的价值，否则会影响档案信息作用的全面、有效发挥。随着档案信息化建设的飞速发展，档案信息安全保障能力已经成为检验档案信息利用服务和提升档案事业建设水平的一项重要指标。因此，根据国家的有关规定，结合档案信息管理的实际，构建档案信息安全保障体系是当前我们需要深入研究和探讨的一项重大任务。

笔者认为，档案信息安全保障体系是一个动态的安全防卫体系，它涉及全社会、多领域、多学科的系统工程，必须从战略角度，从法律、法规、组织管理、技术保障、产业支持、基础设施等方面全局统筹考虑，以全面构建档案信息安全战略保障体系。档案信息安全保障体系也体现了"条块结合"的特征。我们应加快建设档案信息安全保障体系，制定和实施档案信息安全保障战略规划，从而推动档案事业的健康、可持续发展。

（三）制定完善的档案信息安全保障法规标准

建立完善的档案信息安全法规体系是保障档案信息安全的基石，只有不断制定和完善法规体系，才能做到有法可依、有法必依、执法必严、违法必究，才能更好地维护档案信息的安全。

我国已经建立了一系列信息安全方面的法规标准，如《计算机信息系统安全保护条例》《计算机信息网络国际联网安全保护管理办法》《计算机信息网络国际联网管理暂行规定》《中国公用计算机互联网国际联网管理办法》《专用网与公用网联网的暂行规定》等，这些法规为维护网络安全提供了法律依据，有力地保障了信息安全工作的顺利进行。国家档案局以及北京市、安徽省等省市档案局也制发了档案信息安全方面的文件，但是这些还是远远不能满足档案部门当前的需要。档案部门应尽快根据国家信息安全的法规和标准，结合档案部门的实际情况，制定档案信息安全方面的法规、标准，并不断完善，使档案信息安全有法规、标准保障。

（四）采取有效的档案安全保障管理措施

加强内部管理，采取行之有效的措施，也是确保档案信息安全的一个重要方面。保障档案信息安全，人人有责。档案部门应不断地对档案信息安全现状进行认真分析，建立各级档案信息安全责任制，把档案信息安全作为档案部门、档案工作者各项考核的首要指标，杜绝一切安全隐患。根据新形势下档案工作的新特点，对现有制度进行认真梳理，完善档案保管、编目、利用、编研、保护、保密等方面的制度，如建立档案部门和信息部门人员管理制度、操作技术管理制度、病毒防护制度、设备管理维护制度、库房管理制度等，并对制度的执行情况加强督促和检查，定期进行考核，确保各项制度能够有效、正确执行。特别是针对当前电子文件和电子档案数量迅速增长这一情况，制定电子文件和电子档案保管、保密和利用制度，加强电子文件的保管、检验、鉴定等。

在档案信息提供利用中，贯彻执行国家的信息安全和信息保密等规定，认真履行相关手续，严格把握档案利用审查关，加强对档案信息利用的监督和管理工作，既要保证档案信息实体不丢失、不损坏，又要保证档案信息内容不失密、不泄密，严格控制电子文件和电子档案的使用权限，正确处理电子文件和电子档案信息安全保密和实现资源共享的关系。

（五）建立高效的档案信息安全保障应急防范机制

档案部门的应急响应是指档案部门针对突发信息网络安全事件进行处理、恢复、跟踪的方法及过程。建立高效的档案信息安全保障应急防范机制，并将其纳入整个国家和地方防御体系，是提高档案信息安全防御能力的重要方面。档案部门应从保护国家资源的战略高度，尽快建立完善的档案信息预警机制和快速响应机制，对可能发生的危机与后果进行事先估计，做好应急准备，以便在突发事件发生时协调各方面并及时果断地进行处理，减少危机引起的损失和负面影响，避免引发相关的社会矛盾和社会事件。

（六）运用先进的信息安全保障技术手段

先进技术手段的应用是保障档案信息安全的关键。随着网络的迅猛发展，档案信息网络化管理进程逐渐加快，档案信息安全不但涉及传统的纸质档案的保护修复技术，而且对日益增长的电子文件和电子档案来说，档案信息安全已经扩展到涉及密码技术、访问控制技术、标识和鉴别技术、审计与监控技术、网络安全技术、系统安全技术、应用安全技术等多种技术。这些技术从不同角度、不同层次解决了档案信息安全问题，并且相互补充、相互结合，共同构筑了档案信息的安全屏障，提高了档案信息安全防范能力。

（七）加强档案信息安全保障的研究与开发

在运用先进技术的同时，应不断提高档案信息安全保障创新能力，加强档案信息安全保障理论和技术的研究与开发。如今，世界各国纷纷加大信息安全技术研究力度，以便在国际信息技术市场占有一席之地。我国档案部门在努力引进、应用现代信息技术的同时，应独立开发拥有自主知识产权的保障档案信息安全的核心技术和关键设备，只有这样，才能不断地为档案信息提供强大的安全保障。值得庆幸的是，我国档案部门已经开始了档案信息安全理论和技术的研究。

第二章 不同种类档案的性能及保护

第一节 纸质档案的性能与保护

一、纸质档案记录材料的性能

用于纸质档案的记录材料主要是各种字迹材料，字迹材料的种类繁多，性能复杂多样，而且将其固定于纸张载体的途径也多种多样，如手写、印刷、静电复印、打印等。因此，影响其寿命的内因主要是制造字迹材料的原料的性能和字迹材料与纸张结合的方式；外因主要是使用和保存过程中的环境因素。

（一）字迹材料的原料及其性能

字迹材料是通过一定的书写工具在纸张上固定和显色来完成记录过程的，字迹材料显色成分的牢固度和线条的清晰度是标志字迹材料耐久性的主要特征。制造字迹材料显色成分的主要原料由三种色素成分构成，即炭黑、颜料和染料。

1. 炭黑

炭黑是一种黑色的、颗粒极细的粉末状固体，是碳氢化合物加热分解或不完全燃烧时形成的物质，其主要成分是碳。碳属非金属元素，有三种同素异形体，即金刚石、石墨和非结晶碳。炭黑的结构属于"微晶石墨"或"乱层石墨"，呈片层网状结构。

炭黑的晶粒小，具有连续地吸收包括紫外光在内的所有波长的性能，所以呈现黑色。炭黑的物理化学性质很稳定，耐光、耐热、耐酸碱、耐氧化，不易和其他物质起反应，也不溶于水、油和一般溶剂。因此，炭黑是字迹色素成分中最耐久的一种。以炭黑为色素成分的字迹材料有墨和墨汁、黑色油墨、碳素墨水、静电复印字迹材料等。

档案字迹材料中用得比较多的无机颜料是炭黑和铁蓝。炭黑本属无机颜料，由于

34

它的性能大大优于其他颜料，在字迹材料的耐久性方面有着特殊的性质，所以在研究档案字迹材料时，炭黑被列为最耐久的色素成分。

2. 颜料

颜料是一种细小颗粒的有色粉状物质。它的特点是不易溶于水、油和其他溶剂，耐光坚牢度一般为5级或6级，最高可达8级，并且具有一定的耐酸、耐碱性。因此，颜料属于较耐久的色素成分。

按照颜料的来源，它可分为天然颜料和人造颜料两大类。天然颜料包括植物性颜料（如藤黄）和矿物性颜料（如朱砂、红土等）两种。人造颜料是人工加工合成的物质，可分为无机颜料和有机颜料。

无机颜料是用天然矿物质加工精制而得到的，如炭黑、铁蓝、金属氧化物、硫化物、铅盐、汞化合物、铝粉、铜粉等。无机颜料一般都有很好的耐光等性能，其遮盖力比有机颜料强得多，但色调没有有机颜料鲜艳。有机颜料的颜色鲜艳、性能较好，弥补了无机颜料品种少、色谱不多的欠缺。有机颜料大多是合成苯型的，如鞣酸铁、立索尔红、酞菁蓝等，其品种繁多、色泽鲜艳、着色力强，但其耐久性不如无机颜料：一是因为有机颜料耐光性较差，二是因为有水渗或油渗现象。用颜料作为色素成分的字迹材料有彩色油墨、蓝黑墨水、红蓝铅笔、印泥和科技图纸中的铁盐线条等。

3. 染料

染料是一种有色的有机化合物，其颜色鲜亮，易溶于水、油和其他溶剂；其耐光坚牢度差，有些染料的耐光坚牢度仅为1~2级；其不耐酸，不耐碱。因此，染料属于不耐久的色素成分。

染料按来源可分为天然染料和合成染料两大类。天然染料大多是植物染料，是利用植物的皮、根和叶的色素来显色的，如靛蓝、茜素等。合成染料主要是对煤焦油的分馏产品进行化学加工制成的，在色泽、耐光、耐晒等方面优于天然染料，因而应用广泛。

（二）字迹材料与纸张的结合方式

字迹材料与纸张的结合方式（或字迹材料固化方式）是指字迹材料色素在书写时与纸张结合的方式。字迹材料与纸张固定方式的不同直接影响着字迹材料与纸张结合的牢固度。因此，字迹材料与纸张的结合方式也是决定字迹材料耐久性的必要因素。下面将常见的字迹材料分为三种类型来分析字迹材料色素与纸张结合的过程及其耐久性情况。从上述常见的书写材料的色素成分与纸张的结合过程可以看出，色素与纸张的结合方式可归纳为三种方式：

1.结膜方式

结膜方式指有些字迹材料书写在纸张上之后，不仅会渗透到纸张的孔隙内，还能在纸张表面形成一层膜，从而把字迹材料固定在纸张上。这类字迹材料与纸张结合的特点是色素和纤维之间除了以范德华力相互吸附外，其他助剂还以化学力与纤维素结合，有些助剂还会干燥成膜或氧化聚合成膜。这种干性膜有较好的固着牢度，既耐摩擦，也不会扩散。因此，这种固着方式是最耐久的。例如，墨、墨汁、油墨、印泥等皆为此类结合方式。

2.吸收方式

吸收方式指有些字迹材料书写在纸张上之后，能被纸张纤维吸收而固定在纸张上。这类字迹材料与纸张结合的特点是色素除了以范德华力与纸张纤维相互吸附外，色素分子中的某些基团还可能与纤维素分子基团以氢键力和其他化学力相互作用，因而形成的字迹较为牢固。这种方式属于比较耐久的结合方式。例如，墨水、圆珠笔、复写纸、印台油、铁盐和重氮盐蓝图线条等皆为此类结合方式。

3.填充或黏附方式

填充或黏附方式指有些字迹材料书写在纸张上之后，既不能被纸张纤维吸收，也不能在纤维表面形成结膜，仅仅是填充或黏附在纸张表面的孔隙内。这类字迹材料与纸张结合的特点是色素成分与纸张纤维仅以分子间的范德华力相互作用，或者说只是色料与载体间的物理吸附，因而牢固度差，特别不耐摩擦。因此，这种固定方式属于不耐久的结合方式，如铅笔类字迹材料就属于此类结合方式。

（三）字迹材料耐久性的综合评价

评价一种字迹材料的耐久性，既不能仅从色素成分来分析，也不能单从结合方式来评价，只有将这两个因素综合起来分析，才能全面地评价其耐久性。

把字迹材料的色素成分和色素成分与纸张的结合方式两者综合起来进行分析，可将字迹材料的耐久性分为三种类型：

1.最耐久的字迹材料

凡色素成分是炭黑，与纸张的结合方式是渗透结膜的字迹材料最耐久。属于这类字迹材料的有墨、墨汁、黑色油墨等。

2.比较耐久的字迹材料

凡色素成分是颜料，与纸张的结合方式是结膜或吸收的字迹材料比较耐久。属于这类字迹材料的有彩色油墨、蓝黑墨水、印泥、铁盐蓝图线条等。

3. 不耐久的字迹材料

不耐久字迹材料分两种情况：

第一，凡色素成分是染料，无论以何种方式与纸张结合，都属于不耐久的字迹材料。属于这种字迹材料的有纯蓝墨水、红墨水、复写纸、圆珠笔、印台油、重氮盐蓝图线条、部分传真件字迹材料等。

第二，凡字迹材料仅以填充或黏附方式固定在纸上，无论其为何种色素成分，都属于不耐久的字迹材料，如铅笔字迹材料。

二、纸质档案老化的原因及过程

通过各种书写方式将字迹材料固定到纸张载体上就形成了纸质档案。纸质档案形成之后，在使用和保存过程中由于纸张和字迹材料本身物质组成的变化和所处环境的影响，会发生纸张变黄、脆化，字迹模糊、褪色等老化现象。

（一）纸质档案老化的表现

1. 老化的概念

老化是指在环境因素的作用下，物质材料的主要化学成分发生不可逆的化学变化，从而使其性能下降的过程。老化是不可逆的化学变化过程，但物质材料在使用时的机械损坏或残缺不属于老化范畴。

2. 纸质档案老化的表现

老化的纸质档案体现在载体上就是纸张发黄变脆，强度下降，甚至变成易碎的粉末状物质，体现在字迹材料上则表现为色彩退变、洇化、扩散、难以辨认等。当老化到一定程度时就无法利用，档案就会失去使用价值。

（二）纸质档案老化的原因及过程

1. 老化的原因

纸质档案老化的原因可分为两方面：一是纸张与字迹材料的内部原因（质量），即纸张主要成分和字迹材料具有老化的可能性以及其内部存在着促进老化的不利因素；二是外部原因，即外界环境因素作用于纸张、字迹材料，引起或加速纸质档案的老化。

（1）纸张内部的有害物质。纸张生产过程中会在纸张内部形成一定的有害物质，主要包括制浆过程中残留的酸、漂白过程中残留的氧化剂、施胶过程中酸性施胶时加入的明矾、造纸用水带来的酸性物质、整个制浆造纸过程中带来的金属离子等。这些有害物质都会加速纸张的老化。

（2）外界的环境因素。环境因素主要包括温度、湿度、光线、酸、氧化剂和微生物等等。这些因素会引起或加速纸张主要成分发生水解、氧化和光解反应，即引起或加速纸张的老化。

2.字迹材料老化过程

（1）字迹材料色素成分的退变。构成字迹材料的颜料、染料的发色团结构受到破坏，字迹颜色变浅。

（2）字迹材料与纸张结合方式不牢固。字迹材料与纸张以吸收、黏附方式固定的字迹会因高温、不耐水而扩散、洇化，导致字迹模糊不清，不耐磨的字迹被摩擦掉。

（3）外界因素。与纸张类似，温度、湿度、光线、酸、氧化剂和微生物等因素，都会加速字迹材料耐久性的变化。

实际上，纸质档案老化是在内外因素的综合作用下发生的，过程复杂。但无论受到哪种因素影响，具体过程如何，其结果都会导致档案寿命缩短，甚至消失。

三、纸质档案的保护方法

根据对纸张档案物质材料的构成、性能及其老化原因的分析，我们清晰地认识到使档案有较长的寿命的措施可有两方面：一是要生产并选用耐久性好的纸张和字迹材料，为纸质档案奠定好的质量基础；二是对已形成的档案纸张采取多方面防护措施，如防潮、防高温、防光、防氧化、防酸和防霉等，为档案创造一个适宜的保存和利用环境，最大限度地延长其寿命。

（一）生产并选用符合档案质量要求的纸张和字迹材料

纸张、字迹材料的原料多种多样，制造工艺流程千差万别，这使形成的纸质档案在制成材料质量方面存在很大差别。

按照文件生命周期理论，档案的寿命开始于制作阶段。良好的制作是延长档案寿命的基础。因此，在制作纸质档案时要选择耐久性好、符合档案长期乃至永久保存和利用要求的纸张和字迹材料。根据我国国家档案局专门制定的《文件用纸耐久性测试法》（DA/T 11—1994）和《档案字迹材料耐久性测试法》（DA/T 16—1995）的具体要求，档案部门有责任向纸张和字迹材料生产厂家提供产品质量标准依据，并要求文件部门选购优质纸张和字迹材料来制作文件。档案部门可以通过对文件部门人员进行档案专业知识的培训，明确档案制成材料的性能和质量要求，在归档时对文件质量状况进行检查、指导等来保障归档文件制成材料的质量。

（二）制定科学的管理规范，加强规范化管理

加强文件形成部门和档案管理部门的管理规范的一致性。不同的文件与档案管理部门由于管理水平、工作条件、人员素质存在很大差别，加之现代技术的不断发展，档案制成材料品种繁多，如果不由管理部门制定统一规范、质量标准，档案的质量难免参差不齐。因此，国务院办公厅和国家档案局要对文件工作和档案工作进行统一规范、统一标准，确保前端控制、后端保障，最大限度地保证档案长期保存、有效利用。

（三）贯彻"预防为主、防治结合"的工作原则

根据《档案馆建筑设计规范》（JGJ 25—2010）的要求，结合本地区、本单位情况，制定合适的档案库房管理和档案提供利用以及展览、运输等各动态环节的档案保护工作规范，加强对档案保存和利用环境中的温度、湿度、有害气体、灰尘等质量标准贯彻和执行的监控。科学制定火灾、水灾、地震等突发性事件的预防和抢救方案，加强对破损档案修复的科学化管理。

第二节　声像档案的性能与保护

一、胶片档案的性能与保护

胶片档案的记录材料是感光材料。所谓感光材料，是指见光后发生光化学变化，然后经过一定的理化加工处理形成固定影像的材料。影响胶片档案性能的因素包括感光材料的质量、片基材料的理化性能、胶片制作过程和保管利用环境等等。

（一）胶片档案的种类

胶片档案因感光材料的性能、规格、用途等不同，可分成多种类型。

按感光物质分为银盐胶片与非银盐胶片。

按感光物质的支持体材料（片基）可分为胶片、相纸、干板材料。

按形成影像的色彩分为黑白胶片与彩色胶片。

按记录的密度分为普通胶片与缩微胶片。

按应用领域分为一般摄影胶片（普通照片、新闻照片等）、电影摄影胶片（电影片、电视片等）、缩微摄影胶片、X 射线摄影胶片（医用、工业用胶片等）、专业摄影胶片（航空摄影胶片等）。

目前，档案馆保存的胶片档案种类主要有底片（负片）档案、缩微胶片档案、幻灯片档案、电影胶片档案等。

（二）银盐胶片的记录性能

银盐胶片是胶片档案的主要记录材料，因此，本节以银盐胶片为例，介绍感光材料的记录性能。感光材料的记录性能主要是指胶片在成像过程中所表现出的物理特征和影像特征，主要参数有曝光量、感光度、感色性、反差性、宽容度、颗粒度、清晰度、解像力、密度与最大密度、灰雾度等。我们应掌握这些性能的含义和影响因素，以更好地在实际中应用，制作出高质量的胶片档案。

1. 曝光量

曝光量是感光胶片乳剂表面接受的光照度与光照时间的乘积，即 $H=E \cdot T$（其中，H 表示曝光量，单位：勒克斯·秒；E 表示光照度；T 表示曝光时间，单位：秒）。

曝光量在照相机上通过光圈和快门来调节。一般情况下，曝光量越大，影像密度越大，胶片变黑程度越深。曝光量主要影响清晰度，因而在拍摄时，曝光量的准确性是获得高质量影像的首要条件。

2. 密度

密度指胶片经曝光显影后，单位面积上银盐被还原成银或染料所沉积的量。量愈多，胶片变得愈黑，胶片愈不透明。或者可以说，胶片变黑程度越高，密度越大。光射到胶片上，一部分从表面上被反射回来，一部分被胶片吸收，一部分透过胶片，透光率越小，阻光率越大。胶片的阻光率常用对数值表示，称为胶片的光学密度，又叫透射密度，简称密度，用 D 表示。

曝光量与密度的关系：一般情况下，曝光量的大小与密度成正比，即随着曝光量的增加或减小，胶片冲洗后获得的密度也成比例增加或减小，但在光线太强和太暗的环境下，这种比例关系就不成立了。在实际摄影时要用曝光补偿来调整。

3. 灰雾密度

在显影过程中少量未感光的银盐被还原而形成的密度，称为灰雾密度。灰雾密度的大小对胶片的影像质量有较大影响，如果灰雾密度大，整个影像反差下降，暗部层次损失，并且胶片的解像力和清晰度也要下降。缩微胶片要求有尽量小的灰雾密度，一般不大于 0.05。

影响灰雾密度大小的因素主要有胶片类型、保存条件、显影条件。为减小缩微胶片的灰雾密度，应将胶片存放在冰箱内或低温、干燥、背光的地方，不要使用过期胶片。

4. 宽容度

宽容度是指感光材料按比例记录被摄景物明暗范围的能力。通常把宽容度理解为感光材料允许曝光误差的范围。普通黑白胶片范围大于彩色胶片，缩微胶片范围小于普通胶片。允许误差范围越小，要求曝光越精确。

5. 感光度

感光度是指在规定的曝光、加工和测试条件下，感光材料对光辐射的响应灵敏度的定量表示，即感光度表示了感光材料对光的灵敏程度。达到某一密度值所需要的曝光量愈小，胶片的感光灵敏度愈好，感光度愈大。在我国感光度的度量目前常用的有两种标准，即 GB 和 ISO。例如，胶卷上标有 ISO 100/21。GB 用一系列数字表示，如 18、21、24 等，每增加 3 个数字感光度就增加一倍，如 18 增至 21，感光度就增加一倍。ISO 用一系列数字表示，如 50、100、200 等，ISO 100 比 ISO 50 感光度增加一倍。

影响胶片感光度的主要因素如下：

（1）胶片本身。乳剂中卤化银晶体越大，感光度越高；卤化银晶体越小，感光度越低。

（2）保存条件。胶片存放时间越长，感光度越小。存放的环境温度越高，湿度越大，感光度下降得越快。

（3）显影条件。同一胶片，使用不同的显影液配方所得的感光度也不同。适当地延长显影时间、提高显影温度、增加搅拌速度，感光度也会有所提高。

6. 感色性

感光材料对色光的灵敏程度称为感色性，又叫分感光度。按照乳剂的感色性，可将胶片分为色盲片、分色片和全色片。

重氮胶片的感光度很低，大约是银盐胶片的百万分之一，不能像银盐胶片那样直接用于拍摄，而只能用于接触复印。

7. 颗粒性

随着放大倍数的增加，胶片上的银影会呈现出颗粒状态，银影在人眼中产生的这种颗粒状和不均匀性称为颗粒性。

8. 解像力

解像力又称分辨力、分析力，是指感光材料表现景物细部的能力。一般用"线对／毫米"表示。

（三）胶片档案的保护方法

保持原有影像的反差、密度、照相性能和几何尺寸、影像层与片基间结合牢度等机械性能的能力称为胶片档案的耐久性能力。这些耐久性能力的体现主要与感光材料中感光物质的理化性质、片基材料的理化性质、影像形成的加工工艺、保存和利用中的环境条件有关。

在保存和利用中，胶片档案老化主要体现在三方面：一是片基材料（载体）变形、硬化、龟裂、折痕、污损等使胶片机械强度下降；二是影像被污染、变黄、模糊甚至消退，影响了正常的阅读；三是胶片材料变性，出现粘连、霉变、影像层脱落等现象。胶片档案的保护包括三个方面。

1. 胶片档案的保管条件

（1）包装材料。感光材料形成的档案形式多种多样，不同形式、不同性质的感光材料要分别包装贮存，而且选用的包装材料也应符合胶片档案保存特点。

胶片档案的包装材料有纸、塑料薄膜、金属器具等。选择任何一种包装材料应有一定的质量要求，根据国际标准 ISO 5466：1986（E）建议，包装材料表面最好稍微毛糙无光，具体质量要求有：① 如果用纸作为包装材料，要求使用中性或碱性施胶纸。纸中不含金属微粒、增塑剂等在存贮期间可能与胶片物质发生反应的成分。包装用纸以破布纸浆或漂白的亚硫酸盐纸浆制成，纤维素含量不低于87%。与胶片直接接触的纸的 pH 值应在 7.5~9.5；直接与彩色或重氮胶片接触的纸的 pH 值应接近7.0，碱性残留物应不少于2%。② 塑料材料最好选用聚酯，它具有良好的化学稳定性和透明度，是胶片、照片理想的包装材料。③ 金属装具应当具有抗腐蚀性，因此，应对金属材料采取镀膜、搪瓷化，或选用不锈钢材料。但需要注意的是，新油漆过的柜架、片盒在三个月内不能使用，否则，油漆会释放过氧化物腐蚀感光胶片。

木头制品一般不作为感光材料的装具，因其会释放出有机酸，会对感光材料产生破坏性影响。

（2）存放形式。不同规格、形式的胶片以不同方式存放。卷式胶片应卷绕在片盘和片芯上，以卷为单位存放，卷与卷之间水平摆放；片式胶片可在特制的纸或塑料薄膜封套中存放，然后放入有抽屉的金属柜内，柜壁上应有活页或孔洞，以利于空气流通，保持胶片温湿度稳定。胶片存放应注意防光，不得捆夹和挤压。不同类型的胶片不得混装或放入同一容器中。

2. 保存环境的要求

对胶片档案保存环境的基本要求是低温、干燥，空气清洁，避光隔氧。

（1）温湿度标准。2003 年 5 月 1 日，实施了修订后的国家标准《照片档案管理规范》（GB/T 11821—2002），其所推荐的温湿度条件，应在各单独的贮存器具内或整个贮存室内加以保证。底片、照片应恒温、恒湿保存。长期贮存环境，24 小时内温度的周期变化不应大于 ±2℃，相对湿度变化不应大于 ±5%。中期贮存环境，24 小时内温度的周期变化不应大于 ±5℃，相对湿度变化不应大于 ±10%。

中华人民共和国档案行业标准《档案缩微品保管规范》（DA/T 21—1999）规定了档案缩微品贮存环境的温度和相对湿度的要求：当库内外温湿度相差较大时，胶片、底片、照片进出库房前应在调节室或调节柜中进行温度和含水量调节后方能进出库房。

（2）空气质量。保存胶片的库房空气质量标准主要用有害气体含量和灰尘的多少来衡量。最常见的有害气体是二氧化硫（SO_2），微量的 SO_2 会对胶片产生有害的作用，硫化氢（H_2S）也具有相当的破坏力，它们都会使片基变质，乳剂层降解，影像退变。灰尘是一种固体颗粒，落到胶片上不仅会划伤胶片，还会使影像褪色、产生污斑等。因此，胶片库要经常用吸尘装置、空气过滤装置净化环境。此外，还要避免使用樟脑丸等驱虫剂。

3. 健全的保管制度

健全的保管制度包括接收时的检查、入库保存中的抽样检查和流通借阅中的保护。

（1）入库前的检查。检查胶片上是否有指纹、油污，胶片是否受潮发霉，胶片中是否夹带易燃物等。对有缺陷的胶片，要做好检查记录，以便隔离和及时修复。对于需要永久保存的入库胶片最好重新清洗，以使影像质量达到长期保存标准。清洗液的配方为将 500 mL 水和 100 mL3% 的氨水相混合，而后加水至 1 000 mL，溶液现用现配，配制时应用广口瓶，清洗时先把胶片在清洗液中浸泡 5 分钟，再用水洗 5 分钟，晾干即可。

（2）入库后的抽样检查。胶片档案入库，并不是进了"保险箱"。随着保存时间的延长，胶片本身有一个自然老化过程，且库房中也不可避免地存在一些不合理的保管措施，这些都对胶片档案的寿命产生影响。为了使胶片寿命延长，改善其保存环境，定期抽样检查是不可缺少的。抽样检查时可拟好检查项目，并规定好抽查间隔时间（如半年左右），以表格形式填写。发现问题及时处理，同时为胶片档案合理保管积累经验。

检查项目可根据单位具体情况开列清单，不外乎这样几方面：胶片机械性损伤，包括形变（如卷曲、脆化、断裂）、粘连；胶片化学损伤，包括影像发黄、褪色、生霉；胶片包装材料是否变质；等等。

（3）流通中的保护。应建立合理的胶片档案借阅制度，帮助读者掌握正确的阅读规则。取拿胶片时应戴棉织手套，并且只能接触胶片边缘部分，以免留下指纹和划痕，取拿胶卷不要握得太紧，更不能手握胶卷一端向外抽拉，这样会使乳剂层互相摩擦而损伤；坚持提供复制片的利用制度，禁止直接利用原底片；胶片出入库房，要做好温湿度调节，防止胶片结露或胶片脆裂。

存放在低温、干燥环境中的胶片质地较脆，出库时应先对胶片的温度和含水量进行调节，然后才能使用。若取出后马上拆封使用，会造成胶片表面凝结水珠；如果胶片在保存时因过分干燥而变脆，马上使用还会造成断裂。温湿度的具体调节方法是：先将胶片放在使用环境条件下，待胶片与周围环境温度达到平衡以后再拆封，使胶片暴露在空气中，直到胶片湿度与环境湿度平衡以后方能使用。

二、照片档案的制作与保管

照片档案是胶片和数码照片经扩印放大后形成的一种档案形式，是档案部门实际使用和留存数量较大的一类档案。传统的照片档案和数码照片在制作方法上有一定的区别。两者的拍摄过程相同，但拍摄原理、制作过程和保存方式有很多不同。对传统照片档案的保管可按照《照片档案管理规范》（GB/T 11821—2002）标准进行，但数码照片的管理现在还没有统一的标准。

（一）照片档案的制作过程

1.传统照片档案的制作过程

根据《照片档案管理规范》（GB/T 11821—2002），照片档案是指国家机构、社会组织或个人在社会活动中直接形成的以静止摄影影像为主要反映方式的有保存价值的历史记录。照片档案一般包括底片、照片和说明三部分。

（1）底片、照片的制作。

拍摄：用拍摄设备（如照相机），对被摄物进行曝光。为了保证照片的质量，在拍摄时首先要注意准确地掌握曝光量（选择适当的光圈和快门组合达到准确曝光），其次对所摄内容要完整、准确地构图和抓取。

底片冲洗：曝完光的底片要经过显影、定影、水洗，制作出底片。要注意按照胶片上推荐的冲洗工艺进行冲洗，定影要彻底，水洗要充分。

照片的放大：照片档案是由底片洗印放大而成的。经冲洗的底片只有通过放大工序才能得到与被摄物反差一致的照片。在制作照片时，要注意洗印出的照片的密度、反差要符合有关标准的规定。

（2）文字说明的编制。

文字说明主要包括拍摄日期、照片题目、拍摄内容的描述、拍摄者等要素。在现实中经常会遇到有照片、没文字说明的现象，这是不符合档案归档和保管要求的，因为一张没有说明的照片对其价值的发挥是很大的残缺，甚至无法发挥其价值。

按照《照片档案管理规范》的规定，完整的照片档案内容应满足两方面的要求：一是照片、底片和文字说明要完整，并成为一个有机的整体；二是照片在保存和利用时也要保证各要素的齐全完整，即保证照片档案的成套性。

2. 数码照片档案的制作过程

数码相机拍摄过程与传统相机相同，但记录原理与传统相机不同。数码相机使用电荷耦合器件（CCD 感光元件），然后将光信号转变为电信号，再经 A/D（模/数据转换器）转换后记录在存储卡上。影像的获得实现了即拍即见，不必冲洗加工，影像可以直接连接到计算机、电视机或者打印机上。在一定条件下，数码相机还可以直接接到移动式电话机或手持 PC 机上，也可以立刻打印出来或通过电子邮件传送出去。编辑处理数码照片的重要工具是 Photoshop 软件。获得纸质版照片的方法与传统照片一样，通过专业的照片放大设备进行批量处理即可获得与传统照片同样的照片。完整的数码照片应由数码图像文件或者纸质照片、文字说明共同组成。

（二）照片档案的保管

1. 传统照片档案的保管

传统照片档案按照《照片档案管理规范》的规定进行保管即可。

2. 数码照片档案的保管

（1）保管形式。数码照片可以分两种：一种是打印出照片，按照传统照片档案保管方法保管即可；另一种是保存在数字存储介质中，一般刻录到光盘中保存，按照光盘档案进行保存即可。

（2）归档管理。归档前档案管理部门要对数码照片的有效性和完整性进行审核，内容主要有硬件环境、软件环境、版本的有效性、记录格式、注释说明、编号等。如果移交部门曾对数码照片的有效性和完整性做了某些技术性处理，就要把有关内容一并归档；如果数码照片曾经被发表或刊发，还要收集已发表的数码照片刊样及说明，并注明刊载刊物的名称、时间、版次、作者。数码照片在归档、存贮过程中，理应保持其原有大小、格式、像素数、长宽比等信息，不能为减少存储空间而对其指标进行随意更改。

（3）建立规范的光盘说明文件。在存贮数码照片的每张光盘里，必须建立一个文件名称为"说明.TXT"的文本文件，以说明本光盘各类信息。说明文件内容主要有套别、全宗号、目录号、盘号、题名、起始时间、终止时间、保管期限、张数、光盘类型、文件类型、制作时间、制作软件、制作设备、制作人、审核人等。为便于检索、查阅，可以在建立文本文件的同时，再建立一个与文本文件内容相同的数据库文件。

（4）数码照片版权的保护。提供利用的数码照片与保存的数码照片在格式上和像素上要做相应的处理，满足浏览即可，以防止照片被复制而非法使用，侵害照片版权。

三、磁性载体档案的性能与保护

自1898年丹麦科学家波尔森发明磁记录以来，磁记录方式、磁记录材料及其应用领域就得到了不断深入的开发和研究，形成了录音带、录像带、数字磁带等多种记录声音、图像的档案形式。磁性载体档案的寿命主要受磁记录材料的性能，声音、图像录放设备性能和保存利用环境的影响。

（一）磁性载体档案的种类

磁性材料是一种具有铁磁性质的材料。它对信息的记录和保存是借助磁性记录信息存储技术来完成的，即通过将声音、图像和数字变成电信号，使磁性载体发生选择性磁化，以磁迹来保存声音、图像和数字信息。磁性载体档案按其外形主要分为磁带（包括录音带、录像带、计算机磁带、仪器磁带等）、磁盘（计算机软盘、移动存储盘、光盘等）、磁鼓、磁泡和磁卡等。其中，最常见的是磁带、磁盘、磁卡。

1.磁带

磁带是用以记录声音、图像、数字或其他电信号的带子，通常是在塑料材料薄膜上涂敷一层粉状磁性材料制成的。

磁带的种类很多，按记录信息的类型来分，磁带档案有以下四种。

（1）录音磁带档案：它用来记录音频信号，频率从几十赫兹到20千赫左右。

（2）录像磁带档案：又称为视频磁带档案。录像磁带可以记录几兆赫到几十兆赫频率的信号，带速相对速度可达每秒十余米。

（3）数字磁带档案：它是用来记录由存储信号转换而成的二进制形式的磁带，主要用于计算机脱机备份的存储介质。

（4）仪器磁带档案：它是工业部门记录和重放的工具，其记录信号频率为中频段，一般多用来记录物体的温度、电磁场、振动、波动和辐射线等。

2. 磁盘

随着计算机技术的飞速发展，磁盘成为磁性载体档案的后来居上者，成为数字磁记录的主要信息材料。磁盘主要有两类：一类是软磁盘，另一类是硬磁盘。硬磁盘与计算机硬件是一体的，不可脱机保管；软磁盘却具有良好的互换性且能脱机保管。软磁盘发展很快，先后有 14 英寸、8 英寸、5.25 英寸和 3.5 英寸几种规格，而自从光盘出现以后，软磁盘基本上被淘汰。

（1）硬磁盘

硬磁盘按其组装形式可分为单片盒式和多片盘组两类，常用的有 6 片、11 片和 12 片可换式磁盘组。硬磁盘又可按其工作方式分为可换式和固定式两种。硬磁盘以移动式或固定式磁头，用浮动扫描磁面的方式进行记录。可换式硬磁盘在不用时能从驱动器上取下，并能在兼容的磁盘存储器上进行数据交换。固定式硬磁盘的盘片或盘组是固定的，不能随意更换或单独取下，必须把整个盘头组一起取下或更换才行。硬磁盘按尺寸主要有 14 英寸、8 英寸、5.25 英寸、3.5 英寸和 2.5 英寸多种规格。

（2）移动存储盘（移动存储设备）

随着计算机技术的发展，移动存储设备发展很快，这些设备大多以小型的硬磁盘作为记录介质，具有重量轻、体积小、携带方便、数据记录保存灵活等优点，可在多种数字设备上即插即用。常见的有移动硬盘、闪存盘（包括优盘、易盘等）、存储卡（需要配合相应的读卡器，也可用于数据的交换，有 CF 卡、MMC 卡、SM 卡、SD 卡、索尼记忆棒等多种产品形式）。

3. 磁卡

磁卡是在卡片状的基材表面局部或全部涂敷、粘贴磁性层，经记录和重放能表示出某种机能的制品，它可通过专用终端与计算机或网络交换信息，多用作银行卡、信用卡、身份证、社保卡等。

（二）磁性载体档案记录原理与制作

1. 磁记录原理及记录方式

（1）磁记录原理。磁记录是通过磁头对磁记录材料表面进行局部磁化来完成的。当载有各种信息的变化电流送入记录磁头的线圈时，在磁头缝隙处产生与电流变化相应的泄露磁场，并通过磁层与磁头形成闭合磁路。穿过缝隙的磁力线使磁记录材料微小区域上的磁介质向某一方向磁化，于是磁化区域剩磁状态便记录下送入的信号。当录有信号的磁记录材料以记录时相同速度通过重放磁头时，磁层表面的漏磁场便会在重放磁头线圈中产生相应的感应电动势，再经放大电路处理即可使原记录信息重现。简单地说，磁记录过程就是电能与磁能的相互转换。

（2）磁记录方式。按记录信号的形式，磁记录方式分为模拟记录和数字记录。模拟记录是音频和视频的传统记录方式，它所记录的信号是连续的，这种记录形式要求磁记录材料的磁化状态能完全模拟被记录的信号，即要求不仅在频率上与被记录信号一致，也要求在强度上与被记录信号有一定的比例关系。这种记录适用于一般录音、录像和仪器用的磁记录，记录密度较低。

数字记录所记录的图形是矩形波，记录时在磁头内通过足够大的二进制信号电流，使磁头产生的信号磁场是非连续性脉冲，让磁记录材料在两个方向进行饱和记录。数字记录方式能连续记录出一道磁迹或同时记录在几条磁迹上，重新记录时能把原来数据抹去，无须进行消磁。该记录方式主要适用于计算机磁带、数字录音带、数字录像带、软磁盘和硬磁盘的记录。

按磁记录介质的磁迹，磁记录方式分为水平记录和垂直记录。水平记录是指磁记录介质沿水平方向分布在磁层中。按水平分布方向的角度，它又分为：磁记录介质沿运行方向分布的纵向记录，如录音磁带和计算机磁带等；磁记录介质沿磁带运行方向垂直或成某一角度方向分布的横向记录，如旋转磁头记录的录像磁带和仪器磁带；磁记录介质沿同心圆或切线方向分布的圆周记录，如磁盘。

垂直记录是指磁记录介质长轴沿磁层厚度方向进行磁化记录信息。这种记录方式的优点是记录密度高，特别适合高密度数字记录，比水平记录高10倍左右。目前，该记录方式主要用于磁盘记录。

2.选择高质量的磁载体材料

选择时应注意以下几方面的内容：第一，选择性能优良、表面光洁的记录材料；第二，对信息的记录具有高保真性能；第三，大小规格与录放设备配套。

3.每一种录放设备的工作原理和正确使用方法

磁记录录放设备主要有录音机、录像机、计算机，它们虽构造不同，记录信息功能不同，但工作的基本原理相似，都是通过机械传动和电磁能转换磁头来完成录放功能的。因此，这些录放设备的机械传动系统和电磁能转换系统的工作状态直接影响着磁记录载体档案的录放质量和信息使用寿命。

（三）磁性载体档案老化的原因

1.磁性载体档案老化的表现

在保存和利用中，磁性载体档案会出现不同程度的底基材料变形、脆化、表面污损、脱落、粘连，或者音像信号衰减、模糊不清，噪声干扰，音像失真、丢失等现象，这些都会影响磁性载体档案的正常利用和长期保管。

2. 磁记录材料老化原因及过程

在保存和利用中引起磁性载体档案老化的原因有两方面：一是磁记录层保持原有电磁转换性能的完整性的能力受到影响；二是外界环境对磁性材料稳定性的影响。

（1）电磁转换性能的完整性受到影响的原因。磁性载体档案信息电磁转换性能的完整性受到破坏主要有剩磁消失、信号漏失、噪声（杂波）干扰等几方面原因。

剩磁消失。剩磁的产生使磁记录材料具备记录和保存信息的功能，但剩磁受到不良环境等因素影响时会逐渐消失，从而使整个磁记录信息丧失甚至完全消失。

致使剩磁消失的原因主要是外界杂散磁场的消磁作用。例如，激烈摔打、振动改变了磁记录介质原有的排列秩序而消磁，高温或强光辐射使磁分子热运动加剧而消磁。再如，磁介质记录信息后，磁层外部会产生一个与磁化方向相反的去磁场，从而产生磁层的自去磁效应。磁层愈厚，信号频率愈高，自去磁场强度愈强，自去磁损失也愈大。

信号漏失。信号漏失表现为重放时信号出现衰减、跌落或消失。漏码率是衡量信号漏失的指标，也是衡量磁记录质量，尤其是衡量计算机磁带与仪器磁带记录质量的一个重要指标。例如，数字磁带的任一磁道读出信号幅度小于标准磁带读出信号幅度的50%时，就被认为是信息丢失，即漏码；录像磁带的漏码表现为屏幕上有条带、杂波或图像不清晰等现象。

造成信号漏失的原因主要是磁带表面粗糙或粘有异物，磁层内磁粉分散不均，或磁层内有针孔、划伤、折痕等缺陷；磁带形变导致与磁头接触不良，如录像带上一个较深的凹槽几秒钟内就可使录像带丢失600个信号；保管或操作环境不洁，磁层发生粘连、脱落，表面有润滑剂析出；磁层表面氧化或被污染。这些因素都会使读出电压瞬时衰减到规定的最低值，无法读出信号。

噪声（杂波）干扰。噪声或杂波干扰是影响磁性载体档案使用性能的常见因素，它主要与磁带的保管和使用有关。噪声有三类：调制噪声、串音和复印效应。录音带上的噪声很容易识别，一般表现为图像上有雪花似的信号。①调制噪声。在重放过程中，由于磁带的纵向振动而产生的抖动可使重放信号发生噪声。这种噪声往往同重放信号混在一起，被称为调制噪声。调制噪声同磁带表面光洁度、柔软度、环境湿度、磁头与磁带表面的接触状态以及传动机械中的磁带运动系统有关。②串音。磁带串音是指磁迹通过信号泄露给相邻的磁迹或通道造成的干扰。来自磁带方面的串音主要是磁带上原来记录的信号未消除干净，在新记录的信号中出现串音。防止串音的最好方法是在记录前对磁带进行彻底消磁。③复印效应。复印效应是指已录有信号的磁带卷绕在带盘上面，因磁层间相互作用而使邻层磁介质受磁化，将记录信号复印到邻层带上的现象。这种现象又称回声效应、转印效应或印透，其表现为重放时前后信号出现轻微重复。复印效应的大小用分贝表示。使磁带产生复印效应的原因主要是存放环境温度的影响，环境温度愈高，复印效应愈大；环境温度每升高1℃，复印效应约增加1分贝，0℃时复印效应最小。磁粉颗粒愈细，带基愈薄，复印效应愈大；卷带愈紧，复印效应愈大。复印效应还与存放时间有关，往往在邻层接触的最初几小时之内迅速形成，经一段时间后逐渐放慢直至稳定。复印效应的产生与记录内容也有关，记录静止间歇的语言，复印效应显著，记录连续音乐，复印效应不显著。

此外，磁层霉变和粘连，轻者局部破坏磁层表面结构，影响磁介质电磁转换的完整性；重者酶解磁层，使带基难以剥离，导致磁带完全报废。

（2）外界环境对磁性材料稳定性的影响。从磁记录层和带基材料的理化稳定性来看，虽然记录在磁载体上的信息完全可以达到与黑白银盐胶片同样的保存寿命，但实际上磁性载体档案寿命远远赶不上胶片档案寿命。除前面讲到的磁粉颗粒弛豫时间影响外，还有许多环境因素的影响。

①外磁场。自然界的物质都具有磁性，只是由于物质内部分子排列状况不同，一些显示出磁性，另一些不显磁性。如果对一些物质外加一些强磁场，就会使其内部分子排列状况发生变化，这就是磁化过程。磁记录材料在记录信息时，就是靠电生磁的方法使其获得磁场，记录下声音、图像、数字等信息的。如果对磁记录材料外加一个更大的磁场，其磁化状况就会发生变化，从而引起信息的丢失。

外磁场强度超过50 A/m就有可能将磁载体上的信息抹掉。电动机、发电机、变压器等电机设备均含磁场，而且强度大多超过1 500 A/m，足以抹掉磁材料上的信息。此外，一些设备，如放大器、电源装置、话筒、耳机、电视机、扬声器、消磁器等，也会削弱磁记录信号，增加杂音。因此，磁性载体档案存放环境一定要远离这些设备。

②磁载体表面污损。磁材料在使用时，都以一定速度在不停转动。对于磁带来说，带面之间相互摩擦次数多，如长期使用还会使带基表面温度升高。在这种使用状况下，如磁带表面沾上灰尘、有害物质（具有酸、碱或氧化性）及磁带自身脱落的磁粉颗粒，且在压力下被卷入磁带中，就会使重放信号跌落，噪声增大，甚至由于磁粉或灰尘颗粒卷入磁头缝隙造成磁短路，信息无法重放出来。

磁带在使用中高速运转也易产生静电，带电的磁表面能吸附空气中的尘埃、有害气体，对磁带产生腐蚀作用，致使带基变质、磁粉脱落。在保管使用中，手上的油、盐、汗渍也能被带体吸收，同样对磁载体有腐蚀作用，因而不能用手直接接触磁载体，操作时应戴上非棉线手套。

③过度使用造成的磨损。磁记录档案的存取是通过录放设备完成的，磁记录层与机械运转系统间的磨损是其寿命缩短的重要原因之一。

使用时，磁带沿导轮运转要经受强烈的摩擦，即使使用性能良好的磁记录仪在磁头与磁带接触的情况下，运转数次后磁带也要被磨损。特别是四磁头的录像机，磁带被磁头压迫得很紧，它们之间的相对速度很大（有时可达 5 m/s），一般使用 200 次后，重放信号质量就下降。磁记录仪器运带系统低劣更会加重这种磨损，有时甚至使磁带出现凹凸不平的拉长及带体边缘卷曲现象。

因此，磁记录层的耐磨性是衡量磁记录档案耐久性的重要指标，实际中常用脱落磁粉（个 / 分钟）来衡量磁记录材料的耐磨性，如电视台对录像带的规定是每分钟走过的磁带脱落点不得超过 5 个。

为了减小磁带被磨损的程度，磁带运转系统不得有划伤磁带的尖角或砂粒，应保持磁头及运带系统的清洁。每运转一盘磁带后，最好检查一下运带系统的磁头、导轮，及时清除污物或更换已损坏的磁头。对于一些需要长期保存的载体档案应尽量减少使用频率，或用复制带提供使用。带基老化、变形、粘连的磁带在修复后才能使用。

此外，对于数字记录的磁性载体档案还要注意其信息内容的安全性。例如，在文件下载、移动设备的拷贝等环节中要注意对计算机病毒的预防，这也是非常必要的。

（四）磁性载体档案的保护方法

1.适宜的保存环境

（1）库房的温湿度。国家档案局在 1996 年 1 月 1 日颁布了《磁性载体档案的管理与保护规范》，规定保存磁性载体档案的环境最好是恒温恒湿，温度 18℃，湿度 40%，并单独设库或用专门装具提供一个稳定环境。但在实际中由于受各方面条件的限制，恒温恒湿往往无法达到，因此，可以将其控制在一定范围内，即温度在 15℃ ~27℃，相对湿度在 40%~60%，且在 24 小时内温度变化不得超过 ±3℃，湿度变化不得超过 ±5%。

（2）防磁。磁性载体档案在贮存和使用过程中要严防外来磁场的干扰，切忌把磁记录材料放在带有磁场或可能产生磁场的物体或设备附近。在建造库房时就要考虑到整体建筑物要有屏蔽外来磁场干扰的能力。磁性材料放入磁屏蔽的容器中，应距容器壁至少 26 mm；不得将任何磁性材料及其制品（包括磁化杯、保健磁铁、磁铁图钉等）带入库房。在存有重要磁性载体的档案库区，应设置测磁设备，以查出隐蔽的磁场。

（3）防光与防火。磁性载体档案库房的光照度以不超过 50 lx 为宜。光线能以热的形式加剧磁分子的热运动来改变原磁化状态，软化磁层，或加快带基的形变，而且光中的紫外线能使底基、黏合剂等高分子制成材料严重老化，故应避免阳光直射磁载体档案。

保存磁性载体档案的装具和库房应使用耐火材料，库内及附近严禁有易燃物品，库中应备有二氧化碳灭火器。

（4）防尘。磁性载体档案在记录和使用中主要靠磁头与磁载体相接触走带或旋转磁面来完成。灰尘等微粒一旦污染了磁载体表面，必然会磨损磁层，增大噪声干扰，腐蚀粘连磁带，严重的会增大信号漏失率。据研究发现，直径为 2.5 pm 的粉尘可使计算机磁盘或硬盘形成漏码。

2. 合理的管理制度

（1）检查制度。检查制度主要包括接收时的检查和保管中的检查两个环节。

接收时的检查主要是针对从各基层单位接收来的磁性载体档案，由于保管状况差别很大，有的符合档案保管要求，有的会存在一些不同程度的问题。档案部门一定要把好关，使将来保存和利用的这部分档案有一个良好的保存基础。检查的内容主要有：物理性能的检查，如载体有无变形、磁粉脱落、霉变或断带等情况；电磁性能的检查，如噪声、还原等质量状况；认真填写磁性载体档案检测、保养卡。

保管中的检查主要检查磁带（盘）外观质量及计算机磁带（盘）漏码状况。每年对总数的 3% 进行抽样读检，发现问题及时处理。

（2）存放形式。磁带（软磁盘）应放入磁带（软磁盘）盒中，垂直放置或一盘盘悬挂放置保存。目前，研制出的各种磁盘柜及磁性载体档案装具为磁性载体档案提供了一个防磁、防光、防尘、防有害气体且温湿度恒定的良好环境。

（3）定期卷绕制度。对于长期存放的磁带卷绕松紧要适当，最好以记录或重放速度重新卷绕一次再存放。卷绕过紧，高温下易形变、粘连和增大复印效应；卷绕过松，使用中易出现滑动，快速卷带边缘不易卷齐等问题。

（4）定期翻录制度。翻录有两个目的：一是使信息长久保存下去。磁记录信息保持时间在 20 年左右，为使其信息长期保存下去，必须定期翻录，翻录间隔以 10 年为宜。翻录时要选用具有低噪声、高输出性能的优质带，保证翻录质量。二是保护珍贵档案。为预防不测，可翻录到唱片金盘模版上或银盐胶片上，也可翻录成副本并分地保存。

（5）提供利用规则。不正确地使用和过度使用磁性载体档案，也会缩短磁记录信息的寿命。因此，要有一个合理而科学的提供利用制度，并认真遵循。

①利用前对设备和档案材料状况进行检查。对磁带的卷绕情况进行检查，太松太紧都会对磁带有损伤。若卷绕太松，可用铅笔插入带盘齿轮卷好再用。利用中应尽量避免快倒快进，以防拉力过大拉断磁带，如录像机快速倒进时拉力比正常情况下大9倍以上。要对数字磁带、磁盘信息的安全性进行检查，利用电脑病毒查杀工具进行安全检测，防止病毒扩散污染。

②正确使用读取设备。要按磁带类型选用机器，并了解配套播放设备（录音机、录像机、计算机等）的性能和正确操作方法。保持设备供电系统的稳定，防止随意关机，频繁开启，否则会造成设备损坏、数据丢失；对电脑硬盘采取分区管理，以免数据大面积损坏和丢失；软盘使用后应及时从驱动器中取出，未取出前不要启动电源开关，以防电机的漏磁场破坏软盘数据；计算机磁带断电时应立即取出；录像带应在电源未断前取出，不可先断电后取带。

③保持磁记录档案和播放设备的清洁。经常保持阅览环境的清洁无污染。

④对于一些珍贵、重要的原始磁性载体档案，为了长期保存，不应直接用于阅读和复制一般副本，它只能用来复制第一代子带，可通过第一代子带再复制使用带。

第三节　电子档案的形成及保护措施

一、电子档案的形成

电子档案的形成和生命周期的维护主要依靠两种工具，即计算机硬件系统和软件系统。目前，大多数机关和企事业单位档案部门应用的很多都是文档一体化的文档管理系统，因而通常被称为电子文件管理软件系统。本节所提到的电子档案和电子文件管理系统均指的是文档一体化管理系统。电子档案主要是在各个基层业务单位和办公系统日常管理活动中逐渐积累起来的，其形成的主要环节包括电子文件管理软件系统的设计与安装、电子文件的制作与收发、电子文件的鉴定与归档、电子文件的保存。

（一）电子文件管理软件系统的设计与安装

电子文件的形成和管理的整个生命周期是在一个预先设计好的管理软件系统中完成的。因此，管理软件系统的设计和安装是非常重要的，它关系到电子文件管理的质量和效率，更关系到将来电子档案真实性、完整性、有效性和长期可读性的质量要求。电子文件与纸质文件在工作流程上有很大的相似性，但并非完全相同，因而在设计电子文件管理系统时既要避免对纸质文件工作流程完全照搬照抄，体现出电子文件工作流程的特殊性与对技术带来的便捷性的充分利用，又需要文书人员、档案人员与系统开发人员共同参与合作，确保开发出实用、高效的电子文件管理系统。

1. 电子文件管理软件系统的设计

电子文件管理软件系统的设计过程：首先，通过系统需求调查分析确定业务活动的特点、需求，以揭示文件与机构的业务及业务流程之间的关系。按照文档一体化的原则，兼顾由文件工作到档案工作的基本需求，如执行统一的著录标准、文件形成过程的主要标识项可被档案整理等流程，以减少档案工作对文件工作中相同内容的重复劳动，使档案管理工作与文书管理工作实现无缝对接；其次，依照国家档案行业发布的相关标准和规定，参照国际和国家相关标准，确保设计的管理系统既符合本单位工作特点和业务需求，又在标准规范上通行、兼容；再次，交由业务与技术部门审核其适用性，并通过软件设计实现系统的功能；最后，通过统试运行及复审，待修正系统的缺陷，确保系统稳定后再投入正式安装和应用。

2. 文件系统的调试和安装

合理配置系统需求的通信设施、硬件系统以及使用、维护该系统的技术人员和管理制度，保障文件管理系统的正常运转。

（二）电子文件的制作与收发

电子文件的制作可以在电子文件管理系统中完成，根据系统的操作向导逐步进行。在电子文件的制作与审批流转过程中要注意存储格式的通用性、背景数据采集的完整性、元数据的同步积累与保护。电子文件的收发有多种方式，既可利用本单位或本行业的专用系统，又可以借助电子政务等专网和 Internet 广域网对各种类型的电子文件进行收发。电子文件收发过程中要设置使用权限、访问控制、日志管理、网络安全等，保障电子文件的真实性、完整性、有效性。

（三）电子文件的鉴定与归档

在系统设计之初，要制定文件保管期限表并嵌入电子文件管理系统。在目前通常使用的"双套制"环境下，电子文件的归档可分两步进行，对实时进行的归档先做逻辑归档，然后定期完成物理归档。对归档的文件应统一规定电子文件的技术环境、相关软件、版本、数据类型、格式、被操作数据、检测数据等技术的要求，并作为读取环境的元数据与文件内容一起保存，然后做好后续的脱机备份和移交准备。

（四）电子文件的保存

在系统内各个业务流程动态运转过程中都要随时对文件的真实性、完整性、有效性进行维护。这既包括实体的物理保护，也包括信息安全的逻辑保护。要确保在文件现行事务使用完成后，保留下一个合乎归档要求的电子档案，交由档案部门管理。

二、电子档案传输利用过程中的安全隐患和应对的措施

（一）安全隐患

电子文件的传输和利用主要靠网络进行，所以传输过程中的安全隐患主要来自网络通信过程中可能受到的各种威胁因素。

1.数据库管理系统（DBMS）安全隐患

DBMS 的安全必须与操作系统配套。例如，如果 DBMS 的安全级别是 B2 级，那么操作系统的安全级别也应当是 B2 级。数据库的安全管理同样是建立在分级管理的概念之上的，因此，DBMS 也是存在安全隐患的。

2.安全管理不到位，忽视信息安全

目前，计算机网络的信息安全还没有引起人们的广泛重视，以至于在建设各工程和网络时，计算机、微型计算机、操作系统、文本以及工程中的硬件设备、软件程序都原封不动地从国外引进，不加任何安全保护措施。有的部门对要引进的网络设备不进行深入的研究和论证，不组织有关人员对其性能和安全技术等问题进行测试和分析；或者利用国产计算机、微型计算机和设备组成本部门的专用网络，以为这样的网络不加任何安全措施就很安全，错误地认为国内生产的计算机等设备不会有窃听、窃录装置，网络中传输的信息不会被人威胁和攻击，因而不采取安全措施。有的部门虽有安全措施，但防护力十分薄弱，有的防护技术单一、方法简单，甚至存在网络信息外漏、泄密等漏洞。

3.操作系统安全隐患

（1）操作系统的体系结构造成了操作系统本身的不安全性，这是计算机系统不安全的根本原因。操作系统的程序是可以动态链接的，包括 VO 的驱动程序与系统服务，都可以用"打补丁"的方式进行动态链接。许多 UNIX 操作系统的版本升级开发都是采用"打补丁"的方式进行的，这种方法厂商可以使用，"黑客"也可以使用，而且这种动态链接也是计算机病毒产生的适宜环境。

（2）操作系统支持在网络上传输文件，包括可以执行的映像文件，即在网络上加载程序。

（3）操作系统不安全的另一原因在于它可以创建进程，甚至支持在网络的节点上进行远程进程的创建与激活，更重要的是被创建的进程可以继承创建进程的权力。这一因素与前一因素（可在网络上加载程序）结合起来就构成了可以在远端服务器上安装"间谍"软件的条件。

4.计算机网络安全隐患

Internet/Intranet 使用的传输控制协议（Transmission Control protocol, TCP)/ 因特网互联协议 (Internet protocol, IP) 简称 TCP/IP 协议以及文件传输协议（File Transfer Protocol,FTP）、电子邮件（E-mail）、远程过程调用（Remote Procedure Call, RPC）、网络文件系统（Network File System, NFS）等都包含许多不安全的因素，存在许多漏洞。网络上的攻击方法是五花八门的，如网络诈骗、特洛伊木马、进攻拨号程序、密码破解、身份欺骗、黑客攻击等。其中，计算机病毒是最常见的，也是危害最大的一种网上攻击形式。计算机病毒是一种计算机程序，它是编制或在计算机中插入的破坏计算机功能或毁坏数据、影响计算机使用并能自我复制的一组计算机指令或程序代码。计算机病毒具有很强的传播性和再生性，能够快速地从一个系统感染到另一个系统，从一台计算机复制到另一台计算机，乃至与有病毒的计算机接触的脱机载体，如光盘、软盘等。与生物病毒一样，计算机病毒还具有隐蔽性和潜伏性。

计算机病毒种类繁多，对计算机系统的危害程度、危害方式也各不相同。例如，对系统的破坏就有多种表现：破坏硬盘的分区表；破坏或重写软盘或硬盘的Boot区，影响系统的运行的速度；破坏程序与覆盖文件；破坏数据文件；格式化或者删除磁盘内容；直接或间接破坏文件链接；使被感染程序或文件的长度增大；等等。因此，计算机病毒会对数据的完整性、机密性、可访问性以及系统效率造成危害，甚至使计算机无法正常运行，陷于瘫痪。有的病毒用杀毒软件可以很快清除；有的需要重新安装软件，耗时较长；有的则相当难以修复，致使大量数据丢失。因遭到病毒侵害而造成各种损失的例子不胜枚举，带来的损失也是巨大的。

（二）网络安全技术及其应用

网络安全技术主要包括：过滤不良信息；防止非法用户进入网络存取敏感信息，保证网络共享数据和信息的安全；允许合法用户不受限制地访问和使用网络资源；保证网络互联的安全，使用安全的网络协议，不断堵塞协议的不安全漏洞；防病毒、防黑客；等等。为了达到以上目的，常用的防护技术有以下几种：

1.查杀计算机病毒技术

查杀计算机病毒技术相对来说发展得比较早。它利用专用的防病毒软件和硬件发现、诊断和消灭各种计算机病毒和网络病毒，以保证计算机和计算机网络的安全。因为病毒的种类花样翻新，防病毒技术也在不断地发展变化。

（1）在电子文件管理系统中配置防病毒卡、查杀病毒软件。电子文件的管理人员要经常了解电脑病毒的发展状况及防治病毒软件的发展状况，以便及时采取措施。

（2）对计算机硬盘进行分区管理。比如，系统放在 C 盘，其他文件等根据重要程度或类别分区存放。系统盘中不要存放任何不明软件、下载文件等，将风险降到最低。

（3）控制传播媒介的感染。电脑病毒可通过软盘、光盘、计算机网络等途径传播。为避免染毒，要禁止使用外来移动设备，所有软件在首次使用前应用杀毒软件进行检查，联网用户不要随意从网络上下载程序，特别是来自无名网站的免费软件。建议删除来自未知或匿名发送者的电子邮件，以防邮件传播病毒。

（4）做好备份工作。文件备份工作必须制度化，可根据情况实行日备份、周备份和月备份，及时备份可以在系统感染病毒后将损失降到最低程度，特别是对于重要文件，要进行多途径备份。

2. 不良信息的过滤、扫描技术

（1）防火墙技术。防火墙包括计算机防火墙和网络防火墙。防火墙通过访问控制技术在网络与网络之间、用户与用户之间、网络与用户之间起隔离作用。计算机防火墙设置在外部网络和计算机用户之间，阻止非法信息进入计算机。网络防火墙设置在内部网络和外部网络之间，通过安全访问控制保护内部网络。防火墙从概念上分为包过滤防火墙（网络层防火墙）、双宿网关防火墙、屏蔽主机防火墙和屏蔽子网防火墙，从功能上又分为网关型防火墙、E-mail 防火墙和病毒防火墙，等等。防火墙技术常采用包过滤技术、代理技术和电路级网关技术。有时几种防火墙同时使用，互相弥补各自缺陷，增加系统的安全性。

值得注意的是，一些防火墙产品本身就有严重的漏洞，而且防火墙也不是容易操作的产品，防火墙配置不当，既有可能使正常功能受到影响，也有可能导致安全漏洞的出现。

（2）入侵检测技术。入侵检测技术是网络环境中防止黑客入侵的新一代信息安全技术。它可分成三种主要的入侵检测体系结构：基于主机的入侵检测系统、基于网络的入侵检测系统和混合分布式入侵检测系统。基于主机的入侵检测系统主要从操作系统的审计跟踪日志中寻找入侵事件的线索；基于网络的入侵检测系统对网络实施监听并通过流量分析提取特征模式，再与已知攻击特征相匹配或与正常网络行为原型相比较来识别攻击事件；混合分布式入侵检测系统是前两种入侵检测技术的结合。

（3）虚拟专用网（Virtual Private Network，简称VPN）技术。VPN是利用一定的隧道技术或配置技术对公网的通信介质进行某种逻辑上的分割，从而虚拟出私有的通信网络环境的技术。隧道是提供排他性服务的逻辑通道，可通过协议封装来实现，也可通过访问控制来实现。VPN本质上是一个逻辑的点到点的链接，集成了鉴别认证、访问控制和密码变换的安全隧道技术。虚拟专用网是用于Internet电子文件传输的一种专用网络，它可以在两个系统之间建立安全的信道，非常适合电子数据交换（EDI）。在虚拟专用网中文件传递双方相互比较熟悉，而且彼此之间的数据通信量很大。只要双方取得一致，在虚拟专用网中就可以使用比较复杂的专用加密和认证技术，这样就可以大大提高电子文件传递过程中的安全性。虚拟专用网是在网络环境下进行电子文件传递的一种比较理想的形式。

当然，虚拟专用网也存在着一些问题。如果虚拟专用网使用专用线路，则受到攻击的概率比较小，安全强度比较高；如果使用公共线路，还是很容易受到攻击的。

（4）网络隔离计算机技术。网络隔离计算机技术可在一台计算机上实现内网和外网两种功能。内网是内部保密网，外网是国际互联网。这种计算机可确保在外网遭到攻击毁坏时，内网安然无恙。这种隔离计算机在主板BIOS控制下，由网卡和硬盘构成的网络接入和信息存储环境各自独立，并只能在相应的网络环境下工作，不可能在一种网络环境下使用另一环境才使用的设备。BIOS还提供所有涉及信息发送和输出设备的控制。另外一种常见的隔离技术是通过网络安全隔离控制卡实现物理隔离的，内网和外网分别使用两块硬盘。通过网络隔离技术对现有信息系统进行改造，是目前我国办公网络，特别是具有保密性质的网上文档系统安全技术的较好选择。

（5）漏洞检测技术。漏洞检测技术就是自动检测远端或本地主机安全脆弱点的技术。该技术是对重要计算机信息系统进行检查，发现其中可被黑客利用的漏洞。

随着计算机技术的应用和发展，虽然安全问题会层出不穷，但是我们坚信"魔高一尺，道高一丈"，新的更加有效的技术会被不断研制出来。文档部门应随时关注技术发展动态，更新技术，以最有效的技术和管理措施保障文件和档案的安全。

（三）延长电子档案管理系统技术寿命的措施

1.做好系统日常维护工作

对与电子档案有关的系统环境（包括机器设备）进行保养和维护，是对电子档案间接的物质保护，也是对电子档案进行物理保护的另一个侧面。我们应对计算机设备、应用系统进行经常性的检测、保养，并将保养和维护的情况记录下来，建立检测、保养卡，以备查考。

对与电子档案有关的系统环境（包括机器设备）进行保养和维护的措施一般包括保持磁带机、光盘驱动器的清洁，对磁带定期进行倒带，保持计算机及其相关设备的良好状态，保持电子档案库房内合适的温湿度，防止强磁场干扰，做好防水、防尘、防火等方面的工作，建立并严格遵守电子档案库房管理制度，等等。

2. 建立电子档案信息修复（恢复）中心

电子档案资源或数字档案资源长期保存和利用的最大障碍是计算机技术的不断更新换代，无论是短期保存（10~20年）还是长期保存（20年以上），都面临着因技术平台的频繁变迁而可能读不出数字信息的风险。要化解技术淘汰带来的难题，必须采用技术的手段来解决技术问题。这些技术手段与解决方案都涉及计算机的许多前沿技术，风险很大，不是所有的企事业单位或信息管理部门（如图书馆、档案馆等）都可以解决的。即使部门或团体雇用专门技术人员解决这类问题，也需要设备支持。因此，有必要在我国建立数字信息恢复中心来解决数字资源长期保存过程中的技术问题。建立数字信息恢复中心可以利用社会化服务的方式，集中人力、物力与财力解决社会难题。近年来，我国一些地区已陆续建立了这种服务中心，而如何规范、管理，为恢复数字信息提供优质服务，还需要我们进一步去探索和研究。

信息技术日新月异，从2007年开始又出现了云计算技术。该技术大有在全球掀起一股新的信息革命浪潮的势头。云计算的核心技术是分布式数据库和虚拟化管理。云计算技术发挥作用的途径主要是通过社会化服务方式为广大客户提供IT集约化、专业化的存储和管理数据的巨大空间，计算机基础设施，信息整合共享服务，安全保障技术等。因此，该技术将为电子文件提供海量存储空间，以解决电子档案巨量备份、信息安全和迁移的技术难题。

3. 仿真

仿真是解决数字信息长期存取的最初尝试。这是制造一种能运行过时软硬件的软件，在运行过程中对过时软硬件进行模仿。通俗地说，仿真软件就是升级了的软件，它可以使应用程序在非原技术平台上运行，如Word6可以读取Word5版本的内容。但在实际操作过程中，仿真的兼容性并不可靠，其自身的稳定性也不能得到保证，它只是延缓技术淘汰的一种方法。

4. 迁移

将数字信息从一种技术环境（平台）转换到另一种技术环境的复制，或者将档案内容向不同的存储介质上转移，称为迁移。因此，迁移既包括介质的变化，也包括技术的更新换代。对于迁移之后的信息，要达到保证原始信息内容的完整性，保留用户对数字信息的检索能力、显示能力与使用它们的能力的目的。也就是说，信息迁移后无论是技术平台还是介质的变化都应确保档案原始记录的保真和正常存取。这种方法从目前来看是比较可行的，但它同样存在许多实际的困难。

迁移不仅仅是不同信息格式之间的转化，还涉及整个系统配置的改变。依次转换给工作人员带来了沉重负担。系统每更新一次，所有的文件就要随之转换一次，这种做法会很麻烦。同时，在多数情况下，每一次转换都会以一定程度的信息丢失或损害为代价，很难估计在多次转换之后是否能够保持电子文件原貌。而且，有些电子文件转变的结果并不能包容原来的格式，因而难以将以前的文件格式有意义地转换成新的文件格式。由于这些缺点的存在，"递进"的转换方法虽然在理论上可以解决因系统改变而造成的文件识读问题，但在实践中却有许多难以实施的障碍。

文件之间的格式转换问题曾经是阻碍 IT 业发展的难题之一。然而，随着系统间兼容性的提高，某些文件之间的转换已经非常方便了，但问题还没有完全解决。我们期待着有更好的转换工具出现，也期待着有朝一日这个问题不再成为"问题"。

总之，由于现代信息技术的迅猛发展，电子文件存储载体寿命一般都超过了读写它的计算机软硬件技术生命周期。在数字环境中维护信息的可存取性的主要问题不是载体，而是如何使数字信息随技术更新一代一代流传下去。因此，在对电子文件实施载体保护和信息安全保护的基础上，要重点考虑其长期可存取性的问题。电子文件的长久保存不仅需要载体上信息的完整、安全，也需要保证内容的长期可读性，这是电子档案工作中的一项长期而艰巨的任务。

第三章 新形势下档案安全风险的影响因素

第一节 档案材料的变化

一、纸质档案材料的变化

（一）纸质档案变化的表现

纸质档案材料的变化主要是档案字迹的退变和纸张的老化。

1.字迹的退变

字迹是纸质档案信息的重要组成部分，字迹色素的组成与结构会发生变化，造成字迹的退变。字迹退变表现为字迹与某些化学物质反应出现的色泽退变、扩散洇化，字迹被杂物覆盖与污染，字迹纸张背景对比度降低，部分字迹渗透与流融造成纸页粘连，这些情况破坏了字迹的色泽，降低了字迹可被识别的程度，使字迹模糊不清，使档案内容难以识别。

2.纸张的老化

纸张的主要成分是纤维素、半纤维素和木素，它们在光、氧、潮湿、霉菌和空气污染物等因素的作用下发生化学结构变化，使纸张发黄，强度下降，甚至变成易碎的粉末状物质。纸张老化后，各种性能会随之改变，老化到一定程度就无法利用，使档案失去使用价值。老化是不可逆的化学变化过程。

纸质档案发生以上变化的原因可分为两方面，一是决定变化的内部因素，二是影响变化的外部因素。

（二）决定纸质档案材料变化的内部因素

纸质档案的变化与材料组成、结构、性能密切关联，其中纸张材料的性质、加工过程、字迹色素成分、字迹与纸张的结合方式是变化的内因，决定了档案的耐久性。

1. 字迹退变的内因

（1）字迹的色素成分。字迹的色素成分炭黑、颜料和染料中，炭黑的结构单一、性能稳定，形成的字迹耐久性强；颜料成分多样，大多数由无机物构成，结构比较稳定，不易变化，但会在强烈的外界因素作用下发生结构改变；染料的稳定性差，染料字迹本身的扩散性、不稳定性决定了此类字迹的耐久性差。

（2）纸张与字迹的结合方式。结膜、吸收和黏附三种结合方式中，碳素墨水、黑色油墨是以结膜方式与纸张形成字迹的，稳定性强，不易变化。而以吸收和黏附方式与纸张结合的字迹稳定性就差，特别是以黏附方式结合的铅笔字迹，耐久性特别差，很容易出现字迹脱落的现象。

2. 纸张老化的内因

（1）纸张主要成分的化学结构与性质。纸张主要成分是纤维素、半纤维素和木素。纤维素可发生水解、氧化及光降解等化学反应；半纤维素由非均一单糖脱水聚合而成，其支链结构同样会发生水解、氧化及光降解等化学反应；木素结构中含有大量的活泼基团，极易发生氧化和光解反应。在外界条件相同的条件下，木素含量高的纸张老化速度快，而纤维素含量高、木素含量低的纸张老化速度慢。

（2）造纸过程在纸张内部形成的残留物质。残留物质主要是制浆、施胶带来的酸，漂白过程残留的氧化剂，整个造纸过程带来的金属离子等，以及纤维素、半纤维素和木素在氧化或水解时产生的酸性物质。这些有害物质都会加速纸张的老化。

（三）影响纸质档案变化的外部因素

纸质档案耐久性除了与自身的结构有关外，还受外界环境因素的影响。这些环境因素影响纸质档案的利用与存储，对档案的变化有促进和加速作用。

1. 温度

温度过高，会使档案纸张发生热变形，出现脆化发黄现象，同时使耐热性差的字迹发生油渗扩散，严重时使字迹模糊不清。高温还会促使某些有害物质加速对字迹的破坏。

2. 湿度

环境湿度大，会使档案纸张发生湿变形，降低纸张的各种强度，引发纸张的霉变和其他反应，还会使耐水性差的字迹发生扩散，潮湿还会加速某些不利因素对纸张和字迹的破坏。

3. 光

在光的作用下，纸张材料发生化学变化，材料的强度下降，字迹色素成分中的发色团遭破坏，从而引起褪色。空气中的某些有害气体在光的照射下生成氧化性气体，促使纸张脆化、字迹褪色。

4. 酸、碱

酸或碱对档案纸张和字迹都有破坏作用，其中酸对纸张的破坏十分严重，纸张纤维素水解对档案耐久性的破坏是致命的。不同字迹对酸、碱的作用有不同的反应。

5. 氧化性物质

此外，复杂多样的有害气体是大气污染物的重要成分，对档案的破坏是显著的和复杂的，既能氧化降解纸张，也能酸化危害纸张，还能使字迹材料退变。

二、胶片材料的变化

胶片出现老化变质情况，会影响档案的检读，破坏胶片的稳定性。胶片耐久性下降主要是由胶片片基和乳剂层材料的变化引起的。

（一）片基的变化

片基的耐久性包括几何尺寸的持久性、机械性能的耐用性以及构成材料化学结构的稳定性等，其变化主要表现为片基的老化、脆化和形变。

1. 老化

片基老化是指片基材料性能变劣，在外观上表现为变色、龟裂，在物理性能上表现为发脆、易断或变软发黏，溶解性增大，透光性与吸湿性下降等。引发片基老化的化学反应主要是热氧反应、光化学反应和化学分解反应。

2. 脆化

脆化指由物理因素引起的片基弹性减小、脆性增大。导致片基断裂现象产生的物理因素是增塑剂失效及水保留率下降。

3. 形变

片基的形变表现为几何尺寸的收缩与伸展。使片基形变的因素较多，内部因素有片基种类、片基中溶剂残留量、明胶质量和感光剂涂布方向，外界因素是冲洗液温度、溶液间温差、拍摄中拉力的均匀性、干燥的均匀一致等。此外，保管时间长短、环境温湿度高低、保存方式等也是引发胶片形变的因素。

（二）乳剂层材料的变化

1. 明胶的老化

明胶的老化主要有三种情况，一是明胶酶降解。明胶分子极易受微生物侵害，使分子结构破坏，聚合度降低，明胶材料裂断。二是明胶的化学分解。明胶在碱性或酸性物质作用下易发生反应，在氧化剂作用下，使胶片中银盐形成银胶络合物，导致胶片降解、银影像变色泛黄。三是明胶软化。在不适当的冷热外因作用下，明胶材料易膨胀或收缩，导致材料的变形与粘连，引起影像的改变和材料脆性的增加。

2. 黑白影像的老化

银是构成银盐胶片影像的重要成分，这种不活泼的金属在空气中较稳定，不与水作用，但易与氧化物及硫化物作用，使黑白胶片影像消退、颜色发黄、形成彩色斑点污染等。

为了防止这种情况发生，一是要保证定影过程彻底，水洗条件充分。二是胶片应处于适宜温湿度环境，避免接触含硫物质和大气污染物，并选用惰性材料片盒、金属片柜和框架材料等装具材料。

3. 彩色影像的老化

彩色影像由苯及其同系物衍生而来的染料构成，含有不饱和键，在光辐射或某些化学物质作用下容易发生分解、重排等反应，改变染料分子结构，色调平衡破坏，引起彩色影像的变色甚至褪色。由染料构成的彩色影像稳定性较差。

染料彩色影像发生氧化还原反应，与胶片所处环境的温湿度、有害气体浓度、胶片曝光程度、染料的种类及胶片冲洗质量密切相关。此外，光（特别是紫外线）、酸碱性化学物质能破坏胶片上的有机染料，导致色泽平衡破坏，彩色影像消退。

三、磁性载体材料的变化

磁性载体材料在使用与保存过程中，由于材料内部结构的改变及外界环境条件的影响，耐久性下降。

（一）底基材料的变化

磁性载体底基材料的变化与胶片片基基本相同，主要是老化、脆化及形变。

1. 老化与脆化

在环境因素的长期作用下，因底基中增塑剂挥发与失效以及磁带中含水率下降，加之光氧化反应、直接光降解反应、热氧化反应和化学降解反应等老化过程中聚酯材料自身发生链断裂或链交联，特别是耐碱性较差的聚酯，受氨水作用发生化学降解，高分子材料裂解，底基材料脆化。

2. 形变

底基材料的老化、脆化及使用时快速倒进引起的磁带断裂与形变，磁盘在高速旋转时自重和离心作用造成的塌边，是磁性载体档案在保管中容易发生的情况。磁带在长度上的局部形变、在宽度上的"杯形"形变等使读出信息滞后，出现音像不同步、声音抖动或缠带等情况，影响磁带的可靠性。此外，磁带及磁盘受不均匀机械力的作用，受不适宜温湿度的影响，也易造成带基材料的拉断和软盘的裂断，从而使磁性载体底基材料断裂，导致磁性载体材料彻底被破坏。

（二）磁层材料的变化

磁层材料的变化主要表现在磁记录介质信号的稳定性和磁层的耐磨性上。

1.磁信号稳定性

磁信号稳定性下降主要表现在以下几个方面：

（1）剩磁消失。磁性载体材料耐久性在很大程度上取决于磁记录介质剩磁状态的稳定性，随着磁介质剩磁的消失，整个磁记录信息都将荡然无存。

（2）复印效应。磁带因磁层间相互作用使邻层磁介质受磁化，将记录信号复印到邻层带，表现为重放时前后信号出现轻微重复。

（3）信号漏失。信号漏失表现为重放信号时出现衰减、跌落或消失，其原因是检读电压瞬时衰减到规定最低值，使信号无法读出。

（4）噪声（杂波）干扰。噪声或杂波干扰是影响磁性载体性能的常见现象，噪声主要有消磁杂声、直流噪声、调制噪声、磁头噪声、声源和机器噪声等。

（5）磁层霉变。磁层中的黏结剂与助剂等高分子化合物在一定环境下会发生霉变，轻者霉迹斑斑、粗糙不平，影响磁介质电磁转换的完整性，重者能严重酶解磁层。

（6）带间粘连。当环境温湿度过高，带中黏结剂软化或溢出，带面有霉菌滋生，以及磁带卷得过紧又久置不动时，带间黏结的现象就容易发生，轻者局部破坏磁层的表面结构，重者使磁带卷因难以剥离而全部报废。

2.磁层耐磨性

磁层耐磨性是衡量磁性载体耐久性的重要指标，较差的磁层耐磨性会造成掉粉或磁层脱落，引起信号丢失、噪声增大或杂波干扰，影响磁记录信息的完整性。

导致磁层耐磨性降低的原因：磁带表面不光洁与不平整；磁层因存放或利用环境湿度过高，吸湿膨胀而软化；磁带沾有汽油、酒精等有机溶剂，使磁层膨胀与软化；录放磁头不平整，工作环境不洁，或录放设备状态不佳；磁层黏结剂的黏结力过小或因老化失效等。

（三）影响磁性载体材料变化的因素

磁性载体材料在使用与保存过程中出现磁带噪声、复印效应及带面的污染等，影响磁性载体材料的正常使用，造成这种变化的因素如下：

1. 外界磁场的影响

外界磁场（不低于50奥斯特）会干扰磁信号，降低磁层耐久性，并能导致信号消失。

2. 强烈的摩擦和撞击

摩擦和撞击会降低剩磁感应强度，影响磁记录信号的稳定性和磁层的耐久性。

3. 不适宜的温度

在不适宜的温度条件下磁性载体材料易发生磁粉脱落、磁带粘连、磁头缝隙堵塞的现象，并形成电杂波，促使磁层黏结剂失效，使磁记录信号发生改变。

4. 不适宜的湿度

在高湿下磁带吸水，使黏结剂水解或溶解，导致水分直接同塑料带基发生反应。高湿条件下会使磁带中胶黏剂和增塑剂中的蛋白质发生霉变。

低湿环境下磁带电阻大，易产生静电吸附尘埃，污染磁带，造成磁头与磁带的磨损，使重放信号出现干扰杂波。长期处在15%以下的低湿环境中，磁带会变脆，使用时容易断裂。

5. 光的辐射

光的辐射尤其是高能量的光能作用会促进磁性载体材料的磁层黏结剂老化，使磁性载体材料耐久性下降。

四、光盘材料的变化

（一）盘基材料的变化

光盘盘基的变化主要是材料的变形、盘体的腐蚀等。

1. 老化或形变

在光盘存取数据时，在高速旋转产生的离心力与向心力作用下，光盘盘基变形，表面平直度下降，导致信息检读时光轴错位与偏离。同时，光盘定轴因旋转引起的自重，可能使光盘边缘下陷，引起塌边。塌边较严重时，会使激光束与记录层上的物理标志发生偏离，造成激光束无法照射到信息的物理标志上，使光盘信息不能再现。

2. 盘体缺陷

光盘的盘基（包括记录介质和预沟槽等）自身存在缺陷，在一定条件下光盘会产生误码。原因是缺陷改变了入射光和反射光波场的分布，致使信号能量衰减。

3.化学腐蚀

光盘盘基受空气污染物（氨气、有机溶剂等）的影响，发生变色，表面出现龟裂、水解等化学腐蚀现象。此外，光盘塑料盘基（保护膜）多数带有静电，易受到灰尘、盐类、油类及其他无机物和有机物的污染，从而腐蚀光盘。

（二）记录层材料的变化

光盘在保存与利用过程中由于环境条件、检读设备及使用不当等因素的影响，其记录材料会发生变化。

1.记录层氧化

光盘的碲、铋等低熔点记录介质化学稳定性差，易受到空气氧化、电流磁场腐蚀以及酸腐蚀而损坏，出现腐蚀斑，导致烧蚀层光吸收率、反射率下降，从而使光盘出错率上升。这种变化随机械损伤、生物霉斑以及不适宜温度和湿度条件作用而加剧。

2.机械损伤

正常情况下存储介质因有保护层的防护作用而免受环境因素的理化作用。但盘面受损或表面涂层材料老化时，一方面，在光、氧、水的作用下，存储介质发生氧化反应；另一方面，灰尘也能进入记录层遮住凹坑，产生机械磨损与擦痕，干扰存储介质的信息再现，引起误码率的增大和信噪比的下降。

（三）影响光盘变化的因素

光盘老化有多种形式，其影响因素主要有以下四方面：

1.空气污染物

空气污染物影响光盘材料，使其光学特性发生改变，导致信噪比下降，光盘寿命缩短。其中，影响最大的空气污染物是卤化物、氨气、有机溶剂和灰尘等。

2.空气温湿度

对光盘寿命影响最普遍的因素是空气温湿度。高温高湿会加速有害化学物质对光盘材料的破坏，一是使光盘变形，二是使某些光盘材料发生水解。当温湿度波动时，光盘有机玻璃盘基受热或吸水极易变形，并会使读写光点偏离而引起误码。

3.设备检读状况

（1）写读功率。读出信号过高的功率和激光热能会损伤记录介质，但功率过低会导致信噪比降低。

（2）写读方式。光盘以烧蚀方式记录信息，入射光束被记录材料吸收，一部分光能会加速记录材料老化，光盘存储寿命受到影响。

67

4. 其他因素的作用

光盘还会受到外界其他因素（如酸雾、机械力、光照、电磁场等）的影响。

第二节　档案馆建筑与设施

一、档案馆（库房）建筑

档案馆（库房）是永久存放档案的基地，在档案保护中起着长久、稳定的作用。档案馆（库房）建筑的质量直接影响档案保护措施的实施效果。

（一）档案馆（库房）建筑的设计要求

2008 年颁布的《档案馆建设标准》以及 2010 年颁布的《档案馆建筑设计规范》（JGJ 25—2010）从有利于档案保护的角度，对档案馆（库房）建筑提出了明确的要求。

1. 档案馆（库房）建筑应遵循的原则

档案馆（库房）建筑应遵循适用、经济、美观的原则。

（1）适用。适用就是档案馆（库房）建筑必须符合档案的保护条件，做到防热（隔热）、防水（防潮）、防光、防尘、防有害气体、防有害生物、防火、防盗等。适用是档案馆（库房）建筑应遵循的最基本、最重要的一条原则。

（2）经济。建筑涉及投资和造价，适用必须和经济统一考虑。经济原则应该把投资的多少与达到的经济效果统一起来考虑，这就要求档案馆（库房）建筑尽量适合档案的保护，使有限的投资取得最大的经济效益。

（3）美观。美观应服从于适用和经济。档案馆作为文化事业单位，在建筑的总体上要求美观是应该的。但不能因追求美观而影响库房的适用性，也不能单纯追求档案馆（库房）建筑的美观，而不考虑经济条件是否许可。

2. 档案馆（库房）的地址选择

档案馆（库房）地址选择很重要，应根据有利于保存档案和便于社会利用档案的要求，进行多种方案的比较，做出最合理的选择。选择档案馆（库房）地址时，应考虑下述几方面的要求：

（1）有利于防水、防潮。档案馆（库房）地址应选在地势较高、场地平坦、排水顺畅、通风良好的地区，以防水患并避免造成库房高湿。

（2）有利于防有害气体、灰尘。档案馆（库房）地址应远离产生有害气体和灰尘的工矿企业，或设在它们的上风处，以避免有害气体和灰尘等给档案带来的不利影响。

（3）确保档案安全，便于提供利用。选择档案馆（库房）地址时，要注意周围环境，不要选在繁华商业区，不要靠近油库等容易引起火灾的地方，不要建造在容易沉降滑移的陡坡上，以保证档案馆（库房）的安全，更不要选在远离城市和交通不便的地方，否则会影响档案的提供利用。

（4）档案馆（库房）周围要留有适当的空地，以便以后扩建。

3. 档案馆内部库房与各类业务用房的布局

档案馆是一个功能复杂、业务繁多的文化事业机构，拥有档案库房、业务用房、技术用房及行政办公用房等多种配置。档案馆在建筑设计时应根据等级、规模和职能的不同，合理配置各类用房，按照功能分区、方便利用、内外有别的原则，合理布局，做到功能相对集中，对外服务与对内管理相结合，充分体现档案馆的功能要求。

档案馆除库房外，还有行政办公室、阅览室、业务工作室、技术处理室等其他用房。建筑布局应遵循功能分区的原则，各类用房功能要相对集中，避免相互交叉，并力求做到布局合理、流程简洁、内外有别，尤其是库区内不得设置其他用房，库房应尽量避免设在建筑物的顶层或底层。

档案馆内库房与各类用房的布局大致有两种形式：一是大型档案馆采用的库房与各类用房分开建筑的方式，这种形式能做到互不干扰，有利于档案的安全；二是中、小型档案馆采用的库房和馆内其他用房同处一栋建筑物内的方式。

（二）档案库房的结构要求

1. 库房面积

库房是档案馆建筑的主体，库房面积不应太大，也不宜太小，应与选用装具形式和预定馆藏量相适应。《档案馆建筑设计规范》（JGJ 25—2010）对库房贮存定额要求有明确规定："五节柜每平方米不得小于 2.7 米或 180 卷；双面档案架每平方米不得小于 3.3 米或 220 卷；密集架每平方米不得小于 7.2 米或 480 卷。"

库间有大间库房与小间库房之分，一般以大间库房为主，以小间库房为辅。

2. 库房层高

档案库房层高应与所使用的档案柜架的高度结合起来考虑，以略高于档案柜架为宜，《档案馆建筑设计规范》（JGJ 25—2010）规定，档案库净高不应低于 2.60 米。

3. 库房载重

档案库房是用来存放档案的，其荷载量大于一般民用建筑。《档案馆建筑设计规范》（JGJ 25—2010）规定：档案库房楼面均布活荷载应为 5 千牛顿 / 平方米，采用密集架时，不应小于 12 千牛顿 / 平方米，或按实际需要确定。

4. 库房围护结构的功能需求

库房围护结构的功能需求主要是指库房围护结构防火、防热和防潮三方面的防护要求。

（三）档案库房的防火

档案大多为易燃物质，若库房发生火灾，会使档案毁于一旦，造成无法弥补的损失。防火在档案库房防护中是至关重要的。

建筑物的耐火等级是衡量建筑物耐火能力的标准，是由建筑构件的燃烧性能和构件的最低耐火极限决定的。我国建筑物的耐火等级分为一至四级，档案库房作为重点防火区域，其建筑应符合一级或二级耐火等级。

为保证档案库房的防火安全，库房在建造时还应采取特定的设计，以满足档案库房的防火需求，其基本要素如下：

1. 建筑物

档案馆建筑应达到国家建筑耐火等级的一级或二级，档案库房应为单独防火区，避免其他建筑物发生火灾时蔓延到档案库房而对其造成影响。

2. 防火距离

库房与周围建筑物之间应有一定的防火间距，它是指一幢建筑物起火时，对面建筑物在热辐射作用下没有任何防护措施而不会起火的距离，防火间距的大小视建筑物高低而定，一般不小于 30~50 米。

3. 防火设施

为防止失火、火势蔓延，缩小损失范围，还应在库房设置耐火极限较高的防火分隔物，主要是防火墙、防火阀及防火门。

（1）防火墙由非燃烧构件材料构成，必须具有 4 小时以上的耐火极限，其作用是限制燃烧面积，防止火势蔓延。防火墙将库房分隔为若干防火单元，库内的通风及空调管道不宜穿过防火墙。防火墙上可根据需要安装防火阀及防火门。

（2）防火阀。防火阀是在近防火墙外安装的，在通风管道内由易熔环或其他感温设备自动控制的，防止火势局部蔓延的阀门。

（3）防火门。防火门是在防火墙中开设的由非燃烧材料制成的，阻止火势蔓延的门，其耐火极限为 2.0 小时。内隔墙防火门的耐火极限为 1.2 小时，内隔墙防火门根据其耐火极限分为甲、乙、丙三级。甲级防火门耐火极限不低于 1.2 小时，主要设在防火单元之间的防火墙处，乙级防火门耐火极限不低于 0.9 小时，主要设在疏散楼梯及消防电梯前室的门洞口处，丙级防火门的耐火极限不低于 0.6 小时，主要设在管井壁上的检查门处。档案库区的缓冲间及档案库的防火门均应向外开启，其宽度不小于 1 m。空调设备应设在专门房间内，且房门应为甲级防火门。

此外，其他需要进行防火设计的设施还有各层设置的由过道隔开的有开启门的封闭性楼梯间、各层间垂直传递设备通道的封闭式竖井。

（四）档案库房的防热（隔热）

要做好库房的防热，必须了解库房外围护结构的热传导基本形式。档案库房围护结构的外表面做得光滑，且为白色或浅色，可相对减少对太阳辐射热的吸收，有利于防热。

1. 热量传入档案库房的途径

热量从档案库外传入库内的途径主要有太阳的辐射热通过库房屋顶、外墙、门窗等媒介传入库内，库外热空气通过库房门窗的缝隙流入库内。

2. 库房屋顶的防热

（1）屋顶形式。建筑物屋顶的形式一般有两种：一种是人字形（起脊式）屋顶，另一种为平屋顶。从防热角度看，人字形屋顶优于平屋顶。

（2）屋顶隔热结构。目前，库房屋顶的隔热结构主要有实体材料隔热屋顶和通风间层隔热屋顶两种。档案库房适合选用通风间层隔热屋顶。

实体材料隔热屋顶：在屋顶中铺设一层隔热材料层，主要选用泡沫混凝土、矿棉、煤渣、稻草板、泡沫塑料、膨胀珍珠岩混凝土等。

通风间层隔热屋顶：此类屋顶由两层屋顶组成，中间有一空间，称为间层，间层内的空气可起到隔热材料的作用。间层设通风口，使间层内的空气流动。温度低的空气由进风口进入，热空气从排风口排出，形成了间层内冷热空气的对流，降低了间层内空气的温度而取得隔热效果。

3. 库房外墙的防热

墙体是档案库房受太阳辐射及其他热源作用的主要受热面。一般而言，气温对各朝向的外墙影响基本一样，而太阳照射以西向外墙时间最长，综合温度最高，因此，外墙防热主要是西墙隔热。隔热方法主要有以下几种。

（1）墙体隔热。墙体隔热主要有三种形式：①加厚墙体。档案库房的外墙应有一定厚度，特别是西墙，应不同于一般民用建筑的 240 mm 厚的墙体。②墙体使用隔热材料。一是两边用黏土砖，中间填充煤渣等隔热材料；二是使用加气混凝土砌块、粉煤灰砌块等隔热材料做的砌块。③空气间层墙体。空气间层墙体即空斗墙或双层墙，是利用两层墙体中间的空气层起到隔热效果的，我国新建库房中普遍使用这种墙体。

（2）设内走廊解决外墙隔热。设内走廊即建环绕档案库房的封闭式走廊，其形式有一面或多面环廊。一般而言，环廊将库房四周包围起来，可减缓外墙受太阳辐射热的影响，但环形走廊造价高，且会降低库房的有效使用面积。若部分外墙设内走廊时，应设在库房的西侧。

（3）利用楼梯间隔热。楼梯间设在建筑的西端，是解决西墙隔热的最经济的办法，且有利于库房面积的安排。小型档案馆库房面积不大时，可考虑采用这种办法。

（4）利用树木隔热。库房西墙外面有空地时，可以植树，用树木遮阳，减少太阳对西墙的照射。

4.库房门窗的防热

档案库房的窗应尽量少且小，每个开间的窗洞面积与外墙面积比不应大于 1:10。窗以双层窗为宜，门应做保温门，门窗关闭时要能密封。

窗户的遮阳是减少通过窗口透入库内的太阳辐射热量的重要措施。无遮阳时，玻璃窗的热射线的透射量高达 90%，设内遮阳后可减为 40%~70%，而设外遮阳可减为 10% 以下。目前，一般用于窗口遮阳的遮阳板的基本形式有水平式、垂直式、综合式和档板式。

水平式能够遮挡从窗口上方来的阳光；垂直式可遮挡窗口两侧射来的阳光；综合式由水平式和垂直式组合而成，能起到以上遮挡的综合效果；档板式能够遮挡平射到窗口的阳光。一般根据太阳光射到窗口的方式确定采用哪种形式。

（五）档案库房的防潮（防水）

1.潮湿传入档案库房的途径

潮湿传入档案库房的途径主要有水位高的地下水通过地面向库内蒸发；雨水通过屋顶、外墙、门窗渗入库内；库外潮湿空气通过门窗的缝隙侵入库内，使库内湿度升高。

2.库房屋顶的防潮

（1）自防水。人字形屋顶从防潮角度看优于平屋顶。平屋顶在降雨或积雪融化时排水不畅，易积水，积水通过屋顶渗到库内使库内的湿度增高。而人字形屋顶坡度大，排水快，一般不易积水，减少了雨水和雪水通过屋顶影响库内湿度的因素。

（2）屋顶防水结构。屋顶防水结构主要有卷材防水结构和构件自防水结构两种。卷材防水结构是用沥青和油毡交替黏合层作为防水层，较多用于平屋顶，但容易产生渗漏。构件自防水结构是利用屋顶构件中的槽瓦、小青瓦等人字形屋顶的防水性能。档案库房适合选用屋顶构件自防水结构。

（3）库房外墙的防潮。库房外墙主要由勒脚（外墙下部与库外地面接近的部分）、墙身及檐口构成。外墙的防水防潮主要是对其勒脚和墙身进行一定的处理，采取"排"与"隔"相结合的措施。沿库房四周的外墙设置明沟或排水坡，使水不易侵入墙体。同时，在内外墙勒脚中设置防潮层，并与地面防潮层连接起来。此外，在外墙外表面抹一层 10mm~15 mm 厚的水泥砂浆和防水砂架，以减少墙体的毛细现象。

（4）库房门窗的防潮。库外的潮湿空气主要通过门窗的缝隙进入库内，影响库内的湿度。因此，房门窗应具有良好的严密性，以双层门窗为宜，并以尼绒布条或空心胶条包边，使门窗关闭时严密无缝。双层门间可设过渡间，或采用气幕防潮装置。

3.库房地面的防水与防潮

库房地面的防水与防潮主要有地下库和地上库的地面防水与防潮。地下库的地面和部分墙壁常在地下水位以下，主要是防水问题；地上库房因地面在地下水位以上，主要是防潮问题。

（1）地下库地面与墙壁的防水。地下库具有安全、防光、防尘、冬暖夏凉、库温比较稳定等优点，但地下库容易产生的主要问题是潮湿。能否把地下库的地面和墙壁防水问题解决好，将直接影响地下库的使用质量。目前，地下库地面与墙壁的防水措施主要有两种，即柔性防水和刚性防水。柔性防水就是用沥青油毡作为防水层，也就是地下工程的卷材防水。刚性防水是指在地下库的地面和墙壁结构的表面，用 4 层或 5 层素灰层和水泥砂浆层相间交替抹压密实而构成的整体防水层。档案部门地下库地面与墙壁的防水宜采用刚性防水。

（2）地上库房的地面防潮。地上库房地面防潮的做法很多，档案部门以架空地面防潮较为理想。架空地面防潮就是在库房地面的面层和基层中间设置空间，使地下水不能直接通过地面影响库内，以达到防潮的目的。一般而言，架空地面的高度应不低于 60 cm，并在空间两端的墙壁上开设通风口，使间层内空气流通。上层库房地面的背面应施以防水材料，如涂刷沥青等；基层地面可铺设沥青油毡防水层，或用三合土夯实，或做水泥砂浆地面，防止地面潮气进入库内。此外，库房四周设一定宽度的防水坡和排水沟能起到防潮作用。

二、库房设施设备

（一）空调

库房安装空调装置，目的是使库内空气温度、湿度、洁净度和流动速度（亦称空调四度）符合一定要求，为库内创造一个适合档案保存的理想环境。

1.空调系统的类型

空调系统类型多，主要分类方法如下。

（1）集中式空调系统。集中式空调系统又称中央式空调系统，是把风机、水泵和各种空气处理设备集中设置于一个空调机房内，通过管道把处理后的空气送到各个需要空调的房间，调节与控制库房的温湿度。

（2）半集中式空调系统。半集中式空调系统除设有集中设置的空调机房外，还有设在房间的二次空气处理设备。诱导器系统和通风盘管系统是典型的半集中式空调系统。

（3）局部式空调系统。局部式空调系统又称空调机组。它是把冷热源与空气处理设备及输送设备集中设置在一个箱体内，具有结构紧凑、安装方便、使用灵活的特点，特别适用于个别需要空调的房间。空调机组多采用直接蒸发式冷却器冷却空气，小容量制冷量通过开关压缩机来加以控制。

此外，空调系统按空气处理功能可分为恒温恒湿机组、冷风机组、窗式（热泵式）和超净空调设备四大类。

2.空调系统的选用

选用空调系统，应当根据本单位的实际情况和经济条件，考虑以下因素：建筑空间的性质和用途；对温度、湿度、洁净度和空气流动速度的调节要求；使用方式（使用时间及负荷变动等）；空调场所的情况；一次性投资费用；运行费用和维修管理费用；对空调机房面积和位置、风道、管道布置的要求；其他如对土建、水电设施等的配合关系；等等。

此外，选用空调系统（设备）还要从制冷量、电源、噪声、耗电量、外观、结构、重量和价格等方面，结合本单位实际情况进行综合考虑。

3.空调系统运行时的注意事项

（1）空调运行时要防止库房温度、湿度大幅波动。空调系统在短时间内可使库房温湿度调节到适合的范围内，但一旦停机，库内温湿度波动幅度就会明显增加，这就要求空调长时间运行，大量消耗能量。

（2）对空调的空气做净化处理，防止库内空气污染。对空调的空气做净化处理的方法：一是在空调系统的新风和回风口处安装空气过滤装置，如活性炭吸附；二是选择送入新风的最佳时机。

（3）安装空调设备时应注意使用环境的密闭程度。

（二）消防设施

1. 火灾预警系统

档案库房大多处于封闭状态，其火灾属电气和 A 类火灾（固体物质火灾），火灾初期会产生较大的烟雾，档案库房宜选用感烟探测器来监测早期火灾。

感烟探测器有离子型、光电型、红外光束型、空气型等。档案库房应首选光电型感烟探测器，按照每 50 m^2 库房安装一只感烟探测器配置。

2. 消防设备

档案库房防火除在建筑上采取一定措施外，还应在库内配置必要的消防设备。

（1）灭火剂。灭火剂是一种能够有效破坏燃烧条件，中止燃烧的物质。常见的灭火剂有以下几种。

① 水。水是不可燃液体，是天然灭火剂，适用于扑灭可燃固体物质火灾。

② 泡沫灭火剂。泡沫灭火剂具有隔绝氧气和冷却的作用，可扑灭可燃、易燃液体及一般固体物质的火灾。

③ 二氧化碳灭火剂。二氧化碳是一种不燃烧不助燃的气体，适用于扑灭电器等不能用水扑灭的火灾。

④ 干粉灭火剂。干粉灭火剂又称粉末灭火剂，是一种干燥的，易于流动的细微固体粉末，适用于扑灭初起的易燃液体、可燃液体、可燃气体和电器火灾。

⑤ 卤代烷灭火剂。由于《关于损耗臭氧层物质的蒙特利尔议定书》规定禁用卤代烷灭火剂，国际及国内开始出现了许多替代产品，如氮气、氟碘烃、蒸汽及气溶胶灭火系统等。

（2）灭火装置。灭火装置根据其自动化程度的不同可分为人工灭火、半自动灭火和全自动灭火装置。

① 灭火器。该配置基本靠人观测和操作，中小型档案馆可采用这种灭火方式。

② 半自动灭火系统。该系统具有火灾自动探测、报警和灭火功能。火灾刚一出现，自动探测报警装置便会立即启动报警，若需要，可人工启动自动灭火装置进行灭火。许多大、中型档案馆都有这种装备。

③ 全自动灭火系统。该系统具有火灾自动探测、自动判断、自动报警和自动灭

火等多项功能，各功能均连接在一个统一的系统中，可在无人操作的状况下自动工作。甲级档案馆应在档案库、机房、缩微用房等重要区域配置这种装置。

（3）高压细水雾。高压细水雾灭火系统是目前国际上应用非常广泛的一种高效节水、绿色环保的灭火系统，也是替代卤代烷的消防换代产品。

① 高压细水雾。高压细水雾是指在最小设计工作压力下产生的，距喷嘴1米处的平面上，雾滴累积体积分布参数Dv0.99<200 μm的水雾（国家标准）。这种细水雾喷放后液滴在下落的过程中由液态转化为气态，带走热量，同时体积迅速增加而形成屏蔽层，将氧气隔离在燃烧中心之外，以达到窒息灭火的效果。

② 组成。高压细水雾系统由泵组、灭火分区和区域控制阀三部分组成。

③ 适用范围。高压细水雾灭火系统适用于扑救A类、B类、C类和电气类火灾。凭借先进的灭火机理，其使用基本不受场所的限制，在陆地、海洋、空间均可应用，尤其是对高危险场合的局部保护和对密闭空间的档案馆及库房保护特别有效。

④ 技术特点。环保、节能、绿色，有良好的雾化、全空间均匀降温效果，能有效扑救、遮挡火灾，防止火灾复燃，抑制与洗刷火灾烟气，降低烟气危害，不影响现场电气设备。

高压细水雾灭火系统具有灭火效率高、不污染环境、灭火以后不影响档案质量等优点，是档案库房灭火系统的理想选择。

（三）其他设施设备

1.防盗设施

档案库房若没有严密的安全防盗措施，就有可能出现档案文件丢失或泄密的事件，造成无法挽回的损失。加强档案库房的防盗措施，制定相应的规章制度，在档案的利用和保管等各个环节安装有效的防盗设施，加强档案的安全管理，是确保档案安全的关键所在。

（1）防盗自动报警系统。已研制成功的防盗自动报警系统采用接触式自锁装置，分别安装在档案库房各楼面的前门和后门内上端，当外来因素致使门开启10毫米时，防盗门与防盗系统便构成电器回路，连通控制系统防盗自动报警信号的继电器，便会立即发出报警信号。

（2）门禁系统。档案馆应在馆区重要出入口、档案库房出入口、其他重要场所出入口等区域安装指纹或磁卡等门禁系统。门禁系统应当具备目标识别和授权功能，根据工作岗位的不同设置出入权限，限制非授权人员出入，具备记录出入人员身份和出入时间等功能。有条件的档案馆应建立安检系统。

（3）馆区周界防护装置和电子巡查系统。馆区周界防护装置应具备动态追踪捕捉异常情况，发现非法侵入即刻报警的功能，实现既能集中布控，又能分区域布控。电子巡查系统应具备对巡查人员的巡查路线、方式及过程进行管理和控制，对巡查活动、状态进行监督和记录的功能。作为独立院落的档案馆，应在馆区周界部署防护装置，视情况在馆区重点部位部署电子巡查系统。

2. 视频监控系统

档案馆应在档案库房、阅览室、展览室、整理室、消毒室、修复室、缩微室、数字化室、计算机房等业务工作区域，设备间等重要设施区域，馆区所有电梯、出入口、楼道，馆区周边等部位安装监控探头，避免出现监控盲区和死角。视频监控系统可通过实时录像或移动录像的方式监控馆（库）情况。

3. 库房设备智能化控制系统

（1）库房温湿度监测系统。档案库房等重要区域应配备温湿度监测系统，实时监测库房温湿度情况，控制库房温湿度，使其达到相关标准要求。温湿度调控可采用中央空调或分体式空调，配备加湿、除湿设备。

（2）通信系统。档案馆应当在整个馆区建设通信系统，实现重要部位向所有通信点发布信息。可以利用消防系统的广播功能，或建设单独的广播系统代替通信系统功能。

（3）火灾报警和消防智能化管理系统。档案馆应在档案库房、机房等区域配备火灾报警和消防智能化管理系统，使其具备整体布控、消防联动报警、火灾与温升越界报警等功能，以确保能够自动和手动启动消防功能。库房等区域消防系统的灭火材料应对档案和人员无害，并且尽量降低对电子设备的损害。

第三节　档案库房的温湿度管理

一、控制与调节库房温湿度的措施

为了使库房的温湿度处在国家规定的标准范围之内，档案部门需经常实施库房温湿度的控制与调节。控制是指当库房温湿度适宜时，采取措施使库内的温湿度保持相对稳定。调节是指当库内温湿度不适宜时，及时采取有效措施，调节库房的温湿度条件，使库内温湿度达到标准。

（一）密闭

库内温湿度控制与调节效果同库房密闭程度有着十分密切的关系，如采用机械设备对库内空气进行热湿处理时，必须以库房密闭为前提，这样才能防止或减少库外不利温湿度对库内的影响，节约能源。同样，采用通风调节库内温湿度时，必须与密闭相结合，才能巩固通风的效果。当库内温湿度条件适宜时，采取密闭方法可以使库内的温湿度处于相对稳定状态。

库房密闭的重点是门窗。若不设专门封闭外廊的库区，则应在入口设缓冲间，面积不小于 6 m²。缓冲间设两道门，出入库房时保持一门关闭。需要频繁出入的库房，亦可考虑在库门设置空气幕隔绝库内外空气。

窗洞面积不宜超过墙面积的 1/10，应少开窗、开小窗或不开窗。除留必要的门窗通风和采光之外，多余门窗应砌封，或采取密闭措施。

（二）通风

所谓通风，就是根据空气流动的规律，有计划地使库内外的空气进行交换，以达到调节库内空气温湿度的目的。

1. 通风方式

通风的基本方式有两种：自然通风、机械通风。

自然通风是利用库内外空气温度差产生的压力差而达到通风目的。一般通风时，库外风力不宜超过三级。机械通风利用通风机、风扇等机械强迫空气流动，达到库内外温湿度交换的目的。

2. 通风原则

通风受库外空气温湿度的限制，只有当通风有利于库内空气温湿度状况改善的情况下方可通风。合理掌握通风时机、适时通风能使库内升温、降温、加湿、减湿。

（1）通风调节库内温度的一般原则。为降低库内温度，只有库外气温低于库内时，才可以通风，否则不能通风；为了提高库内温度，只要库外气温高于库内就可以通风，否则不能通风。通风调节温度必然会引起库内相对湿度的变化，必须兼顾相对湿度。

（2）通风调节库内湿度的一般原则。通风调节库内相对湿度的重点是降低库内的相对湿度。

采用通风降低库内相对湿度的情况比较复杂，因为在通风中温度和相对湿度都可能发生变化。通风后，当库内温度恢复正常时，库内相对湿度应当降低。判断能否通风降湿，应比较库内外的绝对湿度，当库内绝对湿度高于库外时，一般可以通风，否则一般不能通风，这就是通风降湿的一般原则。

具体可以分为以下五种情况：①库内温度和相对湿度都高于库外时，可以通风，反之，不能通风。②库内温度高于库外，库内外相对湿度相等时，可以通风，反之，不能通风。③库内外温度相等，库内相对湿度高于库外时，可以通风，反之，不能通风。④库内温度高于库外，相对湿度低于库外，若绝对湿度高于库外时，可以缓慢通风，若通风速度过快，会造成库内相对湿度升高，只有缓慢通风，不使库内温度明显下降，库内相对湿度才能降低；当库内温度高于库外，相对湿度低于库外，绝对湿度低于库外时，不能通风降湿。⑤库内温度低于库外，相对湿度高于库外，若绝对湿度高于库外时，可以通风降湿，但应注意库内温度不要超过规定标准；当库内温度低于库外，相对湿度高于库外，绝对湿度低于库外时，一般不宜通风。

通风降湿时，库内温度一般也会变化，因此，应兼顾库内温度，一旦库内温度超过规定指标，应停止通风。

判断能否通风降湿的一般步骤如下：先测定库内外的温度和相对湿度，再根据温湿度判断属于上述前三种情况中的哪一种情况。若符合前三种情况之一或完全相反，可以判断能或不能通风；若与前三种情况既不完全相同，又不完全相反时，需要计算库内外的绝对湿度。

在干燥季节或干燥地区，有时需要利用通风增加库内相对湿度。通风增湿的一般原则与通风降湿相反，即当库内绝对湿度低于库外时，一般可以通风增湿。

（三）调节库房温湿度的其他措施

目前，除密闭和通风措施外，档案部门常采用空气调节设备来改善库内温湿度状况，其方法有升温、降温、加湿和去湿。

1.降温

降温设备按原理分水冷式表面冷却器、直接蒸发式表面冷却器两种。表面冷却器降温时，先将库外空气在空气处理室进行冷却处理，然后用风机通过管道将冷空气送入库内。其中，水冷式表面冷却器是降温时较常用的一种类型，其特点是冷热媒共用一套设备，冬天管内通入热媒用作加热器，夏天管内通入冷媒用作冷却器，管外空气通过金属管壁将热量传给冷媒，达到降低库内空气温度的目的。

2.升温

增加库房的温度一般可用空调设备进行调节。空调设备从种类上分一般有集中式系统、半集中式系统和局部空调机组。集中式空调系统一般采用水、蒸气、氟利昂等为介质，把需要送入库房的空气在库外经加热处理后，通过通风口送入库房，从而提高库房的温度。这种措施安全，调节后温度均匀，但费用高。局部空调机组的热泵式分体、窗式空调器也可用于库内空气的增温，它是利用氟利昂直接蒸发的原理来调节温度的，但一般靠近空调机的地方温度偏高，远离空调机的地方温度偏低，会造成库内温度升高不均匀的现象。

3. 加湿

目前，档案部门使用的加湿方法主要有水表面自然蒸发加湿和压缩空气喷雾加湿两种方法。水表面自然蒸发加湿方法是在库内设置敞口盛水容器，地面铺湿草垫，直接向库内地面洒水，挂湿纱布条，靠水分的蒸发来增加库内的湿度。压缩空气喷雾加湿方法是将常压下自来水通过空气压缩机把空气压缩到 2 kg/m² 以上，利用空气压力把水输送到特制的喷头，由喷头将液态水变成雾化状态喷射到环境空气中，达到增加环境空气相对湿度的目的。

4. 去湿

去湿是库房温湿度管理中的一项重要内容。上海地区由于年降雨量偏大，尤其在黄梅季节，库房湿度如不加以控制调节，相对湿度往往偏高。目前，大多数档案馆都采用去湿机对库房进行降湿。

去湿机去湿原理是用冷冻的方法使被处理空气的温度降至露点温度以下，将空气中的一部分水蒸气凝析出来，达到去湿的目的。冷冻去湿机在档案部门使用很普遍，其可按每 50 m² 配备一台除湿能力为 1.5 kg/h 的去湿机，每 100 m² 配备一台 3 kg/h 的去湿机的方法进行配置，参考值按面积计，去湿能力约为 0.03 kg/h·m²。此外，冷冻去湿机宜在温度 15℃~35℃，相对湿度 50% 以上条件下工作，不宜用于空气露点温度低于 4℃的库房。

二、库房温湿度检控技术

目前检测与控制档案库房温湿度的方法大致可分为三种：机械检测与控制、人工检测与控制、微机检测与控制。

（一）机械检控技术

机械检测与控制库内温湿度在全国大多数档案馆、档案室正逐步得到应用。机械控制库内温湿度的仪器设备一般选用空调机、冷热风机、离心式或轴流式通风机、去湿机等。其中，选用的空调机可降温可升温。去湿机降湿效果也很显著，一般开机 1 小时后相对湿度可下降 5%~15%，选用不同的去湿机，其降湿效果也会不一样。由此可见，机械检测与控制库房温湿度是可行的，但仍然存在以下难以解决的问题：

（1）需频繁进出库房检测当时库内的实际温湿度，确定开关空调机和去湿机的时间，以及靠人工开启或关闭每台空调机和去湿机，势必造成库外空气进入库内，影响库内温湿度。

（2）靠人工开、关空气调节设备费力、费时、工效差。

（3）难以保证温湿度数据的准确性。为减少人工目测、自记温湿度仪和通风干湿球温度计的测量误差，力求连续、准确、及时地检测和控制档案库房温湿度，可采用微型计算机检测与控制库房温湿度。

（二）人工检控技术

人工检测与控制档案库房温湿度应用比较普遍。通过检测库内外温湿度初步掌握库内外温湿度的变化规律，尽量使档案库房的温湿度趋向标准。这种人工检测一般采用各种目测温湿度计，如通风干湿球温度计、普通干湿球温度计、毛发湿度计等进行检测。人工测记的温湿度数据应随时进行分析比较，并绘制出温湿度曲线图，及时掌握库内外温湿度的日变化、旬变化、月变化、季变化、年变化规律，灵活运用通风、密闭、吸潮等方法，调控库内的温湿度。

（三）微机检控技术

采用计算机自动检测、控制库内温湿度的方法，可以克服人工、机械检控技术的一些弊端。目前，微机检控技术是比较理想的检控库房温湿度的方法。

微机检控系统的工作原理是由温度传感器、湿度传感器与烟雾探测器等采集档案库房内的温度、相对湿度及烟雾的信息，将其输送给库房控制器和中控室计算机，通过模数转换，使模拟量转换成数字量显示出来。接着，计算机进行自动巡检监测、显示。同时，送入库房控制器的信息会在控制器上显示出该库房的温湿度值，并通过继电器去控制空调机、去湿机的电源开关，从而达到自动控制的目的。该系统的主要功能如下：

（1）自动监测。系统通过库房内的温湿度传感器将信息输入库房控制器及中央控制室的微机系统，经转换处理后，在该库房的控制器显示板上不间断地显示出该库房温湿度的变化数据。中央控制室微机显示屏或库房平面模拟显示屏上巡回显示出各库房温湿度数据。各库房的空调机和去湿机的启停情况可同时显示。烟雾探测器由微机进行定时巡检，并将巡检情况显示在库房平面模拟屏上。以上温湿度数据经电脑编程也可自动保存于计算机内，并编制成各阶段温湿度变化曲线。

（2）自动控制。当库房内的温湿度超过控制器设定的上下限值时，控制器即可自动控制空调机、去湿机的电源开关。该系统确定的档案库房温度上下限值一般为

$20 \pm 2℃$，相对湿度上下限值为 $50\% \pm 5\%$。

（3）自动打印。可根据需要启动打印程序，随时打印库房的温湿度值和相关温湿度曲线图。

整套系统结构简单，准确可靠，维修方便。计算机程序采用人机对话，使操作简便易行，在短时间内就能掌握。

此外，该微机系统在实现温湿度自动监控的同时，具备自动火警报警和防盗报警功能。防火报警设置两极报警，一级预报，二级预报。只有同一区域内的两个感烟探测器同时发出火灾信号时，才确认火灾发生。这时，中控室屏幕和值班室报警器会同时发出持续不断的紧急报警声。防盗报警采用对射式红外装置，由红外线的通断触发电转换器使总控室和值班室的报警器发出声光报警信号。

第四节　有害因素对档案的破坏

一、档案霉菌的防治

（一）档案中常见的霉菌

档案材料内含丰富的有机物，是霉菌生长良好的营养基。档案中常见的霉菌有曲霉属、青霉属、毛霉属、大孢霉属、芽枝霉属和镰刀菌属的真菌。下面主要选取青霉、曲霉为代表进行分析。

1. 青霉

青霉菌丝有分隔，无足细胞和顶囊。青霉在自然界分布很广，空气、土壤、中药材及各类物品上均有青霉存在。青霉的分生孢子梗由营养菌丝分化而成，分生孢子梗顶端有多次分枝，最后的分枝称为小梗。从小梗上生出成串的分生孢子，形似帚状。分生孢子为球形或椭圆形，颜色一般呈蓝绿色。常见的有产黄青霉、常现青霉、产紫青霉等。

2. 曲霉

曲霉广泛分布在土壤、空气及各类物品上，分解有机物的能力很强。曲霉菌丝多细胞，有分隔。接触培养基的菌丝分化出厚壁的足细胞，并由此向上长出直立的分生孢子梗，梗顶端膨大成半球状的顶囊，在顶囊表面以辐射方式长出一层或双层的小梗，小梗顶端分生孢子串生，致使顶端为菊花状。分生孢子为球形或柱形，有黄、绿、蓝、棕、黑等色。最常见的是黄曲霉和黑曲霉。

（二）霉菌对档案的危害及其防治方法

1. 霉菌对档案的危害

霉菌对档案的损害归纳为以下几个方面：

（1）破坏物质材料的结构。霉菌在代谢过程中产生的各种酶将纤维素、淀粉、蛋白质、木素等有机大分子化合物降解为葡萄糖、二糖、氨基酸、芳香族小分子。这些化学降解反应破坏了物质的分子结构，严重到一定程度，档案就不能修复。

有些霉菌的破坏作用相当迅速，据资料记载，霉菌在三个月内就可使纸张纤维损坏 10%~60%。

（2）形成霉斑。霉菌的菌落和孢子大多有色，且颜色较深。有些霉菌还分泌各种色素，在纸质档案上形成黄、绿、青、褐、黑等色斑。当霉菌与纸张中的微量元素（主要是铁盐）作用时，在档案表面常常形成浅褐色（即铁锈色）斑痕，这种斑痕称为霉斑。这些色斑和霉斑影响档案文件的可读性及可复制利用性。霉菌还影响字迹，特别是墨水字迹。在特殊情况下，霉菌可使五倍子铁墨水完全褪色，字迹难以恢复。

（3）增加酸度。霉菌细胞呼吸的代谢产物有机酸长期积累在纸张上，作为催化剂加速纤维素的水解反应。档案被霉菌作用后，纸张酸度数月内即可增加 1~2 倍，在有的纸张上竟发现草酸达 5%。有机酸不仅容易引起一些字迹洇化褪色，还能使水洗未清的胶片上残留的硫代硫酸钠分解出硫黄，硫黄与感光乳剂层中的金属银起反应生成硫化银，使影像发黄变色。

（4）增加湿度。有些霉菌在代谢过程中会从空气中吸收水分，使档案材料含水量提高，有时还会出现水滴。这些水滴与材料中的胶类物质作用，使档案成浆状。特别是纤维黏菌和蚀孢黏菌等几种黏液纤维素细菌，在水解纤维素时会产生大量黄色黏液，内含糠醛和糠醛酸成分，更使纸张彼此黏合。有些档案在经雨水浸泡后，霉菌长期侵染，尘埃堆积，周围空气不流通，再加上无人翻阅，一定时期后便会形成档案砖，形如结石，失去使用价值。

（5）分泌毒素污染环境与人体。有少数霉菌还会分泌致癌物质，且耐热性好，不易受破坏。毒素和致癌物质污染档案材料和库房环境，毒害人体，其危害不可低估。

2. 预防档案霉变的措施

要避免档案受霉菌的侵染，必须进行防霉处理。防霉是防止或抑制霉菌的生长、发育和繁殖的一项综合措施。

（1）减少污染菌接触档案。保持档案库房内外的清洁卫生。库外周围环境的清洁可避免库内档案被霉菌污染。库内环境清洁，没有灰尘，可降低霉菌的出菌概率，减少对档案的危害。

对入库的档案原件进行检查和消毒，尽量减少霉菌侵入库内。工作人员进库房必须更换衣鞋。

（2）严格控制库内温湿度。应将档案库房温湿度严格控制在标准状况下，温度为14℃~24℃，相对湿度为45%~60%，并始终保持稳定。这样就能控制霉菌的生长发育和繁殖。

（3）采用安全有效的防霉剂。防霉剂是化学药物，其主要作用是影响霉菌的形态构造、代谢过程和生理活动，达到抑制霉菌大量繁殖的目的。高浓度的防霉剂也能杀菌，称为防霉杀菌剂。温湿度能调控到标准范围内，经几年观察又无霉菌生长史的库房不一定要放置防霉剂；对于有霉菌生长史的、库房温湿度失控的，或易长霉的历史档案，在黄梅季节施放安全有效的防霉剂是有必要的。

3.档案霉菌的灭杀方法

一旦保管条件不当，霉菌就会大量侵染档案，造成危害，必须及时将这样的档案隔离，并采取果断的灭菌措施。灭菌就是应用理化方法，将物体上所有的微生物菌体、细菌芽孢、放线菌和霉菌的孢子全部杀灭。灭菌后，物体呈无菌状态。

由于档案材料本身的特殊性，在采用灭菌方法时，需要特别慎重。灭菌的原则是对档案材料不能有任何损伤，对环境污染小，对人体无害，灭菌效果显著。

（1）物理灭菌法。物理因子对菌体的化学成分和新陈代谢影响极大，可用物理因子来达到灭菌目的。常用于灭菌的物理方法有冷冻真空干燥灭菌、微波灭菌等。

（2）化学熏蒸灭菌法。能杀灭霉菌的化学药剂类别很多，最适用于档案灭菌的是熏蒸剂。熏蒸即在密闭的空间或容器内使用熏蒸剂灭菌、灭虫的过程。熏蒸剂在其所要求的温度和压力条件下能迅速产生使生物致死的气体浓度，以有毒的气体分子状态起作用，穿透到生物体内，熏蒸后尾气能迅速扩散。熏蒸剂灭菌一次可以处理大量的档案，而且迅速。档案部门常用的熏蒸灭菌剂有甲醛和环氧乙烷。

① 甲醛。甲醛的水溶液称为福尔马林。甲醛具有刺激性臭味，易气化，可作为熏蒸灭菌剂使用，但渗透力不强，散气慢，一般只在小范围内使用。甲醛对纸张和字迹材料无影响，但能影响皮革制品。个别纸质档案长霉，可用甲醛溶液进行灭菌。方法是用夹子夹住脱脂棉，沾上20%的甲醛溶液，擦拭档案长霉部位。这项工作必须在通风良好的地方进行。用甲醛擦霉层时，有些霉菌孢子会落下。另外，甲醛溶液挥发的气体对人有刺激作用，不宜在库内进行。遇水扩散的圆珠笔迹等档案字迹不适宜

用甲醛溶液进行处理。

② 环氧乙烷。环氧乙烷在低温下为无色液体，常温下为气体，具有良好的杀菌性能，可灭除各种霉菌。它的渗透性很强，对虫卵有较强的毒杀效果，也常用作杀虫药剂。

环氧乙烷在浓度较低时，能刺激鼻眼黏膜，使人不能忍受，是一种警戒性熏蒸剂。它的沸点低，适合于低温熏蒸。

环氧乙烷对人体有很大的毒性，当空气中含量达到 750 mg/L 时，人在其中呼吸 30~60 分钟就有致命的危险，浓度越高毒性越大。使用环氧乙烷进行熏蒸时，一定要采取有效的防护措施，避免发生意外事故。

二、档案害虫的防治

（一）危害档案的主要害虫

目前有记载的档案、图书害虫约 30 多种，我国历年在档案中直接捕捉到的危害档案的害虫有 14 种。根据现有资料按分布范围、发现的次数及对档案图书的破坏程度可将这些害虫初步分为三类，即主要害虫、次要害虫和偶发性害虫。主要害虫有档案窃蠹、烟草甲、毛衣鱼。次要害虫有药材甲、竹蠹、短鼻木象、鳞毛粉蠹、书虱、东方蜚蠊、德国蜚蠊。偶发性害虫有白蚁、黑皮蠹、中华圆皮蠹、花斑皮蠹。下面具体介绍三种危害档案的主要害虫。

1. 毛衣鱼

分布与危害：毛衣鱼分布于全国各地，在谷类、豆类、油料、档案、图书、衣服等物品中出现。主要出现在有淀粉的场所，能危害档案、图书、资料。

形态特征：毛衣鱼体形扁宽，无翅，体长约 10 mm，雌虫大于雄虫，虫体柔软，披银灰色鳞片，腹面色浅，复眼小，无单眼，具有一中尾丝和一对丝状尾须。卵椭圆形，白色，长 0.8 mm。若虫外形与成虫相似，只是形体较小。

生活习性：一年发生数代，在温暖地区发育很快。卵散产或成块地产在物品上。成虫、若虫均喜黑暗，隐藏在各种物体的缝隙里；性活泼，夜出活动，遇光则惊逃。

2. 烟草甲

分布与危害：烟草甲在我国南北方都有分布。食性非常复杂，主要危害粮食及其制品以及烟草、药材等，是危害档案、图书、资料的主要害虫。

形态特征：成虫呈椭圆形，背隆起，赤褐色，体长 2.5 mm~3 mm。幼虫尾部向腹面弯曲，长约 3 mm~4 mm。

生活习性：一年可发生 3~6 代。对档案蛀蚀为害，并作茧化蛹。一般在夜间活动。卵主要产在档案的装订处，或物体的凹陷、皱褶、缝隙等处。

3.档案窃蠹

分布与危害：档案窃蠹主要分布于我国的南方和西南等省市。喜食纤维类物质，主要危害档案、图书、资料、胶合板、硬纸板等，尤以毛边纸为甚。受害物表面布满芝麻大的虫孔，内部虫道密布，充满粪便、木屑或纸屑等。

形态特征：成虫呈椭圆形，栗褐色，体长约 2 mm。老熟幼虫长达 3 mm 以上。

生活习性：一年一代，以幼虫过冬，翌年 3 月中旬化蛹，半月后出现成虫，成虫羽化后 2~3 天交配产卵，卵孵化成幼虫需 10~20 天。

（二）档案害虫的预防

预防档案害虫是一个和昆虫生态学有关的问题。昆虫生态学的重要任务之一就是了解并改变害虫的生态环境，使害虫的生长、发育、繁殖受到抑制乃至死亡，这就是预防档案害虫的实质。

1.加强库房温湿度管理，抑制档案害虫的生长、发育和繁殖

温湿度与档案害虫的生长、发育、繁殖的关系十分密切，尤其是温度影响更大。按照一定标准来控制与调节库房温湿度，就能在一定程度上改变档案害虫最有利的生活条件，使档案害虫处于被抑制的状态，减少害虫对档案的危害。

2.提高库内外的清洁卫生，减少害虫的影响

档案库房应建立清洁卫生制度，并认真贯彻执行。在档案库房内，要经常保持四壁、天花板、地面和柜架的清洁，无洞穴、缝隙。对库内阴暗角落，应注意经常进行清洁消毒，以免害虫滋生。对于库外环境中易于藏虫的地方，如庭院、场地以及周围附属建筑，均应从上到下，从内到外，彻底打扫干净，一切垃圾、杂草、砖瓦、污水必须清除。

严格库房的出入制度，不清洁乃至受害虫感染的档案资料、衣物不得入库，工作人员入库前最好换上干净的衣服和鞋，以免将害虫或虫卵带进库内。

库内不应堆放任何杂物，也不应将食物带进库内，对于待处理或待销毁的案卷要管好，不要随意堆放。

隔离室应远离库房，并妥善管理。隔离室用具不得挪用，更不得拿到库内使用，以防虫霉扩散。

对于档案馆（室）的办公用品，特别是卷盒、卷皮、目录、纸张都应妥善管理，长霉生虫者都必须进行消毒处理。

库房应安装纱窗、纱门，门窗应严密，以防害虫飞入，同时使库内害虫飞出时易于被发现。

库房应远离虫源，不要靠近食堂、仓库、宿舍，以防感染。

3.做好档案入库前的检疫和消毒处理工作

做好机关档案室的档案保护技术工作，使档案不受害虫感染，是档案馆档案不遭受虫害的重要前提。

保护入馆档案不受害虫感染，档案入馆之前必须进行严格的检疫工作。检查档案疫情要注意抽查保护条件较差的薄弱环节；要检查易于生虫的部位；要善于识别虫蛀的各种迹象，并分析其是历史遗留的痕迹还是新产生的疫情。只有在确认无虫后方可入库，否则应进行消毒杀虫处理。

4.使用驱虫剂，防止害虫对档案的破坏

档案库房内施放驱虫剂对防止害虫的破坏能够起到一定的作用。目前，驱虫剂大部分采用樟脑、冰片等，也有采用中草药的，如香草、衣香、山苍子等。

5.对档案进行定期防疫检查

定期性防疫检查的目的：第一，为了及时发现疫情并处理，防止扩散蔓延；第二，为了破坏害虫的生态环境，使其不能继续生存下去。

档案进入库房之后，除了整理、编目、提供利用以外，通常都处于静止状态。在这种相对稳定的环境中，如果某些环节疏忽，使档案中藏有害虫，就会给害虫的生长、发育、繁殖创造较好的生态环境。这些害虫在有利的环境中，繁殖力可能会提高，发育期可能缩短，发生的世代也可能增加，后代死亡率可能降低，造成害虫的大量发生以至危害档案。相反，通过温湿度管理再加上定期的防疫检查就可以破坏档案害虫稳定的生态环境，使档案害虫处于不利的环境条件之下，进而使之繁殖力减弱，后代生存率降低，发育受到抑制，甚至死亡。

对档案经常进行检查是必要的，尤其是对于档案数量大的单位，必须有计划、有重点、分期分批地进行。档案保管人员对全部档案的状况要心中有数，对于重要档案，特别是易于生虫的薄弱环节要倍加注意。

（三）档案害虫的除治

1.化学杀虫法

（1）概念。化学杀虫法是使用化学药剂引起害虫生理机能严重障碍以致死亡的方法。

（2）杀虫药剂的种类。按照药剂侵入昆虫体内的方式，一般把杀虫剂分为胃毒剂、触杀剂（接触剂）、熏蒸剂三类。

① 胃毒剂。一般随着食物从害虫消化道进入虫体，引起中毒死亡，如砷素剂、氟素剂等。

② 触杀剂（接触剂）。一般通过昆虫表皮，特别是跗节进入虫体，其作用是影响昆虫的正常的神经传导，使其中毒死亡，如六六六、敌百虫等。

③ 熏蒸剂。通过害虫的呼吸系统或由体壁膜质进入虫体，引起中毒死亡，如溴甲烷、环氧乙烷、硫酰氟等。

（3）档案部门常用的熏蒸剂。

① 溴甲烷。又名溴化甲烷（溴代甲烷）。分子量：95。

理化性质：溴甲烷在常温下为无色、无味的气体。在空气中浓度比较高时微带香甜，如同乙醚或氯仿的气体。在熏蒸浓度下无色、无味，因而它是一种无警戒性的熏蒸剂，使用时要特别注意加强防护措施，并避免在局部形成燃烧或爆炸浓度。经试验，溴甲烷对纸张和字迹无影响。

毒效：溴甲烷进入虫体后，会因水解而产生麻醉性毒物和使蛋白质变性的物质，使害虫积累性中毒，同时可以刺激虫体的神经系统，使之兴奋致死。另外，溴甲烷还可以影响害虫的呼吸作用，抑制其呼吸酶，引起呼吸代谢率降低而致死。它对各种档案害虫及其各发育阶段都有较强的毒效。

用药量：一般每立方米用 15g ~ 20g，密闭 36~48 小时。

施药与测毒：施药在库外进行，通过施药孔导入库房进行处理，避免将药液直接喷洒在档案或柜架上，过程中用测溴灯测定溴甲烷在空气中的含量。熏蒸完毕，待测试证明熏蒸场所无溴甲烷残毒，其他人员才能进入库房。

② 磷化氢。分子量：34。

理化性质：磷化氢是无色略有蒜臭气或带腥气味的剧毒气体，在空气中含量 0.002mg/L ~ 0.004mg/L 时，就能嗅到气味。磷化氢的沸点 $-87.5℃$，在 $-90℃$ 时液体的比重为 0.746。它的气体比重为 1.173，略重于空气。它不溶于热水，微溶于冷水，易溶于乙醇、乙醚、氯化铜溶液，易燃烧，对一般金属腐蚀性较小，但对铜有较强的腐蚀性。熏蒸时对铜的物体要采取保护措施。

毒效：主要作用害虫的神经系统而使害虫死亡。对成虫、幼虫能达到 100% 的杀灭效果，是一种高效熏蒸杀虫剂，但对卵和蛹的毒杀效果较差。

用药量：10 g/m²。

施药时，应多处设施药点，不要与水接触，环境温度最好在 20℃以上。熏蒸时，密闭程度要高，并且要检查是否有漏气的地方。检查的方法是用干净的白色滤纸条浸沾 5% ~ 10% 硝酸溶液，将滤纸条在需要检查的部位挥动，如空气中含磷化氢浓度为 0.007 mg/L 以上，经 7 ~ 15 秒左右，滤纸条就能显色。浓度越高反应越快，颜色越深。

2.物理杀虫法

物理杀虫法就是利用自然的或人为的高温、低温、辐射等物理作用使害虫死亡的方法。

（1）气调杀虫。气调杀虫，又称缺氧杀虫，是人为地调整空气中各种气体的正常比例，使氧气减少，氮气或二氧化碳增加，使害虫的正常活动受到抑制，直至窒息而死的方法。目前，缺氧技术有三类，即生物缺氧、物理缺氧和化学缺氧。档案部门常使用的真空充氮杀虫法属于物理缺氧杀虫方法，有较好的杀虫效果。

（2）低温冷冻杀虫。低温冷冻杀虫的原理在于将害虫生存的环境温度降至致死低温或致死低温区内，使害虫冷冻而死。国外一些研究单位的研究结果表明，冷冻杀虫的效果比化学方法要好，温度在 $-40℃ \sim -18℃$ 内，1 ～ 2 周可以杀死处于生命各阶段的害虫。甲虫的蛹在 $-18℃$ 下冷冻 48 小时，可 100% 致死。

我国档案、图书保护技术工作者所做的低温冷冻杀虫的研究结果表明：档案中常见的烟草甲、档案窃蠹、药材甲、花斑皮蠹、黑皮蠹、红圆皮蠹、毛衣鱼、书虱、蜚蠊、赤拟谷盗（偶发性）、米象（偶发性）等害虫，在 $-25℃ \sim -16℃$ 低温下冷冻 24 ～ 48 小时，害虫的死亡率可达 100%。研究结果还表明，冷冻杀虫对档案的纸张和字迹无不良影响。

（3）真空充氮消毒杀虫。真空充氮消毒杀虫是气调杀虫的延伸，其方法是将消毒杀虫环境抽真空，再充入氮气，使其中的氧气大大减少，而使霉菌和害虫死亡。害虫生长离不开氧气，真空充氮消毒过程实际上是形成一个严重缺氧或绝氧的环境，使害虫虫体在此环境中发生一系列的生理变化。

这种过程可以通过真空充氮设备来实现，该消毒设备主要由真空容器和程序控制操作台两部分组成。多年的反复试验证明，该消毒设备对档案、图书害虫致死率高；对档案纸张、字迹无明显影响；不污染环境，对人体无害。因此，档案馆应用真空充氮杀虫技术是可行的、有效的。

第四章　新形势下我国数字档案资源风险管理问题及评估

第一节　我国数字档案资源风险管理的现状

在新技术环境下，我国档案界积极跟上时代的步伐，为了对数字档案资源进行安全保护，档案馆已经初步开展了数字档案资源风险管理工作，也取得了一定的成绩，为今后完善数字档案资源风险管理工作提供了示范。

大数据、云计算、区块链等新技术的引入，既给各行各业带来了便利，又带来了挑战。通过搜索相关资料文献、走访调查以及调查问卷的回收结果可以发现，我国档案馆数字档案资源在安全风险管理方面取得了一定的成绩，但也存在着相关问题，需要档案领域深入分析研究并提出解决方法。

一、档案人员风险管理意识逐渐增强

大数据、人工智能、区块链等新技术为数字档案资源管理带来便捷的同时，产生了很多潜在的新型风险隐患，数字档案资源的安全受到威胁，这引起了档案人员的重视。在新技术环境下，档案馆管理层和工作人员的风险管理意识逐渐增强，对数字档案资源风险管理的重视程度越来越高。

国家层面积极召开档案安全工作会议，督促各级档案馆档案安全检查工作，重视人员安全教育工作等。比如，国家层面积极召开档案安全部署工作会议，强调档案资源安全的重要性；国家档案局印发的《关于深入开展档案安全检查的紧急通知》，督促各级档案馆安全检查工作。

同时，各级档案馆为预防风险发生积极采取具体的风险预防和应对措施。比如，上海市档案馆规定自2019年起档案专业技术人员每人每年接受继续教育培训时间不

少于 90 个学时，学习档案安全保护知识与技术；青岛市档案馆积极响应国家档案局印发的《关于深入开展档案安全检查的紧急通知》，于 2019 年 1 月底举行消防技能实战演练，对库房、机房、设备设施和档案进行全面安全大检查和专项检查；湖南省档案馆展开档案馆年前大检查的部署工作；重庆市针对档案行政管理工作开展廉政风险防控工作，分析梳理行政工作中的风险点并逐个排除；2018 年 12 月 19 日，为落实档案安全工作，陕西省档案馆各处长和全体工作人员分别签订了《省档案馆 2019 年度安全责任处长承诺书》和《省档案馆 2019 年度安全责任个人承诺书》。从上面叙述的这些工作可以看出，我国档案领域从上到下的风险管理意识正在不断增强。

二、风险管理相关政策文件不断出台

在大数据环境下，海量数字档案资源所存在的环境风险纷繁复杂。在现实情况中，交织叠加的风险因素带来的隐患多种多样，档案信息系统不断受到攻击，风险事故突发，档案管理违法乱纪行为和数字档案备份工作不到位。为实现数字档案资源各个环节风险的高效管理，国家档案局出台了一系列档案工作的法规标准文件，为规范数字档案资源安全管理提供了一定指导，如《档案信息系统安全等级保护定级工作指南》《档案工作突发事件应急处置管理办法》等规范性文件、《电子文件归档与电子档案管理规范》国家标准、《档案信息系统运行维护规范》行业标准、《档案管理违法违纪行为处分规定》部门规章等。当前，国家档案局出台的《档案馆安全风险评估指标体系》"重新确定和划分了馆库安全、档案实体安全、档案信息安全和安全保障机制 4 项一级指标、15 项二级指标和 56 项三级指标"。该文件的出台能够有效指导档案馆存在的风险隐患的消除，为综合档案馆安全风险分析评价工作提供具体指导。

三、现代化风险管理工具不断探索和研发

大数据时代下，各级综合档案馆基础设施普遍已完善，在风险防范中起到了一定的作用。由此，数字档案管理系统逐渐建立起来，其主要通过增加和加强安全防控技术来抵御数字档案资源存在的风险隐患。档案部门联合学术界积极进行现代化档案管理工具研究，并将取得的成果用于数字档案资源风险管理工作。比如，北京市昌平区档案局政务云档案管理平台建立和积极致力于网络环境的安全，大大提高了档案工作效率和安全性，同时提升了用户查档满意度；江西省档案馆在支付宝 APP 中添加"赣服通"小程序，可预约查询馆藏档案，提高了查档效率和安全性；天津市档案馆特殊载体档案和档案异地备份库房内柜架由特殊的非磁性材料制成，建设专用的防磁档案

库房；山东省档案馆已建成数据大厅，将大数据应用到档案工作中；苏州大学推出我国首个对外服务的档案数据保全平台，通过解决存在的载体过时、数据丢失、不可读等风险隐患来保证数字档案资源的永久保管；宁波市数字档案馆建设较为先进，采用动态的实时检测系统，提升了 VPN 等设备的安全防御性能，将可视化、虚拟化等技术应用于对数字档案资源风险监测。由此可见，各级档案馆风险管理意识不断加强，现代风险工具研发的热情不断高涨。

第二节　我国数字档案资源风险管理存在的问题

在大数据、云计算、区块链等新技术深入发展的大环境下，信息安全风险点逐渐增多，系统脆弱性也越来越明显，这给数字档案资源的安全带来了威胁与挑战。虽然档案馆已经开展了一定的风险管理工作，但在新技术环境下，档案馆在进行数字档案资源风险管理工作时常对风险事件的发生应接不暇。调查问卷答案选择情况显示，我国档案馆数字档案资源风险管理工作仍然存在着一些问题，如数字档案资源风险组织机构体系不完善、数字档案资源风险管理机制僵化以及风险管理技术应用不到位、风险管理法律法规和标准体系不健全等。为了消除数字档案资源风险管理工作存在的不足，我们必须对这些问题引起重视并进行深入分析。

一、风险管理组织机构不健全

随着各级综合档案馆数字资源所占比重日益增加，作为数字档案风险管理主体的档案工作人员，其自身业务素质能力的高低面临着更高要求。同时，相关的调查问卷反映出档案馆风险管理组织机构体系还不完善。

第一，档案馆缺失专门的风险管理组织机构。风险管理组织负责人应该具备较强的档案安全风险管理意识、档案专业知识和技能、前瞻性眼光、组织领导能力和较强的责任感等方面特质，并能明确各自的职责。然而，现在的风险管理组织负责人的风险管理工作能力还有所欠缺。比如，汉中市档案馆（局）在发布的《关于 2016 年档案和保密工作执法检查情况的通报》中揭示了部分档案馆存在机关干部档案安全保密意识差、对档案工作不重视以及工作人员业务素质较低、职责不明等问题。

另外，档案馆没有部门专门牵头数字档案资源风险管理工作。比如，有的档案馆尽管设置有风险管理小组，但一般是临时组建的，组织成员是兼职参与的；档案馆机构设置中，仅在信息技术部门、档案管理部门的职责中有安全工作的部分职责，而没有专门的风险管理部门。其他职能部门代行风险管理职责时，由于精力和能力有限，无法全力以赴地进行数字档案资源风险管理工作，致使数字档案资源风险管理工作难以取得一定的成效。

第二，风险管理组织成员业务素质有待进一步提高。2017 年度全国档案事业统计年报显示，全国档案行政管理部门和档案馆专职人员 80% 以上年龄在 35 周岁以上，85% 以上文化程度为本科和大专，硕士及以上仅不到 10%。可见，档案馆内的档案工作者以中年人居多，且较高学历工作者较少，因此，将新知识和新技术应用到数字档案资源风险管理工作中难度较大。

数字档案资源风险管理人员应具备成熟的档案专业知识结构、一定的信息素养、风险管理相关知识和技能、较强的责任感等基本素质。然而，现实中档案馆风险管理人员队伍大多不具备以上这些素质。由于部分档案馆技术、风险管理专业人才短缺、人数配置不足，数字档案资源可能面临着人为方面的风险，如盗窃、对内网非法访问、病毒和黑客入侵、传输过程中非法截取等。因此，风险管理组织人员配置不合理使档案馆只能草率应付数字档案资源面临的各种风险，风险管理组织或小组无法发挥出"1+1＞2"的作用。

二、数字档案资源风险管理机制僵化

管理机制事关组织部门运作，管理机制僵化落后将严重阻碍组织的发展进步。档案馆数字档案资源风险管理机制存在协调机制较落后、约束监督机制不完善、激励机制不健全等问题，需要引起重视。

第一，协调机制较落后。数字档案资源风险管理工作仅局限在档案馆内部开展，由于档案馆内知识、技术等有限，无法做到全面有效的风险管理；数字档案风险管理工作因档案馆领导层需要考虑其他工作而无暇被顾及；对风险管理所需的物资等后勤保障信息掌握不明，当突发事件发生时，无法做出即时调动。综上，档案馆对数字档案资源风险管理工作协调沟通不畅。

第二，数字档案资源风险管理工作约束监督机制不完善。档案工作人员受各种因素的影响可能会出现操作不当等问题，如安全密码或重要机密信息泄露、病毒植入内网、敏感介质载体档案随意摆放等；在数字档案管理系统中的错误操作危及数字档案资源的真实性和完整性；档案馆现实工作中对数字档案资源管理各个阶段风险监控还不到位；电子文件从形成、传输利用和归档保存等整个过程是动态的，但实际的管理工作缺少对其的全程监控，如接收电子档案及其元数据时，对元数据接收、整理、存储利用缺少专人监控，很少做到元数据日常情况审计。部分档案馆采用的人工随机数据监测方式，难以适用于现在数字档案资源风险的实时监测和控制。

第三，风险管理工作激励机制尚不健全。部分档案馆存在岗前培训内容空洞，局限于形式，培训课程缺少档案安全工作意义讲述，无法调动起人员的工作热情；在档案馆存在的已有奖励中，物质奖励和精神奖励有所偏颇，带来了一定的影响，如档案馆员风险管理知识技能大赛、辩论赛等考核方式，过度强调物质奖励，容易使档案馆形成拜金主义风气，不具有内在推动力；档案馆没有建立完善的风险管理工作情况的考核评价制度，缺乏量化制度来客观具体地评价数字档案资源风险管理工作情况；情感激励的方式应用较少，管理者较少采用关怀、鼓励和赏识的态度与档案管理员进行沟通；档案馆馆员岗位流通性差，工作热情逐渐消失。可见，档案馆激励机制不完善导致档案馆数字档案资源风险管理工作的推动力不足。

三、数字档案资源风险管理制度欠完善

目前，档案馆内数字档案资源风险管理制度尚不完整，虽然档案馆安全制度已有了档案工作人员制度、库房制度、磁盘保存和使用制度、档案进出库制度、档案严格管理和使用制度等，但这些制度关于数字档案资源的内容不够具体。为了满足数字档案资源管理的要求，需要制定数字档案资源馆员工作制度、档案工作人员安全教育培训制度、数字档案安全工作监督制度、数字档案资源库房建设制度、数字档案安全存储制度、数字档案保密制度等予以保障。而现在关于数字档案风险识别制度、风险应对制度、定期召开风险讨论会议制度等少有明文规定，无法满足数字档案管理要求。

四、风险管理技术设施不完备

目前，数字档案资源风险识别、风险分析和风险监控等各个环节风险管理技术的应用无法满足现在的风险管理工作要求。数字档案馆应具备《数字档案馆建设指南》中规定的服务器、磁盘存储、防火墙、交换机等设备，局域网与政务网等条件，为档案资源营造安全环境，然而，部分档案馆不能全面做到。数字档案资源库房环境应该具备温湿度监测网络、防磁防压、"八防"等特质，然而，大多数档案馆库房建设由于技术、人力、资金等有限，尚不具备这些。由此可见，数字档案资源风险管理工作取得的效果不大。

从实际情况看，信息安全保护技术在档案馆中已有应用，如防火墙与防水墙技

术、虚拟专用网技术、入侵检测系统、数据备份与容灾技术、操作系统及软件日志审计、漏洞扫描技术、渗透测试技术等。但是，其中仍存在以下问题：档案馆工作人员由于知识和能力有限等原因，风险管理技术应用还不到位；档案馆较少完全做到对归档后的电子文件及其元数据进行多重备份（包含份离线备份），并且数字档案备份没有进行定期系统备份和增量备份，备份数据缺少定期检验和更新；档案馆对数字档案资源的操作审计追踪能力还不细致，无法准确具体地查看操作行为；当档案安全受到威胁时，网络监测提醒技术还不够智能；档案馆在确定数字档案资源安全保存的技术时，很少对安全技术进行实验测试和风险评估工作，安全性和可行性可能会有影响。

大数据、云计算、区块链等新技术在数字档案资源风险管理中应用很少，数字档案资源各种风险不断出现和增加，并且这些风险直接威胁着数字档案资源的安全。

综上，目前数字档案资源风险管理技术还不完备，迫切需要研发新风险管理技术进行监测和防范。

五、数字档案资源风险管理法规标准欠完整

法律法规在一定程度上对人的行为具有指引和约束作用。截至目前，关于数字档案资源风险管理的法律、行政法规以及部门规章等还不健全，无法强有力地保障数字档案资源的安全工作。

第一，数字档案资源风险管理法律规章还有所欠缺。我国出台的关于档案的法律仅有《中华人民共和国档案法》一部，关于数字档案安全的条款规定有限；地方政府规章中关于数字档案资源安全风险的内容也比较少。例如，《福建省数字档案共享管理办法》仅规定了建立共享安全管理制度、依法对数字档案脱敏和加密、约束组织或个人危害共享安全的行为，没有提及对数字档案资源安全管理的其他方面的规定；《云南省档案数字化工作安全保密管理办法》仅强调档案数字化安全管理，对数字档案资源整体风险管理很少提及。从上述出台的法规可以看出，仅有的数字档案资源管理办法对风险管理规定较少。另外，省市档案法规主要出台档案管理条例，如《河北省档案收集管理条例》《太原市档案管理条例》《深圳经济特区档案与文件收集利用条例》等，这些条例对数字档案资源风险管理内容涉及较少。

第二，有关数字档案资源风险管理标准体系还不健全。目前，关于我国数字档案信息安全的标准有国家、行业和地方标准。自2013年国家标准委成立电子文件管理标准化协调推进组以来，已颁布的国家标准有《数字档案信息输出到缩微胶片上的技术规范》《电子文件归档光盘技术要求和应用规范》《组织机构代码数字档案管理与技

术规范》《电子档案管理基本术语》《数字档案信息输出到缩微胶片上的规定》等，行业标准有《纸质档案数字化技术规范》《缩微胶片数字化技术规范》，地方标准有《青岛市电子文件归档与管理规范》等。随着信息技术的深入发展，数字档案资源的特点也发生了变化，如现实中需要数字档案云存储方面相关标准。这说明在新技术环境下，上述这些标准略显落后，不足以满足现在数字档案资源安全存储的要求。另外，在档案馆信息网站较难以找到带有风险管理题名的标准性文件，仅在数字档案资源管理规范中涉及，如北京市档案馆出台的《综合档案馆档案数字资源管理规范》中包含数字档案资源整理、存储、利用、维护、传输和安全等方面，但关于目前数字档案资源风险管理工作的规定很少。从上述标准可以看出，关于数字档案资源安全的标准针对性较差，不具有时代性。

第三节　我国数字档案信息安全评估

一、数字档案信息安全评估目的与原则

（一）安全评估目的

数字档案信息安全评估是安全评估在数字档案信息管理中的具体应用，是保证数字档案信息质量及其安全性的一种方法，主要是依据国家信息安全相关标准，对信息及信息系统在处理、传输和存储过程中的完整、准确、可读及可用性等安全属性进行科学评价的过程。它主要通过对数字档案信息及数字档案信息系统的脆弱性进行全面考查，及时分析信息及信息系统面临的威胁以及在被威胁源利用之后所产生的负面影响，根据威胁事件发生的可能性和不良影响程度来识别信息及信息系统的安全风险。

1. 保证数字档案信息安全管理及长期存储

常规的数字档案管理只注重正面的、一般性管理，这种方法很难发现已有管理中存在的问题。而安全评估是从相反的角度，分析查找威胁数字档案管理中的安全问题，是对一般数字档案管理的有益补充。它是解决如何确切掌握数字档案本身及其赖以生存的信息系统、网络系统的安全程度的方法，它能够确定已采取的措施是否有效，并提出相应的分级管理策略和管理依据。通过评估，让组织机构清楚本单位数字档案管理在制度、技术、人员、资金等方面存在的问题，并制定相应的计划及时弥补存在的不足，在现有条件下最大限度地保证数字档案信息的安全管理并尽可能地延长

其保存期限。

2.衡量数字档案信息本身及信息系统的安全性并进行分级管理

信息及信息系统的安全涉及很多方面，如数据安全、操作系统安全、网络系统安全等，但其核心是保证信息的安全。数字档案信息是各职能机构在开展业务过程中形成的、经鉴定对本机构及社会有参考价值的资源，是一种无法替代的独特资源。各种威胁因素可能会直接或间接导致数字档案信息的不真实、不完整或者不可用，造成参考价值失去意义。

在正确、全面地判断存在的安全风险后，根据数字档案信息的重要程度及实际安全需求，"实行信息安全等级保护制度，重点保护基础信息网络和重要信息系统"，保障信息及信息系统的安全正常运行。因此，安全评估工作是衡量数字档案信息本身及信息系统的安全性，实行信息分级安全管理的基础性工作。

3.制定并完善数字档案信息安全管理规范

数字档案信息是国家档案信息资源的有机组成部分，其极大地丰富了各组织机构的信息资源库，而潜在的不确定因素对数字档案信息资源完整性、准确性、可用性是一种极大的威胁。在管理过程中，如何全面、正确、准确地掌握数字档案信息及信息系统中存在的不确定因素，采取什么样的安全措施能满足安全管理需求，如何化解、控制风险，如何组织安全评估，评估小组由哪些人员参与，这一系列管理问题都需要通过规范的组织制度明确制定出相关的标准，使安全评估工作既兼顾科学、有效、效益的原则，又能从实际出发，坚持需求主导、突出重点，有效控制风险。因此，为了保证数字档案资源的长期安全可靠，也为了评估等各项管理工作的顺利开展，必须制定并完善数字档案信息安全管理规范。

（二）安全评估原则

数字档案信息安全评估是一个多学科交叉研究领域，在进行评估时要结合档案学、管理学、工程学、数学等多学科相关理论与方法，依据数字档案特点及长期保存的要求，以数字档案长期保存为目标、信息安全相关标准为准则，统筹规划、分步实施，全面提升行业数字档案安全管理水平。

数字档案信息安全评估作为数字档案信息安全保障工作的基础性工作和重要环节，应始终贯穿信息安全保障的全过程。首先，在数字档案信息形成阶段，通过信息安全评估首先确定数字档案初始信息安全，保证数字档案在后期信息流通及利用过程中的完整性；其次，在数字档案流通阶段，通过信息安全评估保证档案信息的准确性；再次，在数字档案信息存储阶段，定期进行信息安全风险评估工作，检验存储设施的安全性及数字档案数据对安全环境变化的适应性，以保障档案信息可读性目标的实现。最后，当安全形势发生重大变化时，及时进行安全评估，发现和了解新的风险，保证档案数据的真实可用性。总的来看，安全评估要遵循以下原则：

（1）标准性原则：数字档案信息安全评估理论模型的设计和具体实施要依据国内外相关的标准。

（2）规范性原则：数字档案信息安全评估的过程以及涉及的文档应具有规范性，便于项目的跟踪和控制。

（3）可控性原则：在数字档案信息安全评估项目实施过程中，应按照标准的项目管理方法对人员、组织、项目进行安全风险控制管理，以保证评估在实施过程中的可控性。

（4）整体性原则：从管理、组织和技术等方面对系统进行评估，以保证评估的全面性。

（5）最小影响原则：评估工作应尽可能小地影响组织机构系统的正常运行。

（6）保密性原则：评估过程中应该与组织机构达成相关的保密协议，做好机构内部信息的保密工作。

二、数字档案信息安全评估流程与结果分析

随着档案信息数字化进程的不断推进，无论是数字档案信息本身还是档案数字信息所依附的计算机系统，在技术发展过程中都不断暴露出威胁档案信息质量的因素，这些因素可能会导致预期结果与实际结果的差异。安全评估是在尽可能不提高组织运营成本的前提下，对不确定因素进行预测，保证实现数字档案信息管理的档案信息质量目标与档案信息价值目标，以提供完整、有效的数字档案信息给用户。

在充分认识数字档案安全评估的基础上，根据信息安全领域相关标准，详细分析组织中数字档案信息现状，依据数字档案信息保存及利用的特殊要求，选取成熟的模型与工具，采用适当的评估方法，以适合组织自身的评估组织方式对数字档案进行安全评估，这样既可以预测数字档案信息保存中可能存在的不确定因素，又对实现组织目标提供了相应的决策依据。

数字档案信息管理是一个复杂的系统工程，既有硬件又有软件，既有人员又有制度，而且多方面相互制约。参考国内外信息安全领域相关标准，根据我国档案信息数字化现状，数字档案信息安全评估流程一般应包括四个部分：①评估对象划分；②评估对象风险要素分析；③构建评估框架；④安全程度计算及评估分析。

（一）评估对象分类

对评估对象进行分类，不是简单地清理资产、统计数目，而是要在评估过程中把评估对象和组织的工作职能、业务范围、发展战略联系起来，认清评估对象的重要程度，以便在评估之后进行分级管理。

按照信息论、系统论的观点，数字档案信息包括数字档案数据、数字档案数据载体、数字档案数据环境三大类（表4-1）。

表4-1 数字档案评估对象分类

大 类	子 类	示 例
数字档案数据		保存在存储媒介上的档案数据资源，包括文本、图形、图片、音频、视频等档案数字化信息的数据代码、数据库数据、系统文档、运行管理规程、计划、报告、用户手册和各类解释性文档
数字档案载体	软件	系统软件：操作系统、档案数据库管理系统（AMIS）、AMIS软件开发平台等 应用软件：办公软件、档案数据库管理软件
	硬件	计算机设备：大型机、小型机、服务器、工作站、台式计算机、便携式计算机等 存储设备：磁带、磁盘、光盘、硬盘等 网络设备：路由器、网关、交换机等 传输设备：双绞线、光纤等 保障设备：UPS、变电设备、空调、保险柜、文件柜、门禁、消防设备等 其他：打印机、复印机、扫描仪、传真机等
数字档案环境	软环境	国家法律、法规及政策；政治、经济、文化环境；机构制度、管理、人员素质等；企业形象、客户关系等组织文化；办公、网络等档案信息服务
	硬环境	库房、电力、温湿度控制、防火、防水、防盗、防虫、防雷、防磁等设备

按照数字档案信息在组织机构中的重要程度——密级（绝密、机密、秘密）的不同，数字档案在存储及利用过程中所受到的威胁也不同。因此，在对数字档案信息进行评估时，可以将数字档案分为高度敏感信息、中度敏感信息、低度敏感信息三个等级。

1. 高度敏感信息

这类信息是具有最高等级保管及利用规范限制的信息，它的真实性、完整性、可用性等属性的破坏将可能对组织造成严重的或灾难性的影响，如被国家或机构列为绝密级、机密级、秘密级的文档信息；财务数据、重要客房资料等高度敏感的商业信息；金融交易数据；医疗、财务等档案数据。

2. 中度敏感信息

这类信息在真实性、完整性、可用性等遭到破坏时，不会对组织造成严重的或灾难性的影响，但会破坏其正常的组织功能，如组织机构的雇员名单信息；上下级间传递的申请批复文档信息；企业的采购数据；企业内部往来信息等。

3. 低度敏感信息

这类信息通常用于广泛发布，未授权的传播不会导致任何重大的财务损失及法律、法规问题，或者造成机构的竞争劣势。

（二）评估对象安全风险要素分析

数字档案信息安全程度的高低通常可理解为数字档案数据及管理系统在达到其安全性要求中对不确定性的控制程度。形成不确定因素归纳起来主要有外因与内因两方面，外因表现为威胁，内因表现为脆弱性，通过测算威胁频度与脆弱性程度能够评估不确定因素对评估对象影响的强度。威胁可通过一定时期内所发生的威胁频度来度量，典型的威胁包括自然灾害因素、人为因素、技术因素等；脆弱性表现在组织受到威胁时的管理应对能力、技术修复能力以及数据质量特性三个方面。由于数字档案的特殊性，其数据质量特性具体体现为真实性、准确性、完整性、可读性、可用性、保密性、关联性、及时性与一致性。

评估要素受到的威胁程度及频度不同，发生风险事件的可能性也不同。因此，判断各要素发生安全风险的可能性不仅是评估工作的重要步骤，对识别评估要素赋予一定的权值更是对风险进行定量测定的基础。评估人员应根据经验或对有关统计数据（如通过调查问卷回收的数据）进行的判断，在综合考虑以往安全事件中不确定因素频率、实际工作中不确定因素频率、相关专业组织近期发布不确定因素发生频率三方面基础上，尽可能判断不确定因素发生的可能性程度。

（三）评估体系构建

1. 评估体系构建原则

数字档案信息安全评估是一个多角度、多层次的系统工程，要全面、准确地评估数字档案信息的安全性，需要建立一个由多个相互联系、相互储存的，按照一定层次结构组合而成的评估指标系统。一个完备的评估指标系统是数字档案安全评估的基础，评估标准的严谨性与可实施程度直接影响评估的可操作性与结果的精度。建立一套精准且具有实用性的指标体系，一方面需要熟练的专业知识和高度的概括能力，另一方面要在定性与定量结合的基础上，适当考虑评估对象独立性，在明确数据规范、口径一致的前提下，尽量满足实际的可操作性，尽可能解决实际问题。因此，在数字档案安全评估中需要遵循以下原则：

（1）科学性原则。评估指标的选取应建立在对被评估对象系统研究的基础之上，采取定性与定量结合的方法，正确反映整体与局部关系的数量特征，既保证科学性，又保证准确性。

（2）系统性原则。全面考虑评估目标的影响因素，以反映评估目标的整体性能和综合情况，不仅要保证整体评估功能大于各分指标的简单总和，还要注意指标体系的层次、结构、联系及协调性。

（3）独立性原则。评估指标间不相关的，尽量避免指标间的交叉、包含关系，保证评估指标能独立反映评估对象某一方面的内容。

（4）层次性原则。将复杂的评估问题按不同的职能分解为相互独立的要素，形成不同的层次，在同一层间有相同的基准，并对其下层元素起到约束作用，同时又受到其上层元素的约束。

（5）实用性原则。评估指标含义要明确，数据要规范。指标设置要符合组织的实际情况，从现有统计指标中产生，不可照搬其他系统的现成指标，追求指标数量。

（6）简易性原则。指标的层次结构在满足需求的同时应尽量缩减，每层的指标不宜过多，因为层次结构的简易程度直接决定评估的质量与实际问题的解决。

2. 基于 Delphi 法的评估体系构建步骤

数字档案信息安全评估涉及面广，不确定因素众多，仅凭决策者和分析人员的工作是不够的，必须借助相关领域专家的知识和经验来完成。通过与不同评估方法的对比，Delphi 法被认为既具有专家会议法的优点，又克服了专家会议法的不足，评估人员在对专家意见进行反复集中、整理、归纳、统计、再集中这样的循环后，得到一组具有收敛、一致特性的专家分析结果，其结果具有匿名性、反复性及收敛性特点。因此，这里选择 Delphi 法作为评估方法具体分析评估标准的构建过程。

Delphi 法采用调查表作为工具，在调研者与专家之间交流信息。调查表设计质量的好坏直接关系到评价、估量的优劣。

第一步，设计第一轮调查表，收集专家认为影响数字档案信息安全的不确定因素。由于并不是所有专家都明确信息安全评估的含义，所以评估前有必要对咨询者明确表达安全评估的概念及目的。

第二步，回收第一轮调查表信息，汇总并制定第二轮调查表。从第一轮调查表反馈的信息中得到专家对影响数字档案信息安全的因素的认同域，针对认同域详细设计出分指标，再次收集专家对具体影响数字档案安全因素的意见。

第三步，回收第二轮调查表信息，分析专家对影响数字档案安全因素具体指标的认同度，并针对专家提出的补充指标对调查表进行完善。

（四）评估对象安全等级评定及评估报告

根据需要程度，在完成数字档案安全评估指标体系后，数字档案安全评估综合情况已可体现，定性指标得到了不同量纲的定量描述。此时，为了对整个系统进行综合评价，必须对各定量指标进行处理，划分出安全评估级别，以便数字档案的分级管理。根据（GB/T 20984—2007）中关于信息安全风险计算原理，利用数字档案重要等级值、不确定因素发生等级及数字档案信息安全评估标准体系表中的风险级值，即可确定某一评估对象的最终安全风险评估值。在完成全部评估对象安全风险评估值的计算后，按分值进行排列，按照不确定因素产生影响的重要程度划分保管级别，有针对性地对数字档案进行分级保存与管理。

为了便于决策层的分析，在完成以上评估工作后，通过对目标项目的全面调查、综合分析和科学判断，针对评估对象是否符合安全目标及应对方案，完成安全评估报告。数字档案安全评估报告是决策部门对数字档案安全分级管理的重要依据，也是档案部门对数字档案进行日常安全管理的指导文件。作为数字档案安全评估总结，报告中要详细列出评估计划、评估程序、评估对象清单、威胁及脆弱性分析、安全风险事件及发生概率、已有安全措施及安全风险控制方案等内容。

三、数字档案信息安全风险应对

（一）数字档案安全风险应急响应

数字档案安全风险应急和安全评估是一个有机的整体，一个完整的安全评估工作包括对组织的安全突发事件及时响应能力的评估。安全评估侧重对组织日常信息安全的测评工作，应是常态化、经常性的组织行为，而安全风险应急措施是在组织安全突发事件发生时的一种突发性、临时的组织行为，但对安全事件的应急准备工作应和安全评估一样，是一种有计划、经常性的组织行为。安全风险应急实施人员在应对突发、重大数字档案信息安全事件时，应及时采取有效措施，阻止恶性事件的扩大，使数字档案信息的损失降至最小。

在数字档案信息安全应急响应中主要有计划的准备、计划的编制和计划的实践三个关键环节，这使组织形成了一个信息反馈、控制、管理、决策的良性循环。在应急响应三个环节中，计划准备是基础，计划编制是依据，计划的实施是应急响应的核心。

计划准备阶段是在安全评估的基础上，全面掌握数字档案管理系统及组织存在的不确定风险因素，明确组织及应急目标，制定应急策略。

计划编制是在明确应急响应需求和响应策略基础上，将各项需求和措施进行细化、分工，以明确不同职能部门及人员的工作内容。

计划的实施是组织内相关职能部门对应急计划的实现，通过计划的实施，在原有安全措施的基础上，对存在的可能造成威胁数字档案安全的因素进行排查与补救，使其达到安全管理级别。

（二）数字档案安全风险应对层次

影响数字档案安全的因素多种多样，涉及其从生成、收集、保管直到提供用户利用的各个环节，关系到其形成机构、管理机构、流通机构、档案管理信息系统、人员、管理规范等多个方面。按照应对措施涉及范围，数字档案安全风险应对可划分为三个层面：社会层面、区域层面、机构层面。

1. 社会层面

社会层面的数字档案安全风险应对主要在国家层面动作。整体来看，安全风险应对主体主要包括两类：一是主管全国信息化建设部门，包括国家信息化领导小级、国家档案局以及各个部委的信息化部门、档案机构等；二是国家档案馆。前者负责管理社会环境安全风险因素，营造一个相对安全的社会信息环境，使社会整体有较强的数字档案安全意识，逐步健全数字档案管理规范体系，完善数字档案信息服务体系。后者则对数字档案信息的收集实现安全管理。

2. 区域层面

区域层面数字档案安全应对主要体现在一个特定行政区的范围内，其应对主体包括该区内主管数字档案的行政管理部门，如信息化指导办公室、档案局，另有该辖区内的综合性档案信息中心、文件中心、联合档案室等。前者主要负责保障本区域档案信息化建设的社会环境，后者的主要任务是保障委托单位数字档案信息真实、准确、可用。

3. 机构层面

机构层面的数字档案安全风险应对主要体现在数字档案形成机构内部，主体包括形成、管理、利用数字档案的参与者，主要任务是提供高质量的数字档案信息。

（三）数字档案安全风险应对手段

无论是社会层面、区域层面还是机构层面，实现数字档案安全管理策略的具体应对手段都主要有系统、管理、制度、人员及资金。

1. 系统

生成、管理和保存数字档案的环境和管理信息系统的安全是保证数字档案安全的基础，系统类的数字档案安全应对手段，既要应对信息技术的先天缺陷，又要尽量减少管理信息系统及信息传输通道设计中考虑的不周。

2. 管理

管理主要指数字档案的生成、保存、传输等管理性工作。数字档案和组织业务活动相伴而生，因此，组织管理活动的每个环节都承担着应对数字档案安全风险的任务。数字档案信息生成环节的优化与管理方法的改进，可以有效防范和控制数字档案在管理与流通服务中面临的各种威胁。

3. 制度

制度是要求数字档案生成、管理、存储、利用各环节的参与人员共同遵守的规章或准则的统称，包括政策、法律、法规、标准、内部规定等多种形式。连续、有效、健全的制度是科学应对数字档案安全风险的保障。通过科学的制度建设，约束威胁数字档案安全的人为因素，调动各种人员应对安全风险的积极性才是根本。

4. 人员

人员是数字档案安全风险应对中最关键的部分，也是最难的部分。应对安全风险，有效管理参与人员应建立在以下两个假设之上：

一是人人都可能带来不确定的安全风险因素，人人都肩负应对安全风险的职责。在对外部非授权用户制定防护措施时，要加强对内部人员的管理、培训、监督和审计工作。

二是参与人员分工不同。在应对安全风险工作计划中，应明确主管领导、技术人员、管理人员、数字档案形成者、利用者的权利、责任和义务。

5. 资金

资金是应对数字档案安全风险的基本保证。在风险评估及应对中，资金并不是充分条件，却是不可或缺的必要条件。组织管理、制度建设、人员激励等都离不开财力的支持。资金的参与使安全风险应对工作在保障数字档案安全工作中发挥出了更有效的作用。

（四）数字档案安全风险应对策略

根据数字档案安全评估结果，全面分析数字档案生成、保存、管理、流通等各环节存在的影响其长期保存及安全利用的不确定因素，明确现有安全规则水平，在尽可能减少组织成本的情况下，对威胁数字档案安全的不良因素实施有针对性的保护措施，使数字档案安全保护能力达到更高水平，保障数字档案价值的有效发挥。

依据安全风险管理的基本原理，应对数字档案安全风险，可以采用风险预防、降低风险、接受风险、转移风险和回避风险这五种基本策略。

1. 风险预防

风险预防是一种主动的应对策略，是一种事前控制，目的在于尽量规避安全事件的出现，是效果最好的安全风险应对策略。基本方法包括：防止不确定因素的出现、消除已经存在的不确定因素、有效管理不确定因素三个方面。

2. 降低风险

降低风险也是一种主动的安全风险应对策略，在安全风险事件发生前，通过计划、准备和控制削弱不确定因素的威胁力量，降低安全风险发生的可能性或减缓不确定因素带来的不良后果。在无法完全预防不确定因素带来的不良后果时，合理规避风险也是一种优化选择。根据二八定律，在不确定因素中，只有很小一部分威胁最大，集中力量控制对数字档案影响最大的一部分不良因素，切断安全风险的连锁与耦合作用，降低安全风险的整体水平。因此，在数字档案安全管理过程中，对造成安全事件的源风险及低层风险因素的评估与预防应更加重视。综合运用风险预防与降低风险两种策略，能有效阻止影响组织目标的重大安全事件的发生。

3. 转移风险

转移风险又叫合伙分担风险，虽然它不能降低安全风险事件发生的概率或减轻不良后果，但可以借助法律规定的相关有效协议或合同，组织在安全事故中的部分损失按协议规定，由合作伙伴承担相应的风险后果，相对降低不良因素对组织的影响。

4. 接受风险

接受风险是有意识地选择承担风险后果的一种策略，它不采取措施预防风险事故的发生，而是在事故发生后再进行处理。这种策略通常适用于应对发生概率低、不良后果轻的风险因素。它是一种较为"经济"的、应对风险活动成本相对较低的方法。

接受风险策略分为主动和被动两种形式。主动接受风险与风险应急响应相似，有事先计划，一旦风险事故发生，立即实施计划以弥补损失，并防止其向更大范围扩散。而被动接受是不采取任何防护措施，在安全风险事故发生后，直接承担损失。

5. 回避风险

由于不同的组织中，数字档案利用价值量与资源管理能力不同，组织放弃对数字档案的管理，从而避免了潜在威胁发生的可能性。回避风险是一种消极的应对策略，在档案数字化及社会化进程中，严重影响档案社会价值的发挥，浪费有效的社会资源。

以上五种安全风险应对策略的主动性依次降低，实施难度依次降低，不良因素造成的损失却依次增加。在数字档案安全风险应对活动中，应依据不同地区、机构、业务活动等特点，综合考虑多方面因素，根据组织自身情况的不同选择不同的应对策略，以提高数字档案安全层次。但无论采用何种应对策略，都应基于主动应对为主，被动应对为辅的总体策略，尽可能避免安全事故的发生。

第五章 新形势下档案信息化基础设施建设

第一节 网络基础设施

档案网络基础设施是针对档案信息化的特殊要求而建设的档案信息收集、管理、存储、利用和传输的技术平台，它将分布在不同地域、不同部门的档案信息资源连接起来，通过信息资源的互通互联、集成共享，充分提升档案信息化的整体效能。

一、服务器

服务器，也称伺服器，是用于承担档案信息化数据存储、管理和应用系统运行任务，具有高速度、高可靠性、高性能、大容量存储等特点，为各用户端的访问提供各种共享服务的计算机。

服务器是网络环境中的高性能计算机。所谓高性能，是指服务器的构成虽然与一般 PC 相似，但是它在稳定性、安全性、运行速度等方面都高于 PC，因为服务器的 CPU、芯片组、内存、磁盘系统等硬件配置都优于 PC。服务器需要接收网络上的其他计算机终端（客户机）提交的服务请求，并提供相应的服务，因而服务器必须具有承担和保障服务的能力。

档案计算机网络系统建设可根据需要提供的功能、性能、数据量等配置一台或多台服务器。

（一）服务器功能的确定

服务器按照其提供的服务可以分为文件服务器、应用服务器、数据库服务器、Web 服务器等。由于档案管理系统的目录和全文数据量庞大，一般来说，应配置数据库服务器或文件服务器；如果涉及多媒体档案管理，为了提高系统性能，可以配置多媒体数据库服务器。此外，还可配置运行档案管理应用系统的应用服务器，不同级别或地域的档案部门可根据系统的规模各自配置或集中配置应用服务器。如需实现档案数据网上查询服务的，应配置 Web 服务器；如需加强档案馆安全管理的，应配置数据备份服务器；为了支持办公自动化系统中大量电子邮件发送的，也可配置专用的 E-mail 服务器等。

（二）服务器数量的确定

服务器的数量根据本单位投入资金的多少、信息化应用的功能需求、数据的存储和分布要求等确定。原则上 FTP 服务器、E-mail 服务器、Web 服务器、内部业务服务器、数据服务器等都需要单独建设，但考虑到资金和安全等因素的限制，应至少建设一个支持办公管理的业务服务器、提供对外服务和内部公共服务及允许外网访问的公共服务器、支持档案管理工作运行并提供档案数据存储和管理服务的档案数据专用服务器。

（三）服务器性能的确定

不同架构、不同品牌、不同档次的服务器，其性能、质量、价格有很大的差别，选择服务器时要综合考虑档案业务的需求和资金条件，同时要考虑选择能够提供良好服务的供应商。每个服务器的性能主要取决于 CPU、主板和服务器芯片组的性能，服务器系统的功能与可靠性取决于每台服务器的功能和服务器集群的部署与连接方式。

（四）操作系统的选择

每台服务器上安装的第一个软件就是操作系统。它是控制和管理计算机硬件与软件资源、支持计算机联网通信、提供多种应用服务的基础软件，也是各类应用程序加载、运行的软件支撑平台。目前，常用的操作系统分为 UNIX、Windows、LINUX 和 NetWare 等。一台服务器能够安装和兼容哪一类操作系统一般在出厂时就已基本确定，用户在选购服务器时也会连同操作系统一起购买。操作系统的选择还需要考虑用户所选用的核心业务系统，如档案管理信息系统的应用程序运行模式、所需要的操作系统与数据库管理系统的支撑环境等。

（五）服务器连接与工作方式的确定

为确保网络数据的安全存储与高效访问，网络上的服务器往往采用集群工作方式实现互联，具有灾难备份系统的还可能在异地建立镜像服务器系统，服务器之间的通信与数据交换方式根据业务系统的需要而定，可以是实时的，也可以是定时的。

二、终端设备

终端设备是经由通信设施向计算机输入程序、数据或接收计算机输出处理结果的设备。这里所说的终端设备主要是指用于各类用户访问服务器或进行档案信息处理工作的主机、外存储器和输入、输出设备等。其中，输入终端设备有鼠标、键盘、手写板、麦克风、摄像头、扫描仪等；输出终端设备有显示器、音箱、打印机、传真机等；其他类别的终端设备有无线、蓝牙、路由器、网卡、U盘、移动硬盘等。

目前，档案网络终端设备的主机大都为PC机，又称终端机。影响终端机处理能力与速度的是主板、CPU、内存、显卡等组成计算机的核心部件，它的选择要根据各业务人员的工作要求进行。例如，软件开发人员、多媒体档案编辑人员对CPU、内存等方面要求较高，需要高配置的PC机；而一般的业务人员只利用计算机进行简单的操作，就不需要高配置的PC机。PC机需要联网并安装操作系统、应用软件等，一般采用网卡与信息插座相连，也可以采用无线接入方式上网，并安装网卡驱动，进行正确设置后方能使用。

终端机从网络应用的角度又称为"客户端"。目前，常见的客户端分为两类：一类是胖客户端（又称"富客户端"），它是指主机配置较高档、数据处理能力较强的客户端。例如，一般工作中的PC机负责网络系统中大部分的业务逻辑处理，以减轻服务器的压力，降低对服务器性能的要求，因此，对客户机的性能要求比较高。另一类是瘦客户端，它是指数据处理能力比较弱的客户端，它基本不处理业务逻辑，只专注于通过浏览器显示网络应用软件的用户界面，数据储存和逻辑处理基本上由服务器集中完成。网络终端机经历了从胖客户端到瘦客户端的发展历程，胖客户端是相对于传统的C/S（客户机／服务器）结构而言的，而瘦客户端一般都是相对于BIS（浏览器／服务器）结构的Web应用而言的。

目前，档案信息管理系统的网络终端大都为胖客户端，然而瘦客户端在档案信息化建设中的应用前景也不容忽视。瘦客户端配置的优越性：有利于档案数据的集中存储、高效管理和广泛共享利用；有利于对档案信息共享权限的集中控制和安全管理；有利于网络系统的维护、扩展和升级，通过瘦客户端的即插即用能提高网络维护的便捷性和可靠性；有利于节约档案网络系统建设和维护的成本；有利于云计算技术在档案网络系统中的应用。此外，由于瘦客户端一般不配置软驱、光驱、硬盘等部件，所以能够杜绝病毒产生的来源，不易损坏，能显著提高系统的稳定性。

三、网络设备

网络设备是指用于网络连接、信号传输和转换等的各类传输介质、集线器、交换机、路由器、光电转换等设备。

为了正确配置网络设备，需要确定档案信息网络连接的范围。该范围需要根据档案工作的内容、档案数据共享范围和密级程度确定，一般分为内网、专网、外网和物理隔离网四个区域。内网是档案馆（室）的内部局域网，一般部署在一幢建筑物内部，或相临近的大楼之间，覆盖大楼的不同楼层和房间。专网，即档案工作专用网，一般部署在档案形成单位与档案室、档案馆之间，或档案馆与档案馆之间。外网，即与互联网相连接的提供对外服务的网络，主要用以方便档案利用者查询公开上网的档案信息。物理隔离网是指一台或多台与任何其他网络在设备和网络线路上完全隔离的终端机或服务器系统，用以存放和管理保密档案。

网络体系的结构主要有三种，不同结构有不同的特点和适用范围，也有不同的网络连接设备：一是总线结构。它是通过一根电缆将各节点的计算机系统连接起来。该结构的优点是连接简单，易于安装，传输速率较高，便于维护；缺点是任何节点的故障都会影响整个网络的运行。这种结构适用于 10 ~ 20 个工作站的小型档案馆（室）。二是星型结构。该结构将网络中的所有节点都连接到一个集线器上，由该集线器向目标节点发送数据。因此，该结构的优点是不会因一台工作站发生故障而影响整个网络，缺点是一旦集线器发生故障将影响整个网络。这种结构适用于网络节点位置分散的大型档案馆（室）。三是环形结构。该结构连接各节点的电缆（一般采用光缆）组成一个封闭的环形，结构简单，相对容易控制，但由于在环中传输的信息必须经过每一个节点，任何节点的故障，都会使这个网络受阻，因此，在档案馆（室）网络建设中很少使用。

目前，档案馆（室）局域网中使用最多的还是以太网（Ethernet）。该网由美国 Xerox、DEC 和 Intel 公司开发而成，其拓扑结构是总线型或星型，传输介质可以是同轴电缆或双绞线，具有建设投资小、网络性能好、安装简单、网络互操作性强、数据传输速度快等优点，其缺点是当网络信息流量较大时性能会下降。因此，以太网被广泛应用于中小型档案馆（室）。

网络连接设备分为内网连接和外网连接两类。内网即局域网，其连接设备包括网卡、集线器、中继器、交换机等。外网即互联网以及与互联网相连的广域网、城域网等，外网间连接设备包括网桥、路由器、网关等。

网络设备还有用于保护档案数据、信息系统和网络平台安全的硬件设施及其他配套设备，如 UPS（不间断）电源，它是用于终端机和服务器等数字设备的断电保护，它可使数字设备在断电之后仍能正常运行，提升系统运行稳定性、可靠性。

第二节　数字化设备

本节的数字化设备是指将传统模拟档案信息转换为数字档案信息的设备。数字化设备是建设数字化文本、图像、声音和影像档案资源必不可少的设备。正确选择和使用数字化设备，直接关系到档案数字化的质量和效率。

一、纸质档案的数字化设备

纸质档案是指以纸张为载体的档案，它占据了我国馆（室）藏档案的绝大多数，因而对其进行数字化加工是档案数字化的主要任务。由于传统照片、底片记录的照片档案数字化与纸质档案数字化相类似，因此，本节所介绍的数字化设备也包括照片、底片档案的数字化设备。

（一）扫描仪

扫描仪是利用光电技术和数字处理技术，以扫描方式将图形或图像信息转换为数字信号的设备。扫描仪是目前纸质档案数字化的主要设备。正确选择扫描仪对提高纸质档案数字化的效率和质量十分重要。

（1）扫描分辨率。扫描分辨率是扫描仪最主要的技术指标，它表示扫描仪在图像细节上的表现能力，决定了扫描仪记录图像的细致度。图像分辨率的单位一般为 dpi，它代表垂直及水平方向每英寸显示的点的数量。分辨率越高，图像越清晰，同时数字化图像所占有的容量也越大。光学分辨率是扫描仪的光学系统可以采集的实际信息量，即扫描仪感光元件（CCD）的分辨率；最大分辨率是通过处理软件或算法可以捕获的信息量。购买扫描仪时应当优先考虑光学分辨率指标，因为它不仅决定了扫描仪对原始图像的最大感知能力，还决定了扫描仪的价格档次。当前市场上扫描仪的光学分辨率一般有 300×600 dpi、600×1 200 dpi、1 000×1 200 dpi 等类型。扫描的分辨率越高，扫描图像的品质越高，但这是有限度的。当分辨率大于某一特定值时，只会使图像文件增大而不易处理，并不能显著改善图像质量。因此，分辨率选择应根据用途、原件字体大小决定。一般须兼顾显示、打印或识别的要求，适当考虑存储空间效率，过高的分辨率不但无法显现效果，反而会放大原件的干扰信息，并且对存储空间造成浪费。事实上，档案馆（室）采用 300×600 dpi 分辨率的扫描仪已经可以胜任一般档案的数字化了。

（2）扫描速度。扫描速度有多种表示方法，因为扫描速度与分辨率、内存容量、存取速度、显示时间、图像大小都有关系，所以通常用在指定的分辨率和图像尺寸下的扫描时间表示。档案数字化工作量大，高速扫描有利于提高工作效率，缩短档案数字化的时间，但是必须在保证图像质量、不损害档案原件的前提下正确选择高速扫描仪。

（3）色彩分辨率。色彩分辨率是表示扫描仪分辨彩色或灰度细腻程度的指标。理论上，色彩位数越多，颜色越逼真。目前市场上扫描仪的色彩位数一般有 24 位、30 位、36 位、48 位等几个档次。如果一般的文稿或图片本身质量就不高的话，24 位色彩位数的扫描仪就够用了。

（4）扫描幅面。扫描幅面表示扫描图稿的最大尺寸。目前，平板扫描仪、零边距扫描仪、高速扫描仪一般可选择 A4 或 A3 幅面，宽幅扫描仪可以扫 A0 以下幅面的图纸。

（5）接口方式。扫描仪的接口方式主要分 EPP、USB、SCSI 三种。EPP 即打印机端口，其特点是使用方便，对计算机要求低，但扫描质量较差。USB 接口速度较快，安装方便，可以带电拔插。随着 USB 应用的日益广泛，USB 接口的扫描仪已成为主流。SCSI 扫描仪安装时需要在计算机中安装一块接口卡，安装较复杂，价格较高，但速度快，扫描稳定，扫描时占用系统资源少。其实，无论 EPP、USB 或 SCSI 接口，都不是决定扫描仪扫描速度的主要因素，扫描速度与扫描仪本身性能息息相关，因而使用任何一种接口方式，在扫描速度上并无太大差别，但从接口上看，最适宜档案馆使用的是 USB 接口。当然，如果配置 SCSI 接口卡，则扫描仪性能更佳。

（二）数码翻拍仪

随着数码影像技术的飞速发展，一种新型的数字化设备——数码翻拍仪正在悄然流行。数码翻拍仪，又称数码拍摄仪、数码缩微仪等，是一种将数码相机安置在可垂直调节高低的支架上，用以拍摄文件材料或其他实物的数字化设备。目前，市场上数码翻拍仪按照翻拍性能、翻拍对象、尺寸等分为多种。数码翻拍仪有以下优势：

1. 数码翻拍仪与扫描仪相比所具有的优越性

（1）数字化速度快。平板式扫描仪每扫描一页文件都有扫描灯管的往复移动和翻盖的过程，扫描速度较慢，若采用 200 dpi 来扫描 A4 幅面真彩图像，每分钟扫加工数量一般为 1~2 页。而高速扫描仪对档案的纸张质量要求较高，容易损坏档案，因而使用有一定的局限性。用数码翻拍仪拍摄文档没有机械运动的过程，只是曝光一下，速度不到 1 秒，扫描加工数量一般可以做到每分钟 8~20 页。

（2）对档案材料损害小。平板式扫描仪扫描装订档案时，难以做到平整扫描，扫描的图像往往会倾斜或扭曲，导致后期处理工作量增加；高速扫描仪不拆档案根本无法加工。数码拍摄可以省略档案拆装过程。应用数码翻拍仪提供的低畸变镜头和图像变形处理软件，可以解决拍摄档案倾斜、线条变形等问题，这不但大大提高了数字化处理的效率，而且可以避免档案在拆装过程中造成的损失。

（3）加工对象直观。用扫描仪扫描文档，若要在扫描前浏览扫描图像的效果，一般需要选择扫描仪预览功能，这样就降低了扫描加工的速度。而数码翻拍仪的全部操作过程直观可见，即可真正做到"所见即所得"。

（4）加工对象不限于纸张。扫描仪一般只能扫描纸张材料，数码翻拍仪除了能扫描纸张材料以外，还能翻拍特种载体的档案，如奖旗、奖牌、奖杯等立体的物体。

（5）便于调节扫描幅面。一般扫描仪只能扫 A4 幅面的纸质材料，扫大幅面图纸的扫描仪价格十分昂贵，利用率又不高，不适宜于一般机构配置。数码翻拍仪只要调节数码相机与底板的距离，就能灵活地选择拍摄不同幅面的纸质档案，这对扫描尺寸频繁更换的档案特别具有优势。

2. 数码翻拍仪与传统翻拍仪相比所具有的优越性

传统的翻拍仪采用传统相机进行档案拍摄和缩微，与之相比，数码翻拍仪具有以下显著优势。

（1）使用成本低。传统的翻拍仪拍摄需要胶片，拍摄后需要冲洗显影，阅览需要购置专门的缩微阅读仪，使用成本和人力成本都比较高。数码翻拍仪的翻拍与普通数码相机一样，使用不需要耗材，拍摄图像有问题时，可立即重拍。拍摄形成的照片，任何计算机系统都可以阅读。

（2）图像处理便捷。传统的翻拍仪形成的缩微片图像很难被处置。数码翻拍仪形成的影像电子文件可以被灵活加工处理，如纠偏、去污点、去黑边框等；利用翻拍仪自带的 OCR 软件进行字符识别，可以将扫描形成的图像文件识别成可编辑的 DOC、PDF、TXT 等格式文件，进行二次编辑与加工；应用图像处理软件可以将扫描中出现的线条扭曲、图像变形等问题进行纠正，有些数码翻拍仪还自带防畸变镜头，可自动纠正大幅面图纸拍摄中四周弯曲的线条。

（3）便于计算机技术应用。传统翻拍的缩微胶片不便于查找、传递、编辑、整理，这些缺点都是数码翻拍技术的优势所在。数码翻拍仪形成的电子文件具有采集高效、处理灵活、传播迅速、检索快捷、多媒体集成、生动直观等缩微技术难以比拟的优势。

（4）充分整合了数码相机技术。传统的翻拍仪一般只能翻拍成黑白胶片；数码翻拍仪不仅能翻拍成黑白图像，还能翻拍成彩色图像。数码翻拍仪借助高分辨数码影像技术，拍摄图像清晰逼真、色彩丰富；支持色差、亮度、对比度、饱和度、伽玛值等后期图像增强功能；能通过 USB 接口直接连接电脑，将拍摄的档案文件直接在电脑中显示或通过邮件发送出去，实现档案的无障碍传播；USB 能直接给翻拍仪供电，不需要另插电源；将所有拍摄操作按钮都整合在底板上，操作十分简便；突破了传统使用扫描枪扫描条形码识别的方式，用户只需鼠标轻点，即可完成条码识别，不仅提高了工作效率，还省下了购买扫描枪的费用；可拍摄录像，将动态的图像如手工翻阅档案的过程记录下来，用作视频编辑的素材。

（5）灵活使用各种数码拍摄设备。有些数码翻拍仪的活动支架可以固定数码相机等各种拍摄设备，用户可以借助拍摄设备翻拍档案材料。

鉴于数码翻拍仪具有使用成本低、拍摄精度高、速度快、操作简便，又便于做OCR 字符识别和其他图像处理等特点，相信它会吸引越来越多的档案用户。随着数码翻拍仪应用范围的扩大，数码翻拍仪的功能和性能将会不断改进和完善，成为纸质档案数字化的得力工具。

（三）缩微胶片扫描仪

若已经对纸质档案进行了缩微复制，就可以采用专用设备——缩微胶片扫描仪，对缩微胶片上的影像进行数字化转换处理。缩微影像转换技术的应用包括对缩微胶片进行扫描，把缩微胶片记录的模拟影像转换成数字影像，并对其进行存储、还原和检索输出等。

1.缩微胶片扫描的优缺点

与纸质档案扫描相比，缩微胶片扫描的主要优点是扫描速度快，节约时间和成本；没有尺寸和形状的限制，可以同时对各种幅面的纸质档案进行扫描；缩微胶片可以继续留存，作为数字档案备份的一种形式；可以进行批处理，操作简便易行；便于对图像做调节亮度、对比度、拉直和裁剪等优化处理；易于对输出的图像信息进行检索、阅读、打印和传递。

缩微胶片扫描的主要缺点是所得的图像已经是第二或第三次转化，失真明显，图像虽然可以强化，但有时效果不明显；一些胶片的状况较差，出现了划痕、装订线阴影等，影响扫描影像质量；扫描仪的分辨率不足以捕捉原件所有有价值的信息。

2.缩微胶片扫描设备的选择

缩微胶片扫描仪相对于纸质档案扫描仪，扫描效率要高得多。目前，缩微影像转换成数字影像的技术日趋成熟。选购时应考虑胶片类型，如缩微平片、封套片、开窗卡片、16 mm 胶卷、35 mm 胶卷等；放大倍率的范围；扫描速度，即每单位分辨率；光学分辨率和输出分辨率；等等。市场上的缩微胶片扫描系统主要有英国的"优胜"，日本的"佳能"、"美能达"，美国的"柯达"等公司出产的缩微胶片扫描仪。

（四）纸质档案数字化的软件配置

纸质档案数字化除了必要的硬件设施外，还需要运行硬件设施所需的档案数字化工作软件。该软件有两大类：系统软件和应用软件。

系统软件包括操作系统、数据库管理系统等平台，如 Windows、SQL Server 等。应用软件是在上述软硬件平台的基础上实现数字化流程的文档扫描、图像处理和数据存储等功能的软件。这些软件可以从市场上购置，或从网络上免费下载，或随硬件设备配送获得，如购置扫描仪时获得 ACDSee、Photoshop 或专用的图像浏览、处理软件，购置刻录机时获得 Easy CD Creator 等刻录软件。

对于大批量纸质档案的数字化处理而言，仅靠上述分散的、专用的工具软件是不够的，必须采取系统集成方式将整个数字化流程集合为一个统一的制作、加工系统，开发出专用的"档案数字化加工管理系统"，实现对包括档案整理、目录建库、档案扫描、图像处理、图像存储、数据质检、数据挂接、数据验收、数据备份、成果管理等在内的档案数字化加工全过程的流水作业和安全质量控制。

二、录音档案的数字化设备

1857 年，法国发明家斯科特发明了声波振记器，这是最早的录音机，是留声机的鼻祖；1877 年，爱迪生制造出人类史上第一部留声机；1898 年，丹麦工程师普尔森发明了磁性录音；1963 年，荷兰生产出音频盒式磁带机，至 20 世纪 80 年代盒式磁带录音迅速普及。这一技术被迅速应用于声音记录，许多单位用其录制领导讲话、会议座谈、文艺演出、要人采访等，形成了许多重要的录音档案。现存的模拟录音档案一般已有 20 年以上的历史，其内容十分珍贵。然而随着时间的流逝、使用次数的增加，加上不适宜的环境条件的影响，其声音很容易衰减或消失，甚至由于没有了播放设备，无法还原。利用多媒体数字技术，把模拟录音带转录成数字音频档案，有利于录音档案的及时抢救、长期保存、编研制作和共享利用。随着数码音像技术的普及，模拟录音档案的数字化也被提到重要议事日程上来。

录音档案数字化比较容易实现，主要硬件有放音设备、存储设备和计算机等，录音档案数字化软件较多，可根据个人习惯和熟悉程度加以选择。

（一）录像档案数字化的硬件

1. 放像设备

放像设备要根据录像档案载体的不同而进行选择。受到数字设备的冲击，许多传统的放像设备已经退出市场。曾经流行的模拟录像带及其播放设备按照制式来分主要有 VHS、Beta 和 8 mm 等类型。VHS（Video Home System）是家用视频系统的缩写，这种录像机采用带宽为 1/2 英寸的磁带，习惯称"大 1/2 录像机"。目前，档案馆保存的模拟录像带中绝大部分是 VHS 带。Beta 录像机采用不同于 VHS 的技术，图像质量优于 VHS 录像机，所用磁带的宽度也是 1/2 英寸，但磁带盒比 VHS 小，故又称"小 1/2 录像机"。8 mm 录像机综合了 VHS 和 Beta 录像机的优点，体积小，图像质量高，所用磁带宽度仅为 8 mm。模拟录像机不仅有制式的不同，而且按照其信号记录方式及保真度的不同而有不同技术质量等级。不同制式、不同等级、不同品牌的录放设备及不同性能的录像带，相互之间并不兼容，因此，必须针对录像带的类型选择相应的放像设备。

普通模拟录像机可输出清晰度在 200 水平线的模拟录像，高清晰度模拟录像机可输出清晰度在 400 水平线的模拟录像；数码摄像机可输出清晰度在 500 水平线的数字录像。目前，档案部门保存的录像带形式各异，主要有小 1/2 带、大 1/2 带、3/4 带等。与这些录像带匹配的可运行的放像机越来越少，档案部门应尽快将这些珍贵的录像带做数字化处理。否则，将来这些古董放像机一旦淘汰，带中的影像就很难再现了。

2. 视频采集设备

视频采集设备由高配置的多媒体计算机的内置或外置的视频采集压缩卡（简称"采集卡"）组成。

录像档案数字化的一个重要工作是音像采集。音像采集是指通过硬件设备把原录像带保存的模拟信号转换成数字信号，并将其采录至计算机中，以数字图像格式保存的过程。图像采集的过程是保证数字图像质量的关键环节。因此，正确选择采集所使用的硬件设备——即采集卡——至关重要。目前，市面上的采集卡种类较多，档次功能高低不一，按照其用途从高到低可分为广播级、专业级、民用级视频采集卡，档次不同，采集图像的质量也不同。档案部门应采用专业级以上的视频采集卡。

由于视频的数据量非常之大，因而对计算机的速度要求很高。在未压缩的情况下，采集一分钟的视频数据可能超过几百兆，如果 CPU 和硬盘跟不上要求，将无法进行采集，或者采集效果较差，可能会出现画面失真、停顿、掉帧等。要想顺畅地完成视频采集工作，CPU 主频最好是 3 GHz，硬盘接口应用 SCSI、IEEE1394（即火线）或 USB3.0。

在挑选录像档案数字化的采集卡时，要仔细比较各种采集卡的性能、价格，对以下几项参数应予以特别关注：

一是是否支持视频数据的硬件级处理。对批量录像档案的数字化而言，适宜选用带硬件实时压缩功能的 MPEG-1 或 MPEG-2 卡。这类卡采用硬件完成压缩过程，既节省了时间又节约了空间，而且硬件压缩后的图像质量较好。

二是是否有足够的帧速率。帧速率的高低直接影响视频卡制作的视频文件是否流畅。帧速率比较低的低档产品，CPU 占用率也高。建议在压缩成 MPEG-1 格式时，动态分辨率为 352×288（PAL 制式）时应达到 25 帧／秒，而分辨率为 320×240（NTSC 制式）时应达到 30 帧／秒。

三是是否带音频输入功能。如果视频卡仅能采集图像信号，音频信号必须通过声卡来传输录制，这将增大对计算机资源的占用率，并容易造成视频与音频信号的不同步。建议采用视音频整合采集的视频卡。

（二）录像档案数字化的软件

录像档案的采集、转换和编辑除了视频卡外，还需要借助视频采集软件和视频编辑系统来实现。通过视频采集软件，在实现录像档案的数字化采集之前，可以设定所需生成的视频文件格式，设置视频文件的各项参数，如调节录像信息的亮度、视频取样标准，以确保采集信号的质量。

视频卡配套提供的视频采集软件功能相对简单，通常无法对视频信息进行复杂的编辑和转换。因此，在必要的情况下，可以使用专门的视频编辑软件甚至功能强大的非线性视频编辑系统对采集后的视频信息进行编辑处理。视频编辑与文本编辑类似，是将采集好的视频素材进行二次加工，如插入、剪切、复制、粘贴、拼接视频片段等，还包括字母、图形乃至不同视频、音频的叠加、合成等。通过上述处理，在不破坏真实性的前提下，可以使录像档案更加清晰、美观和生动，并对视频内容进行适当的引导、指示和标注。

现今，信息产业界已开发出许多功能强大、界面友好的视频处理软件，如 Adobe Premiere Pro、Ulead Video Studio、After Effects、Video Edit

Master、AVI Joiner 等。其中，适合档案工作者使用的视频编辑软件有 Adobe Premiere 和 Ulead Video Studio 两大系列，这两款软件具有完善的视频编辑功能和优良的技术性能。

第三节　数据存储设备与数据备份

档案数字信息的长期安全存储取决于存储设备的选择和存储技术的应用，是档案安全保管的重要内容。

一、数据存储技术

数据存储技术随着科技的发展也在不断地发展和变化。目前，数据存储技术主要有直接存储、网络存储、云存储三种。

（一）直接存储技术

直接存储技术是目前存储数据的主要技术方法。直接存储技术利用计算机等存储设备，将档案信息保存在性能稳定的载体上。存储载体主要包括只读光盘、一次写光盘、磁带、硬磁盘、可擦写光盘、光盘塔和磁带库等，其特点是投资低、读取速度慢；资料可供同时读取的人数少；检索光盘时，内部机械手臂容易出故障，光盘容易磨损划伤；等等。

（二）网络存储技术

1.直接附加存储（简称"DAS"）

DAS 通过电缆（一般是 SCSI 接口）直接与服务器相连接，存储设备作为服务器的附加硬件，不带操作系统，完全依托服务器，通过服务器上的网卡向用户提供数据。它是典型的分散式存储模式。

2.网络附加存储（简称"NAS"）

NAS 是一种连接在网络上的存储设备。通常使用 RJ45 口，通过以太网向用户提供服务。采用集中式数据存储模式，将存储设备与服务器彻底分离。

3.存储区域网络（简称"SAN"）

SAN 是一种将存储设备、连接设备和接口集成在一个高速网络中的技术。SAN 从诞生之日起便以系统复杂和价格昂贵闻名业界，但其性能的强大也是毋庸置疑的，足以满足大型档案馆海量数据存储共享的需要。

（三）云存储

云存储是指通过集群应用、网络技术或分布式文件系统等功能，将网络中大量不同类型的存储设备通过应用软件集合起来协同工作，共同对外提供数据存储和业务访问功能的一个系统。云存储有以下三种：

一是公有云存储。这是为大规模、多用户而设计的云存储平台。它的所有组件都建立在共享基础设施上，通过虚拟化、数据访问、管理等技术对公共存储设备进行逻辑分区，按需分配。它的优点是有助于用户减轻存储的成本和管理的负担，缺点是放在公有云上的信息容易被入侵、窃取、破坏。

二是私有云存储，也称为内部云存储。这是针对特定用户设计的云存储，其运行在数据中心的专用存储设备上，可以满足安全性能的需求。它的缺点是可扩展性相对较差。因此，私有云存储更适合具有高标准安全性需求与性能需求的数据中心建设。

三是混合云存储。混合云存储是为了弥补公有云存储和私有云存储的缺陷，兼备两者的优点而设计的云存储架构。它既包含能接入公共网，提供广泛的应用和服务的公有云存储，又包括建立在内部网，面向某专业业务应用，采取严格安全管理措施的私有云存储。它的目标是在公有云上存储开放的、需要面向社会的、广泛共享的档案信息；在私有云上存储需要保密或供内部业务使用的档案信息。由此，最大限度地实现档案管理系统的共建和共用，数据库资源的互联和共享；实现档案信息资源跨系统、跨平台、跨地域的网络化应用，消除信息孤岛；节约系统建设、运行、维护和管理的成本；降低信息安全的风险，实现档案信息资源的大集成和大整合，最大限度地提高档案信息化综合效益。

二、数据备份系统

数据备份是指为防止数据丢失或损坏，将计算机系统中的数据复制到后备存储器中的过程。

数据备份按其范围分，包括系统备份和数据备份。系统备份是指对整个计算机系统，包括系统软件、应用软件、数据库管理系统、数据资源、系统管理参数等进行备份。系统备份的目的是防止因软硬件故障、计算机病毒或人为误操作等原因造成计算机系统不能正常启动或运行。数据备份是指仅对系统中存储的数据进行备份。显而易见，系统备份应当包括数据备份，系统备份的范围要比数据备份的范围大得多。由于档案数据量浩大，递增迅速，保真要求高，安全管理要求严，所以加强档案信息安全的主要措施是加强档案数据备份。以下主要介绍数据备份的内容和要求。

（一）数据备份的策略

数据备份的策略主要有全备份、增量备份和差异备份三种。

1.全备份

全备份是指对整个系统（包括系统和数据）进行完全备份。这种备份的优点是当发生数据丢失时，系统恢复比较简单；缺点是每天都对整个系统进行完全备份，备份时间长，造成备份的数据大量重复，占用大量的备份存储空间，增加管理的成本。

2.增量备份

增量备份是指仅备份上一次备份后有变化的数据。这种备份策略的优点是节省了备份存储空间，缩短了备份时间。它的缺点在于，当灾难发生时，数据的恢复比较烦琐。另外，这种备份的可靠性也很差。在这种备份方式下，各盘磁带间的关系就像链子一样，一环套一环，其中任何一盘磁带出了问题都会导致整条链子脱节。

3.差异备份

差异备份是指在一次全备份后到进行差异备份的这段时间内，对那些增加或者修改的文件进行备份。这种备份方式无须每天都对系统做完全备份，因此，备份所需时间短，并能够节省备份存储的空间，其灾难恢复也很方便。

在实际应用中，备份策略通常是以上三种方法的结合，如每周一至周六进行一次增量备份，每周日进行差异备份，每月底和每年底进行一次全备份。

（二）数据备份技术

数据备份技术分为热备份和冷备份两种。

1.热备份

热备份是动态、实时的备份。热备份的优点是备份时间短，备份时数据库仍可使用；可对几乎所有数据库实体做恢复；恢复快，可达到秒级恢复（恢复到某一时间点上），且在大多数情况下可以在数据库工作时恢复。缺点是不能出错，否则后果严重；若热备份不成功，所得结果不可用于时间点的恢复，所以操作时要特别仔细。

2.冷备份

冷备份是静态、定时的备份。冷备份的优点是容易操作（简单拷贝即可）；容易恢复到某个时间点上（只需将文件再拷贝回去）；能与归档作业相结合，做数据库"最佳状态"的恢复；维护简单，高度安全。缺点是单独使用时，只能提供到"某一时间点上"的恢复；在实施备份的全过程中，数据库是关闭状态，不能做其他工作。若磁盘空间有限，只能拷贝到磁带等其他外部存储设备上，备份速度会很慢。

（三）数据备份的载体

档案备份的介质有硬盘、磁带、光盘、纸、缩微胶片等，其选择要注意以下几个方面：

一是电子档案一般以硬盘、磁带、光盘介质备份。为防止电子档案被修改，可利用一次写光盘（如 DVD-R）只读的特点，将其作为电子档案长期存储载体。

二是具有永久保存价值或者其他重要价值，且未形成纸质或缩微胶片备份件的电子档案，应当同时形成一套纸质或缩微胶片备份件，即进行数转模处理，以确保该类档案的长期有效性。

三是档案备份应当同时采取本地备份和异地备份的方法。本地备份是指将备份内容存储于实施备份单位同一建筑或建筑群内。异地备份分为同城异地备份和远程异地备份。同城异地备份是将备份内容存储于本市与实施备份单位不同地域的场所；远程异地备份是将备份内容存储于外地适当的场所。远程异地备份的场所应当选择在与本市相距 300 km 以上，不属同一江河流域、不属同一电网、不属同一地震带的地区。

第四节　档案信息资源的数字化

档案信息化处理的对象是数字档案信息，而传统档案都是模拟档案信息。因此，数字化是档案信息化的基础和前提。

一、纸质档案的数字化

《纸质档案数字化技术规范》（DA/T 31—2005）将纸质档案数字化定义为采用扫描仪或数码相机等数码设备对纸质档案进行数字化加工，将其转化为存储在磁带、磁盘、光盘等载体上并能被计算机识别的数字图像或数字文本的处理过程。纸质档案数字化适应了信息时代的大趋势，能够减少管理的成本，增强对档案原件的保护，节约存储空间，优化馆藏结构，有利于档案信息资源的有效利用与共享。

（一）纸质档案数字化加工方式

纸质档案的数字化加工方式主要有直接扫描法和缩微转化法两种。

1. 直接扫描法

所谓直接扫描法，是采用扫描仪对纸质档案原件进行光学扫描，将图像信息传送到光电转换器中变为模拟电信号，又将模拟电信号转变为数字电信号，再通过计算机接口传输至计算机存储器中的方法。直接扫描分为以下两种方式：

（1）扫描纸质档案后再运用字符识别（OCR）软件进行识别，最终生成文本文件。这种数字化文件的优点是占据的空间小，便于计算机全文检索，便于档案利用时进行摘录和编辑。它的缺点是不能保持档案原件的排版格式以及签名、印章等原始信息；有时OCR字符识别的准确率较低，核对修改较为困难，数字化效率很低，且实际上已经破坏了档案原稿的真实性。

（2）扫描纸质档案后形成数字图像文件。这种图像文件的优点是能保持档案的内容和排版的原貌，数字化速度快；缺点是不能进行全文检索，不能编辑文字内容，且占据存储空间大。

以上两种方法的优缺点正好互补，现在有一种方法能将两者的优点融合在一个档案中，即制作双层PDF。双层PDF的制作方法是将纸质档案原件扫描成数字化图像文件后再转换成文本文件，然后将这两个内容一样的文件置入同一个PDF文件，将图像文件置于文本文件的上层，图像文件下层隐藏文本文件。查询该文件时，我们既能看到上层保持原貌的图像文件，又能对隐藏的文本文件进行全文检索。

2.缩微转换法

所谓缩微转换法，是针对已经缩微复制的档案，采用专用扫描设备（即缩微胶片扫描仪）将缩微胶片上的模拟影像转换成数字影像的方法。

与直接扫描法相比，缩微转换法更经济、简便、高效。然而这种方法必须建立在已经对纸质档案进行缩微加工的基础上。

值得注意的是，在对缩微胶片进行扫描加工后，原缩微胶片应与纸质档案一并保存，不能擅自销毁。由此，该档案形成"三套制"保存状态。虽然缩微胶片不如数字化档案容易保存、复制、查询、传播，但是作为模拟信息，缩微档案具有人工可读、稳定性好等数字化档案所不具备的优势，又具有体积小等纸质档案所不具备的优势，所以它应当成为档案信息资源的重要补充形式。

（二）纸质档案数字化工作流程

纸质档案数字化是一个较为复杂的过程，其基本环节主要包括档案整理、档案扫描、图像处理、图像存储、目录建库、数据挂接、数据验收、数据备份、数字化成果管理等。

1.档案整理

在对纸质档案进行扫描之前，应根据档案管理情况，按下述步骤对档案进行适当整理，并视需要做出标识，确保档案数字化质量。

（1）档案出库。一般来说，大批量纸质档案数字化，须先将待数字化档案从档案库房搬移至临时周转库房；然后，数字化加工人员从周转库房领取档案进行数字化。无论前者还是后者，数字化加工人员都须按照预定计划，提出申请，经过审批，交接双方清点档案，实行登记，完成档案的交接手续。

（2）目录数据准备。按照《档案著录规则》（DA/T 18—1999）等的要求，规范档案中的目录内容，包括确定档案目录的著录项、字段长度和内容要求，然后为数字化档案检索建立目录数据库。原纸质档案目录如有错误或不规范的案卷题名、文件名、责任者、起止页号和页数等，应进行修改。如纸质档案未建立机读目录数据库，则应按照档案著录规则重新录入。

（3）拆除装订。档案在拆除装订前可逐卷加贴条形码，以便在随后流程中通过识别条形码对扫描档案进行准确、高效的控制。该条形码还可为以后档案借阅利用管理提供便利。

然后，工作人员逐卷、逐页检查档案，对内容缺失、目录漏写、页码颠倒，以及珍贵、破损的案卷进行登记，并提请档案保管机构妥善处理。

对于不去除装订物会影响扫描工作的档案，应拆除装订物。拆除装订物时，应注意保护档案不受损害。拆除装订物之后要将档案原件排好顺序，并用夹子夹起，防止散乱。对于年代久远、纸质条件较差、不便于拆卷的，可采用零边距扫描仪扫描。

（4）区分扫描件和非扫描件。按要求把同一案卷中的扫描件和非扫描件区分开，剔除无关和重复文件。

（5）页面修整。纸张的质量关系到扫描仪的选择和扫描效果，因此，须对严重破损、褶皱不平、字迹模糊的档案做好登记，分别处理。例如，对被污染的纸张，可在通风环境中用软毛刷轻轻刷去浮尘、泥垢或霉菌；对破损残缺的文件，须进行修补。

（6）档案整理登记。将经过整理后的档案原件交给扫描工作人员，制作并填写纸质档案数字化加工过程交接登记表，详细记录档案整理后每份文件的起始页号和页数。

（7）装订、还原、归还。扫描工作完成后，拆除过装订物的档案应按档案保管的要求重新装订。恢复装订时，应注意保持档案的排列顺序不变，做到安全、准确、无遗漏。对严重破损的卷皮、卷盒，重新更换。装订人员将装订完成后的档案，贴上专用封条并盖数字化专用章。档案数字化加工完毕并重新装订完成后，要对其进行清点。清点无误后将其交还给档案管理部门，并办理档案归还手续。

2. 档案扫描

（1）扫描设备选择。根据档案幅面的大小（A4、A3、A0 等）选择相应规格的扫描仪。大幅面档案可采用宽幅扫描仪，还可采用缩微拍摄后的胶片数字化转换设备进行扫描，也可以采用小幅面扫描后的图像拼接方式处理。纸张状况较差，过薄、过软或超厚的档案以及页面为多色文字的档案，可采用普通平板扫描仪扫描。纸质条件好的 A4、A3 档案可采用高速扫描仪扫描，以提高工作效率。不宜拆卷的档案可采用零边距扫描仪扫描。

（2）扫描色彩模式。扫描色彩模式一般有以下两种：

一是扫描形成黑白二值图像。这种图像只有黑白两级，没有过渡灰度，其特点是黑白分明、字迹清晰、文件容量较小，适用于扫描字迹、线条质量清晰的文字或图纸档案。

二是扫描形成连续色调静态图像。这种图像分灰度图像和彩色图像两种。灰度图像由最暗黑色到最亮白色的不同灰度组成。灰度级表示图像从亮部到暗部间的层次，也称色阶。灰度级越高，层次越丰富，文件所占容量也越大。灰度模式适用于扫描黑白照片、图像档案，色阶的选择要适度，只要不影响图像质量即可。彩色模式中的色彩数表示颜色的范围，色彩数越多，图像越鲜艳真实，文件所占容量也越大。同样，色彩数选择也要适度，不是越多越好。彩色模式适合扫描页面中有红头、红印章的档案或彩色照片档案。需永久或长期保存，或向国家档案馆移交的档案，一般应采用彩色模式扫描。

（3）扫描分辨率。扫描分辨率参数大小的选择，原则上以扫描后的图像清晰、完整，不影响图像的利用效果为准。采用黑白二值、灰度、彩色几种模式对档案进行扫描时，其分辨率一般均建议选择大于或等于 200 dpi。特殊情况下，如文字偏小、密集、清晰度较差等，可适当提高分辨率。需要进行 OCR 汉字识别的档案，扫描分辨率建议选择 300 dpi。

（4）OCR 处理。目前，OCR 技术已经相当成熟，一般扫描仪都自带 OCR 软件，使用也很方便。然而 OCR 的识别准确率往往不尽人意，影响检索效果。而依靠人工纠正文稿中的错字又非常麻烦。因此，如何提高 OCR 识别率是档案数字化中比较重要的问题。其实，只要注意以下几点，就可以明显提高 OCR 识别率：

一是选择适当的扫描分辨率。太低的扫描分辨率往往会造成 OCR 识别率的下降，太高的分辨率会使图像文件过于庞大，且降低识别的速度。在实际操作中，操作人员可通过查看 OCR 识别后生成文本中的红色错字数量（如小于 3%），判断其可接受程度，确定是否采用该分辨率扫描并进行 OCR 识别。

二是尽量采用黑白二值模式进行扫描。用扫描仪扫描文件时，通常 OCR 识别接受灰度或黑白二值模式，不接受彩色模式。如果文稿印刷质量好，可采用灰度模式，否则宜采用黑白二值模式。扫描时可手工调节黑白阀值的大小，如果黑白二值图像上的文字轮廓残缺，则适当增加阀值；如果文字轮廓线太粗，则表示信息冗余较多，可适当减少阀值。这样调节后形成的黑白二值扫描图像可以达到较佳的 OCR 识别效果。

三是在进行 OCR 识别时注意文字的倾斜校正。OCR 识别允许文稿有细微的倾斜，但是过度倾斜会影响识别率。校正方法是，点击扫描软件上的倾斜校正按钮，识别软件会自动将图像校正，再进行 OCR 识别。

四是对稿件进行识别前的预处理。应去除文稿上的杂点和图片，因为杂点会干扰文字识别，图片是不能被识别的，且会影响 OCR 的文字切分。针对文稿中出现分栏的情况，建议手动设定各栏区域，即用多个框分别选中要识别的文字，然后进行 OCR 识别。

五是采用适当的识别方式。简体和繁体混排、中英文混排的文稿往往识别率较低。如果文稿中简繁体、中英文是分块状分布的，可以用图像处理软件，将不同的文字块剪辑成同类文字块合并的文件，然后分别对不同文字进行 OCR 识别。

（5）扫描登记。认真填写纸质档案数字化转换过程交接登记表，登记扫描的页数，核对每份文件的实际扫描页数与档案整理时填写的文件页数是否一致，不一致时应注明具体原因和处理方法。

3. 图像处理

扫描完成后，必须按照要求对所得图像进行技术处理，纠正档案扫描件和原件的偏差，使扫描后的档案图文更加清晰、规范。图像处理大致包括以下内容：

（1）图像数据质量检查。对图像偏斜度、清晰度、失真度等进行检查，发现不符合质量要求时，应重新对图像进行处理。由于操作不当，造成扫描的图像文件不完整或无法清晰识别时，应重新扫描；发现文件漏扫时，应及时补扫并正确插入图像；发现扫描图像的排列顺序与档案原件不一致时，应及时调整。认真填写相关表单、记录质检结果和处理意见。

（2）纠偏。对出现偏斜的图像应进行纠偏处理，以视觉上基本不感觉偏斜为准。对方向不正确的图像应进行旋转还原，以符合阅读习惯。

（3）去污。对图像页面中出现的影响图像质量的杂质，如黑点、黑线、黑框、黑边等应进行去污处理。处理过程中应注意不要破坏档案的原始信息。

（4）图像拼接。对大幅面档案进行分区扫描形成的多幅图像应进行拼接处理，合并为一个完整的图像，以保证档案数字化图像的整体性。

（5）裁边。采用彩色模式扫描的图像应进行裁边处理，去除多余的白边，以有效缩小图像文件的容量，节省存储空间。

以上纠偏、去污、裁边等处理可以根据肉眼判断，人工操作完成，也可以用专门设计的软件，预先进行某些设定，然后由计算机自动处理。计算机处理虽然效率高，但是没有人工处理灵活。例如，一旦将污点的大小尺寸设计得过小，计算机会将某些标点符号当作污点而自动去除。因此，扫描图像处理还需采用人工和自动处理相结合的方式。

4.图像存储

（1）存储格式。采用黑白二值模式扫描的图像文件一般采用 TIFF（G4）格式存储；采用灰度模式和彩色模式扫描的图像文件一般采用 JPEG 格式存储。存储时压缩率的选择，应在保证扫描的图像清晰可读的前提下，以尽量减小存储容量为准则。提供网络查询的扫描图像，也可存储为 CEB、PDF 或其他版式文件格式。

（2）图像文件的命名。应采用档号或唯一标识符为数字档案资源命名。采用档号为数字档案资源命名的，若以卷为单位整理，按《档号编制规则》（DA/T 13—1994）编制档号，推荐增设档案门类代码作为类别号的子项；若以件为单位整理，档号可采用"全宗号—档案门类代码·年度—保管期限—机构（问题）代码—件号·子件号"结构。

5.目录建库

（1）数据格式选择。目录建库应选择通用的数据格式，所选定的数据格式应能直接或间接通过 XML 文档进行数据交换。该数据库建立可以通过专用的档案管理系统或扫描加工管理软件录入，也可以先在 EXCEL 专门设计的档案目录表格中录入，然后将数据导入档案管理系统。

（2）档案著录。按照《档案著录规则》（DA/T 18—1999）的要求进行著录，建立档案目录数据库，并录入档案目录数据。

（3）目录数据质量检查。为了确保数据的准确性，可采用"单机录入—人工校对"或"双机录入—计算机自动校对"的方法。无论人工校对还是计算机校对，都要核对著录项目是否完整，著录内容是否规范、准确，发现不合格的数据应进行修改或重录。

6. 数据挂接

（1）汇总挂接。档案数字化转换过程中形成的目录数据库与图像文件，经质检环节确认合格后，通过网络及时加载到数据服务器端汇总。目录数据库与图像文件应避免采用既慢又容易出错的人工挂接，尽量采用计算机批量自动挂接。只要扫描制作的数字化文件是按纸质档案的档号命名的，就可以通过编制挂接程序或借助相应软件，实现目录数据对相关联的数字图像的自动搜索、加入对应的电子地址信息等，批量、快速挂接。

（2）数据关联。以纸质档案目录数据库为依据，将每一份纸质档案文件扫描所得的一个或多个图像存储为一份图像文件。将图像文件存储到相应文件夹时，要认真核查每一份图像文件的名称与档案目录数据库中该份文件的档号是否相同，图像文件的页数与档案目录数据库中该份文件的页数是否一致，图像文件的总数与目录数据库中文件的总数是否相同，等等。利用每一份图像文件的文件名与档案目录数据库中该份文件的档号，建立起一一对应的关联关系，为实现档案目录数据库与图像文件的自动批量挂接提供条件。

（3）交接登记。认真填写纸质档案数字化转换过程交接登记表，记录数据关联后的页数，核对每一份文件关联后的页数与档案整理、扫描时填写的页数是否一致，不一致时应注明具体原因和处理办法。

7. 数据验收

以抽检的方式检查已完成数字化转换的所有数据，包括目录数据库、图像文件及数据挂接的总体质量。目录数据库与图像文件挂接错误，或目录数据库、图像文件之一出现不完整、不清晰、有错误等质量问题时，抽检标记为"不合格"。一个全宗的档案，数字化转换质量抽检的合格率达到95%以上（含95%）时，给予验收"合格"。认真填写纸质档案数字化验收登记表单。验收"合格"的结论必须经审核、签署后方能有效。

8. 数据备份

对经验收合格的完整数据应及时进行备份。为保证数据安全，备份载体的选择应多样化，可采用在线、离线相结合的方式实现多套备份，并注意异地保存。对备份数据也应进行检验，备份数据的检验内容主要包括备份数据能否打开、数据信息是否完整、文件数量是否准确等。数据备份后应在相应的备份介质上做好标签，以便查找和管理。填写纸质档案数字化备份管理登记表单。

9.数字化成果管理

应加强对纸质档案数字化成果的管理，确保其安全、完整和长期可用。纸质档案数字化成果提供网上检索利用时，应有制作单位的电子标识，并根据具体情况分别采用可下载或不可下载的数据格式。

二、照片档案的数字化

与文字档案相比，照片档案能更加生动、直观、真实地还原历史场景和人物特征，是重要的影像记忆和特色鲜明的档案资源。目前，有些老照片已经褪色、发黄、破损，亟待采用数字化手段对其图像信息进行抢救和保护。

从工作原理上说，照片档案数字化与纸质档案数字化的操作过程和要求大体相似，但也存在不同。

（一）照片档案数字化的对象

照片档案数字化的对象分底片和照片两种。在有底片的情况下，应优先选择底片。因为底片扫描具有以下优越性：一是传统的照相过程是先形成底片（负片），再用底片冲印成照片（正片），因此，底片较正片具有更好的原始性和价值性。二是对底片直接进行数字化，相比将底片冲印成纸质照片，再对照片进行数字化的处理过程，其工序更简单，操作更简便，有利于降低数字化成本，提高工作效率。三是传统摄影具有色彩还原真实自然、细节层次精致丰富的特点，较数码摄影仍有一定的优势，底片扫描可以显著提高扫描图像的质量。四是许多具有档案价值的老照片都以底片的方式保存，随着时光的流逝或保管不善很容易褪色、霉变，底片扫描有利于及时地抢救这些珍贵的老照片。五是有些行业会形成大量底片档案，如医院的 X 光片，将其扫描成数字图像，有利于对底片档案进行计算机存储、处理和传输。

（二）照片档案数字化方式

扫描仪扫描输入和数码相机翻拍录入是照片档案数字化所采取的两种主要方式。

1.扫描仪扫描输入

扫描仪扫描输入是照片档案数字化最常用的方法，可以采用普通的平板扫描仪，也可以用专用的照片扫描仪。与数码相机翻拍录入相比，扫描仪扫描照片操作简单，适用于各类照片档案的数字化处理。

2.数码相机翻拍录入

数码相机翻拍虽然比较快捷，但要配置辅助照明设施，拍摄过程中对变焦、曝光等的调控要求较高，拍摄难度比想象中的大。由于普通数码相机在光学成像过程中会产生像差，因而需要使用中高档数码相机。中高档数码相机镜头一般都配有较大值光圈、变焦镜头、高分辨率 CCD 等，可以保证高质量的拍摄效果。

（三）照片档案的储存格式

数字化的照片档案存储格式比较多，如 BMP、JPEG 等格式。一般情况下，档案部门可选择 JPEG 格式来存储照片档案，但是这种格式会损失图像信息。因此，对于那些比较重要的、要求高保真度的照片档案就要选择无损方式储存的 TIFF 格式，这种格式结构灵活、包容性大，易于转换为其他格式。

三、录音档案的数字化

录音档案是以声音为信息表达方式的档案材料，包括纯录音档案和含录音档案。传统档案中，唱片、录音带为纯录音档案，电影胶片、录像带则为含录音档案。录音档案数字化的现实需求强，投入较低，技术实现相对简单，实际效果明显，因此，录音档案数字化应当受到档案部门的高度重视。

（一）录音档案数字化的前期准备

在录音档案数字化前期，要先制定录音档案数字化方案：选择和配置适用的软硬件系统，确定录音数字化输入的格式、载体；确定录音档案数字化的范围，明确数字化的先后顺序。录音档案能够顺利播放是数字化的前提，因此，数字化前期还必须检查录音档案的质量及其完整性。旧磁带可能存在不同程度的粘连、信号强度减弱、磁粉脱落等问题，因此，数字化前必须对其进行清洁、修复，以确保数字化的质量。

（二）录音档案数字化的流程

1. 音频采集

第一，用连接线将放音机与计算机连接起来。第二，根据声音的质量选择参数，采样频率可选 44.1 kHz 或更低；声音样本的大小可选用 16 位或更低的；根据原录音带选择声道数，如果是 DVD 中的声音则选 48 kHz；此外，还要设定录音质量、时间长度。第三，在放音机放音的同时启动音频制作软件的录音按钮，并通过音频制作软件调节音量大小等参数。

2. 音频编辑

在音频采集之后，可使用音频制作软件对音频文件进行编辑处理，以使其符合数字化的要求，主要包括音量调节、音调调整和噪声处理。

3. 音频存储

处理完成之后，选好存储地址，输入文件名，选择文件类型，将其保存起来。数字音频文件的保存类型和格式有很多，如 WAV 格式、MP3 格式等。

（三）录音档案数字化的后期工作

数字音频文件形成之后，还必须将录音档案对应的声音内容以文本方式保存在计算机内，以便对其进行全文检索。每份录音档案原则上对应一份文本文件，该文本文件与录音档案拥有相同的文件名，但扩展名不同。

数字化后的音频文件及其对应的文本文件必须通过建立规范化的录音档案目录数据库或专题目录库来实现其自身的效用。录音档案数据库除包括一般档案数据库设定的著录项目外，还要包括音频文件存储路径、其对应文本文件的存储路径（或文本文件名）、录音地点、声音来源、原录日期、数字化日期、数字化责任人等内容，并通过数据库的地址链接方式将数字化音频文件与其对应的文本文件联系起来。

（四）录音档案数字化的文件格式

目前流行的音频文件格式主要有以下几种：

1.WAV 格式

WAV 格式是微软公司的声音文件格式，被 Windows 平台及其应用程序广泛支持。该格式支持多种音频数字取样频率和声道，标准格式化的 WAV 文件和 CD 格式一样，也是 44.1 kHz 的取样频率，16 位量化数字，因此，其声音文件质量和 CD 相似。它的优点是编、解码简单，支持无损耗存储；主要缺点是需要较大的音频存储空间。

2.MP3 格式

MP3 是一种音频压缩技术，可大幅度地降低音频数据量。它利用 MPEG Audio Layer 3 的技术，将音乐以 1∶10 甚至 1∶12 的压缩率，压缩成容量较小的文件，而音频质量没有明显的下降。

3.WMA 格式

WMA 是微软公司的一种音频格式。WMA 格式以减少数据流量但保持音质的方法达成更高的压缩率，生成的文件大小只有 MP3 文件的一半。与 MP3 相同，WMA 也是有损数据压缩的格式，因此，会在一定程度上影响声音质量。

4.AAC 格式（MP4 格式）

AAC 所采用的运算法则与 MP3 的运算法则有所不同，AAC 是通过结合其他的功能来提高编码效率的。相对于 MP3 格式，AAC 格式的音质更佳、文件更小。但是，AAC 属于有损压缩的格式，相对于 APE 和 FLAC 等时下流行的无损格式，音色"饱满度"差距比较大。

5.CD 格式

CD 是最传统的非压缩数字音频格式，由于未压缩，它的音频具有高保真性。但是这种格式仅用于光盘存储，占用空间较大。

6.DVD-Audio 格式

DVD-Audio（DVD-A）是一个 DVD 碟片上的数字音频存储格式，采用与 CD 一样的非压缩方式，并且充分利用 DVD 碟片记录容量大的特点提高了对音频信号的采样频率和采样精度，其保真度超过 CD。该格式可附带文字说明或静止画面。

档案部门选择以上格式时应考虑以下两点：一是音频的保真度，应尽量选用无损压缩的格式；二是支持附带文字说明（如 DVD-Audio 格式），以便于将档案的著录信息直接嵌入音频文件，用于计算机检索。

四、录像档案的数字化

传统的录像档案是以模拟图像和声音符号记录信息的，集视听于一体的特殊载体档案。该档案容易因磁介质退变、老化造成信号衰减、损失，或因播放设备的淘汰而无法播放。因此，将录像档案由模拟信号转为数字信号已经成为抢救录像档案的当务之急。

（一）录像档案数字化的硬件配置

1. 放像设备

要按照录像档案载体选择不同的放像设备。受到数字设备的冲击，许多传统的放像设备已经退出市场。曾经流行的模拟像带及其播放设备按照制式来分主要有 VHS、Beta 和 8 mm 等类型。模拟录像机不但有制式的不同，而且按照其信号记录方式及保真度的不同可分为不同技术质量等级。不同制式、不同等级、不同品牌的录放设备及其录像带的性能不同，相互之间并不兼容，因此，必须针对所用录像带的类型准备相应的放像设备。

2. 视频采集计算机

计算机只有配置视频卡才能实现录像档案数字化。视频卡的功能是将录像带保存的模拟信号转换为数字信号，并保存在计算机中。视频卡的质量决定着录像档案数字化工作的质量。目前，市场上的视频卡很多，档次不一，应根据需要合理选用。由于数字录像档案的数据量很大，对计算机的速度要求很高，电脑 CPU 的主频最好是 3 GHz。采集 DV 视频信号数据量大，传输速度要求高，不能用普通的 USB2.0 接口传输，建议使用 IEEE1394（又称火线）接口，即视频采集计算机必须带有

IEEE1394 接口，才能有足够的速度将 DV 拍摄的模拟信号无损伤地采集到计算机系统中去。

3. 存储介质

数字录像档案的存储介质与数字录音档案一样，主要有 DVD-R、DVD-RW、磁带、硬盘等。考虑到通用性、容量等因素，建议用 DVD-R 或移动硬盘作为数字录像档案的脱机存储介质。

（二）录像档案数字化的软件配置

各种视频编辑软件，如 Adobe Premiere Pro、Ulead Video Studio 以及 Windows 系统自带视频编辑软件 Windows Movie Maker 等都提供屏幕捕捉功能，能将 DV 录像信号转换成数字信号输入计算机系统。因此，视频采集前须安装某种视频编辑软件。

（三）录像档案数字化的工作流程

录像档案采集完成输入计算机时，模拟图像信号和模拟音频信号是分离的，各自输入计算机的视频采集部件和音频采集部件，在视频采集软件的统一控制下，由视频采集软件同步采集视频、音频信号，从而获得包含音频的数字视频数据。录像档案数字化工作流程与录音档案数字化工作流程有相似之处，可分为如下阶段：

1. 数字化前期准备

首先，根据各单位录像档案的实际情况制定录像档案数字化方案，确定录像档案数字化的范围，合理安排数字化工作的先后次序；其次，将录像档案从库房中取出，检查录像档案的质量和完整性，并做记录，修复受损的录像档案，以满足数字化工作的需求。

2. 数字化阶段

（1）视频采集。准备好数字化工作所需的软硬件设备，将放像设备与视频采集设备相连接。打开视频编辑软件，设置各种参数，监控计算机上播放的视频质量；预先设定所需生成的视频文件的格式、设置视频文件的各项参数；参数设置后预览视频信号，若不符合要求则进行适当调整，以使视频质量达到最优。此后，便可正式进行视频采集。视频采集不能快进，即如果 DV 录像是 60 分钟，则采集时间也是 60 分钟。

（2）视频编辑。视频采集完成后，要用视频编辑软件对其进行剪辑、编排，并调整视频效果，以使其满足需求。

（3）视频存储。采集完成后形成的视频文件应当按规范命名，形成电子档案管理要求的规范格式，一般采用 AVI 或 MPEG-2 格式，也可采用 WMV、MP4、

MOV 等流行格式存储一套复制件。MPEG-1 是曾经流行的视频格式，该格式图像质量差，已经过时，现在一般不采用。视频文件可采用移动硬盘、DVD-R 等脱机载体存储，如果要提供共享查询，则需要将其上传到网络服务器中保存。

3.数字化后期工作

为了方便用户查找利用数字录像档案，档案部门需建立数据库。数据库包括两部分：一是数字录像档案目录；二是数字录像档案文件。两部分内容之间须建立链接，用户可以方便地在数据库中查找所需的数字录像档案文件。

（四）录像档案数字化的文件格式

1.AVI 格式

AVI（音频视频交错格式）于 1992 年由微软公司推出，是将语音和影像同步组合在一起的文件格式。它采用了有损压缩方式，支持 256 色和 RLE 压缩，压缩程度比较高，因此，画面质量不太好，但其应用范围非常广泛。AVI 信息主要应用在多媒体光盘上，用来保存电视、电影等各种影像信息。AVI 是我国电子文件管理国家标准认可的视频文件归档格式之一。

2.MPEG 格式

MPEG（动态图像专家组格式）是运动图像压缩算法的国际标准，它采用有损压缩，同时保证图像的显示质量。MPEG 标准主要有 MPEG-1、MPEG-2、MPEG-4 等。MPEG-1 于 1992 年制定，为工业级标准，适用于不同带宽的设备。传输速率为 1.5 Mbits/sec，每秒播放 30 帧，按照该标准制作的视频是 VCD 格式，图像质量较差。MPEG-2 于 1994 年制定，设计目标是高级工业标准的图像质量以及 3~10Mbits/sec 的传输率，其在 NTSC 制式下的分辨率可达 720×486，按照该标准制作的视频是 DVD 格式，图像质量明显优于 MPEG-1。MPEG-4 于 1998 年制定，是出于网络播放目的而设计的流式视频文件格式标准，它的传输速率为 4.8~6.4 Mbits/sec，能以较少的数据获得最佳的图像质量。

3.MOV 格式

MOV 是 Apple 公司开发的一种音频、视频文件格式。MOV 格式的文件通常用 Quick Time 作为播放器，具有较高的压缩比和完美的视频清晰度，其压缩方式和 AVI 类似，但其画面质量高于 AVI，几乎支持所有主流 PC 机操作系统。

4.WMV 格式

WMV 是微软推出的一种流媒体格式，它是由 ASF 格式升级延伸得来的。在同等视频质量下，WMV 格式的文件可以边下载边播放，因此，很适合在网上播放和传输。

在选取数字视频文件的格式时，要综合考虑其通用性、保真性和方便性。综合来看，MPEG-2 压缩标准的视频格式在各个方面都优于其他格式。因为 MPEG-2 是一个国际化的系列标准，具有良好的兼容性和通用性，能够比其他压缩算法提供更好的压缩比，并且已经成为市场的主流。

第五节　数字化成果的存储格式选择与转换

一、档案数字化成果的存储格式选择

对于各类档案数字化后形成的数字化成果，需要正确选择其存储格式，这关系到数字化成果的质量、管理成本、查询利用效率。由于数字化技术的迅速发展，现有格式不断升级，新的格式不断出现，数字化成果的存储格式也不会一成不变。一般在选择长期保存的格式时应综合考虑以下因素：一是兼容性强，可以在不同的计算机平台上显示和运行；二是保真度高，能在不同的技术环境下保持纸质档案的原始质量和版面；三是压缩比高，高效的数据无损压缩，可保证档案数字化成果存储占据容量小，便于高效率地移植、传播和显示；四是字体独立，可自带文字、字形、格式、颜色，以及独立于设备和分辨率的图形图像，可在各种环境下被准确还原；五是可自带元数据，准确记录档案数字化成果的形成、变化过程，以证明档案文件的真实、完整和有效性；六是支持多媒体信息，不仅可以包含文字、图形和图像等静态页面信息，还可以包含音频、视频和超文本等动态信息。

二、档案数字化成果的格式转换

在档案数字化成果的管理中，为了维护数字化成果的长期有效性，经常需要将非通用格式转换成相对通用的推荐格式，或为了满足不同播放器播放、不同软件编辑的需要，需进行档案文件的格式转换。目前，许多软件都可以对打开的文件用另存方法实现格式转换，但是这种方法只能对文件进行逐件地转换，效率低，且转换的格式种类比较有限。如何对档案数字化成果进行批量高效率的格式转换，这是多媒体电子文件管理、编辑中经常需要做的"功课"。当前能批量转换格式的软件比较多，这里推荐一款多功能的电子文件格式转换软件"格式工厂"（Format Factory）。该软件可从网上免费下载，尤其适用于 Windows 操作系统。它具有以下强大的功能：一是支持几乎所有类型的视频、音频、图像、文字类档案文件，包括当前流行的 iPhone/iPod/PSP 等媒体定制格式的转换，可谓文件格式万能转换器；二是转换时可以设置文件输出位置、方式、大小等，还可以修复某些损坏的视频文件；三是转换图片文件时支持文件缩放、旋转、水印等功能；四是能对批量电子文件进行转换，转换速度快；五是具有 DVD 视频抓取功能，能轻松地将 DVD 备份到本地硬盘；六是支持 60 种国家语言。

用户只要在界面左侧选择需要转换的文件格式，屏幕就会立即弹出选择文件的界面，然后用户可批量选择需要转换的档案文件，该软件即可根据预先设置的各种参数，自动批量进行转换，效率颇高，使用也十分简便。

第六章 新形势下档案安全管理信息系统建设

第一节 档案管理信息系统的研制

一、档案管理信息系统的基本概念

档案管理信息系统是指各机关、团体、企事业单位和各级各类档案馆用于对档案信息和档案实体进行辅助管理的各种类型的计算机应用软件系统。

档案管理信息系统建设是按照档案事业发展的规划、标准和档案工作的实际需求，应用计算机基础设施，开发和使用档案管理应用软件系统的过程。

档案管理软件的开发和使用要符合"规范、先进、实用"的质量要求，既要满足当前工作的需要，又要兼顾将来技术发展的趋势。

档案管理信息系统的应用价值来自应用系统的各项功能，其功能是指计算机应用软件系统辅助档案工作的某种能力，实质是档案工作职能在计算机平台上的延伸。由于档案工作职能包括对档案的宏观管理和微观管理两方面内容，因此，档案管理信息系统也相应分为两大类，一类是档案宏观管理信息系统，该系统用于辅助档案工作者对整个档案工作的管理，又称档案行政管理系统，包括统筹规划，组织协调，统一制度，监督、指导和检查档案工作的组织建设和事业管理。这类系统的建设主体主要是各级档案行政管理部门。另一类是档案微观管理信息系统，又称为档案管理业务系统，该系统用于辅助具体的档案管理业务工作，包括档案的收集、整理、鉴定、保管、统计和利用等。这类系统的建设主体主要是各级各类档案馆（室）。

然而，实际上多数档案部门并没有建立相互独立的档案行政工作和档案管理业务信息系统，而是在档案管理业务系统中嵌入一部分档案宏观管理功能。因此，本章所介绍的档案管理信息系统主要是指档案管理业务系统。

二、档案管理信息系统的开发

档案管理信息系统的开发是在档案信息化规划和规范的指导下，按照特定的档案管理需求，应用先进、实用的计算机软硬件和网络技术，研制档案信息管理应用系统的过程，其主要任务是研制档案管理应用软件。

（一）档案管理应用软件的基本要求

根据国家档案局 2001 年发布的《档案管理软件功能要求暂行规定》，档案管理应用软件要符合以下基本要求：

（1）档案管理软件的开发研制与功能设计必须符合国家有关档案工作和计算机信息系统管理的法律法规和业务技术标准。

（2）档案管理软件的研制、安装和使用，必须具有严格的安全保密机制。

（3）档案管理软件应具有良好的实用性、兼容性及可扩展性，并做到界面友好，用语规范，操作简单，使用方便。

（4）档案管理软件应具备较强的数据独立性，确保在软件、硬件环境发生变化时数据的完整、安全迁移及有效利用。

（5）各种不同类型的档案数据，其文件格式均应尽量采用通用文件格式。

（6）档案管理软件应配有完备的安装与使用技术资料，主要包括用户手册、系统管理员手册、数据实体关联图等。

（二）档案管理应用软件的基本功能结构

功能设置是实现档案管理系统价值的关键。档案管理应用软件种类很多，如电子文件归档管理系统、数字档案室系统、数字档案馆系统等。依据档案工作的基本职能，档案管理应用软件应具备的基本功能既包括档案实体管理，又包括档案信息管理；既包括管理档案目录信息，又包括管理档案全文（内容）信息，并基本上覆盖档案各项管理业务。《档案管理软件功能要求暂行规定》规定："档案管理软件应具备数据管理、整理编目、检索查询、安全保密、系统维护等基本功能，并能辅助实体管理及根据用户特殊需求增扩其他相应功能。"

三、档案管理信息系统开发的方法

档案管理信息系统的开发需要应用软件工程的原理和方法。软件工程是指导计算机软件开发和维护的工程学科，它采用工程的概念、原理、技术和方法来开发与维护软件。软件开发将任何软件产品从形成概念开始，经过开发、使用和不断增补修订，直到最后被淘汰的整个过程看作一个生命周期。该生命周期可以划分为若干相互区别又相互联系的四个阶段，即系统分析、系统设计、系统实现和系统运行维护。每个阶段都有相对独立、具体的任务，都要形成规范的文档，每阶段工作都要将上个阶段工作的成果作为依据，又为下阶段的工作创造条件。每阶段工作结束后都要从技术和管理两方面进行严格的审查，若发现前阶段有错，则需要返回前面的阶段进行整改，由此形成软件开发的规范化、高效化工作流程。以下主要介绍应用软件工程原理开发档案管理软件的方法。

（一）系统分析

该阶段任务是确定系统的总目标，即解决系统应当"做什么"的问题。系统分析是系统开发的起点，决定着系统设计的方向，此项工作由项目开发小组中的系统分析员实施。系统分析员是系统开发的高级人才，应当擅长档案管理业务和计算机技术，具有将两者有机结合、宏观策划、微观布局的能力。系统分析的主要任务如下：

1. 开展调研

由项目发起者或建设方开展初步的内部需求调研和外部市场调研。内部调研的对象主要是有关档案工作的领导、业务骨干和用户，调研的是他们对档案工作和档案信息的需求。外部调研主要了解信息技术发展的现状和趋势以及档案信息化的经验和规律。通过调研，提出系统设计的目标、任务、规模、实施路线，并分析项目风险、预测实施效果、安排工作进度、提出费用估算（包括财力、人力、设备等），最后形成《开题报告》或《计划任务书》，报决策者审批。

2. 组织开发小组

依据项目目标组织研制小组，确定该小组的负责人和成员，其成员一般应当包括专职档案专业人员、计算机专业人员、档案用户代表等。如果该项目采用外包设计的话，开发小组中还应当包括外包服务商有关领导和技术人员。

3. 可行性研究

（1）可行性研究的组织。可行性研究需由有关领导、专家、业务骨干参加，由他们对系统进行分析、评估、论证、成本效益分析。

（2）研究内容。一是必要性分析，确定系统开发是否必要，是否紧迫。分析系统应用的宏观效益、微观效益、社会效益、经济效益，直接效益、间接效益、短期效益、长期效益。二是可行性分析，包括经济可行性，即系统开发的资金投入、产出比；技术可行性，即分析可利用的技术条件，包括硬件、软件、本单位和社会上可利用技术资源等；管理可行性，包括管理环境、管理标准化、规范化程度、已有档案数据资源等；操作可行性，即分析操作中可能遇到的问题，是否具有解决能力。

（3）编制《可行性报告》。内容包括系统目标、可行性分析、工作进程、可利用资源、所需费用、结论意见等。

4. 开展用户需求分析

完成系统分析后编制《用户需求说明书》，作为系统分析的结果和系统设计、验收的依据。《用户需求说明书》要从以下方面准确、具体地阐明用户对系统的需求：一是信息需求。系统需要处理的档案数据的门类、实体（如目录、表格、台账等）。二是功能需求。系统需要做哪些处理，如归档、编目、保管、统计、查询等。三是性能需求。系统需要达到哪些性能要求，如安全、保密、速度、效率、便捷、规范等。四是环境需求。系统实施需要哪些实施条件，如法规、制度、方法、技术、人才、资金等。五是近期和远期需求。区分需求的轻重缓急，提出分步实施的方案。

（二）系统设计

该阶段任务是针对《用户需求说明书》中的各项内容提出具体设计方案，即解决系统应当"如何做"的问题。系统设计分概要设计和详细设计，其任务由系统分析员牵头的设计团队来承担。

1. 概要设计

（1）采用结构化设计方法。将整个系统按照层次和功能的逻辑关系，自上而下逐步细化为功能单一、相对独立的计算机程序模块，以便于系统的编程、调用、调试、扩充、测试和维护。

（2）绘制功能模块图。绘制功能模块的层次结构，并以文字具体描述各模块的功能。功能模块图是描述软件功能层次结构的工具，其用方框和连线表示软件功能模块之间的层次或网状关系，以及模块之间的调用关系。

2. 详细设计

详细设计是对概要设计的进一步细化，包括数据库结构设计、计算机输入输出设计、用户界面设计、用户代码设计、用户权限设计以及业务流程设计等。最后以模块为单位，编制《系统详细设计规格说明书》，详细说明各子系统和模块的输入设计、输出设计、界面设计、数据库设计、代码设计、程序设计语言等。为了说明这些细节，应采用数据流程图的描述方法。用户操作界面友好是系统性能的重要指标，要求做到操作方法简便，操作提示准确，用户一看就懂、一学就会。

（三）系统实现

该阶段任务是将设计结果转换成具体的系统，主要包括编写程序、软件测试、鉴定验收。

1. 编写程序

为了设计应用系统，要先购置或配置计算机软硬件及网络系统，安装数据库系统和软件编制工具，然后用工具软件写出正确的程序模块，即应用软件，这步工作也称为编码。程序模块设计要做到结构良好、清晰易读、容易维护。

编程工作一般由计算机专业人员来完成。编程要尽量选用第四、第五代语言和自动化程序设计工具，以降低程序开发成本，提高程序质量，缩短开发周期。

2. 软件测试

程序设计后须进行必要的测试。测试是为了发现程序中的错误并进行改正，以保证程序的正确性和可靠性。测试内容如下：

（1）模块测试，即逐个模块地测试，改正程序的局部错误。

（2）联合测试，即按功能结构设计的要求，测试功能调试模块之间的接口。

（3）验收测试，即按《系统详细设计规格说明书》进行整体联合测试，对系统进行正确性、可靠性、稳定性、响应时间、输入输出界面等综合测试，测试后形成《测试报告》。

3. 鉴定验收

（1）鉴定验收主要从系统运行的结果来考察系统是否达到了预期的设计目标。具体要对以下内容做出评价：一是是否全面达到了预定的系统目标；二是是否符合系统的各种效益指标；三是系统开发文档材料是否完整齐全；四是系统存在哪些问题，需要采取哪些改进或补救措施。

（2）鉴定验收的条件。鉴定验收前系统需试运行半年以上，然后请系统的用户对系统的功能、性能、稳定性和实用性做出评价，并编写《用户使用报告》。

（3）技术测试。一是组织技术测试小组。鉴定前的测试不同于以往的测试，需由上级档案行政管理部门委托或组织技术测试小组。二是编写测试大纲。测试小组根据系统设计目标和有关介绍，编写测试大纲。测试内容包括软硬件环境、存储数据的完整适用性、输出速度、系统设计的技术特点和水平等。三是进行现场测试。在真实的应用环境下，运用真实的数据对系统进行测试，测试结果应记入测试大纲。四是审查软件开发文档。开发文档包括开题报告（或计划任务书）、可行性研究报告、用户需求说明书、功能模块结构图、详细设计规格说明书、研制报告、技术报告、测试报告、用户使用报告、使用说明书等。五是撰写《测试报告》。测试专家根据测试大纲反映的测试结果，撰写《测试报告》，作为专家鉴定的依据。

（4）组织鉴定会议。成立鉴定委员会，鉴定委员会主要由用户代表、计算机专家、档案管理专家以及测试小组组长等共同组成。鉴定会议议程如下：一是与会各方作《系统研制报告》《系统技术报告》《用户使用报告》《测试报告》；二是进行现场操作演示，并接受鉴定委员会的提问和质询；三是鉴定委员会讨论，拟写《鉴定意见》，并向全体与会者宣读并通过《鉴定意见》。

（四）系统运行、维护与评价

1. 系统运行

档案管理信息系统建设要改变重系统开发，轻系统运行和维护工作的片面认识。因为系统运行是实现档案信息化实用价值的关键环节，是培养用户档案信息意识和实际操作技能的最佳平台。

新系统的运行取代原有的手工管理或旧的应用系统，会给操作流程和操作人员工作职责带来新的变化，也会遇到许多新的问题。为此，操作人员需要通过精心组织实施，化解问题，确保系统正常运行。运行组织工作的具体内容如下：

（1）制定档案管理信息系统操作制度，明确档案管理信息系统运行的分管领导、主管部门，明确系统操作人员的职责和操作要求。

（2）数据库建设。对以前没有建立过档案管理信息系统的单位，需要对其现有传统档案进行目录数据录入或纸质档案数字化工作；对以前建立过档案管理系统的单位，则需要将其原有的档案数据迁移到新的数据库中。

（3）用户操作培训，提高用户操作技能。

（4）对系统运行中出现的问题及时做好记录，以便为系统维护提供第一手材料。

2. 系统维护

系统维护是对运行中的系统不断地进行修正和改进，以适合用户实际需要的工作。系统维护包括：

（1）改正性维护，即为改正程序设计中的错误而进行的维护。

（2）适应性维护，即为适应程序运行环境的变化而进行的维护。

（3）扩展性维护，即为满足用户在使用中提出的意见和更高的要求而对系统进行的改进或功能、性能上的扩展。

维护是一个时间较长的过程，且可能反复多次。维护工作流程：用户或设计人员提出维护要求→维护人员进行维护分析，制订维护计划→领导或有关主管部门审查维护计划（大的维护可能还要请专家论证）→维护人员实施维护→检查验收维护项目等。

3. 系统评价

系统评价是为了解系统当前的功能、性能的适用性、可靠性，为系统验收和下一步改进提供依据的工作。评价的指标主要包括：

（1）从档案工作角度评价管理指标，即系统对档案工作业务需求的满足程度、对档案工作现在和将来的影响程度，如在提高工作效率、业务能力、服务质量、科学化和规范化管理水平等方面取得的效果。

（2）从计算机系统角度评价经济性和技术性。经济性即投入、产出分析，包括取得的经济效益、社会效益、直接效益、间接效益，等等；技术性即操作界面、响应速度、系统的可靠性、处理的灵活性等方面的技术性能。

第二节　数字档案室建设

各级、各类机关的档案室工作是国家档案事业的重要组成部分，是提高机构工作效率和质量的必要条件，也是档案馆工作的前端和基础。因此，数字档案室建设是档案信息化的重要内容，是连接机关办公自动化和数字档案馆，建设、集成机关档案信息资源，确保机关档案资源共享利用的关键环节。它对维护机关电子档案的真实性、完整性、有效性和安全性，提升档案室工作效率和服务能力，促进数字档案馆建设乃至档案信息化的全面、持续、有效发展具有重要意义。

一、数字档案室概述

（一）数字档案室的概念及内涵

《数字档案室建设指南》中定义的数字档案室是指机关在履行职能过程中，运用现代信息技术对电子档案和传统载体档案数字副本等数字档案信息进行采集、整理、存储、管理，并通过不同类型网络提供共享利用和有限公共档案信息服务的档案信息集成管理平台。

该概念包括以下内涵：

（1）建设和应用的主体是政府、企事业单位和各类社会组织的档案室，目的是更好地履行档案管理职能。

（2）技术条件是全面应用现代信息技术，包括数字技术和网络技术。其中，网络系统应包括各种类型的网络平台。

（3）管理对象主要是电子档案（即归档电子文件）和数字化档案（即传统载体档案数字副本）的信息。

（4）管理的功能包括档案管理的各项业务，主要是满足机构内部职能活动的需要，同时实行有限的公共档案信息服务，其"有限性"是由机构所有档案的价值特征和档案工作的职能所决定的，它有别于数字档案馆。

（5）建设要求是建立档案信息"集成"管理平台。为此需要强调统一规划、统一建设、统一实施、统一管理，做到数据集成、功能集成、流程集成，协调和处理好档案部门与文书部门、档案工作与业务工作、档案室与档案馆之间的关系，在文件生命周期中发挥好承上启下的信息枢纽港作用。

（二）数字档案室建设原则

1. 资源强档原则

数字档案资源建设要做到"双管齐下"：一是将来源于机构信息系统的电子档案收起来，二是将室藏传统档案的数字化工作做起来，三是将档案数据库建起来。数字档案资源是数字档案室的立足之本和利用之源，也是国家档案资源建设的入口和源头。只有从源头上将数字档案资源做大做强，才能做到"上游有水下游满"。所谓"做大"，即内容完整；所谓"做强"，就是要确保数字档案资源真实、完整、有效和安全，做到配置合理、格式规范、管理有序、特色鲜明。因此，实行机构重要数字信息的资源化管理应当成为数字档案室建设的永恒目标和基本条件。

2. 标准先行原则

数字档案室建设应统筹协调文件管理与档案管理、业务工作与档案工作、档案室与档案馆之间的关系，确保数字档案室系统与前端办公自动化系统、后端数字档案馆系统的衔接。为此，应当严格遵循既有的标准和规范，以便在系统设计、建设、运行中能够步调一致、统一规范，真正形成文档一体、馆室一体的档案管理体系。

3. 整体推进原则

数字档案室基础设施、信息资源、制度规范、人才队伍的建设，需要依靠管理体系和行政手段整体推进，特别要将数字档案室建设与机关电子政务、企业电子商务和社会信息化建设密切结合起来，确保这项工作全面、协调、可持续发展。

4. 确保安全原则

数字档案室建设应建立健全与机关整体信息安全管理相匹配的档案信息安全管理

制度，按照信息安全等级保护和分级保护要求采取安全保障技术方法，并配备必要的软硬件设施，完善灾难恢复应急机制，确保数字档案室建设和运行的安全。

5.系统集成原则

数字档案室分布点多面广，分头建设必然会造成资源浪费和信息孤岛的问题。为此，应在国家统一规划、科学管理指导下，研制实用的数字档案室集成系统，采用先进的架构体系（如云平台、BIS架构等）推广应用，使数字档案室系统具备统一规范的功能设置、数据结构、业务流程、性能指标，并做到与数字档案馆资源的无缝对接。

二、数字档案室的建设任务

数字档案室建设任务包括基础设施建设、应用系统建设、数字档案资源建设、保障体系建设，需要机关、企事业单位的档案部门、信息化部门、业务部门和保密部门共同参与实施。

（一）基础设施建设

依托本单位信息化基础设施，建设相对独立、稳定可靠、兼容性强，能够满足数字档案室运行需要的网络、硬件、软件、安全保障等基础设施。

1.网络基础设施

一般应将数字档案室网络管理中心设于机关、企事业单位的中心机房。机房应具备防雷、防静电、防磁、防火、防水、防盗、稳压、恒温、恒湿等基本管理条件，有条件的单位应建设符合《电子信息系统机房设计规范》（GB 50174—2008）要求的B级机房。中心机房、网络综合布线的配置，应为数字档案室配备足够数量的网络信息点，网络性能应能适应图像、音频、视频等各类数据的传输、利用要求。

① 数字档案室网络平台应当与单位办公网、业务网统一规划、统一建设，实现跨系统、跨平台的信息交换和利用的分级、分层授权。

② 数字档案室网络平台与本地区、本部门政务网、业务网互联的，应采取相应措施，确保档案数据安全。

③ 数字档案室网络平台在处理涉密信息时，应依据国家和本市有关涉密信息系统分级管理规定确定等级，明确安全域，按照《涉及国家秘密的信息系统分级保护技术要求》（BMB 17—2006）进行建设，并应与单位非涉密办公网和业务网实现物理隔离，禁止接入互联网。

2. 系统硬件

（1）服务器。服务器性能和数量的配置，应能满足数字档案室应用系统以及数据库、中间件、全文检索、备份、防病毒等基础软件的部署和安全高效运行的需求，并适当冗余、可扩展。

（2）存储设备。应为数字档案室配备先进、高效和稳定的磁盘阵列作为数字档案资源在线存储设备。根据本单位制定的数字档案资源保存策略，确定近线或离线备份系统的配置，近线备份应选择磁带库或虚拟带库及相应的备份软件，离线备份可选择光盘、移动硬盘等脱机存储介质以及相应的备份、检测设备。

3. 基础软件

应结合数字档案室应用系统开发或运行需要，为数字档案室配备必要的正版基础软件，包括主流的数据库管理系统（一般采用关系型数据库）、网络操作系统、中间件、全文检索、文件格式转换与迁移、图像处理及多媒体编辑等软件。数字化软件包括扫描软件、图像处理软件、光学字符识别（OCR）软件等。

4. 安全保障系统

应结合实际，参照信息系统安全等级保护的有关要求，从多层面为数字档案室应用系统建立安全保障体系。应用系统设计、完善的用户权限配置和管理功能，为数字档案资源的安全存储、管理提供保障。在配备正版杀毒软件时，如有需要，应有选择地配备防火墙、用户认证、数字签名、移动存储介质管理等软件、业务审计软件等安全管理工具。涉密数字档案室应用系统必须按照国家有关涉密信息系统分级保护的规定执行。

数字档案室应配备专用的电子档案柜，规范存放电子档案；设置门控系统、监控报警系统，配备磁带备份系统、光盘刻录系统、断电保护 UPS 系统等外围辅助设备，健全环境安全和介质安全等功能，确保网络设备、设施、介质和信息的物理安全。数字档案室应健全系统备份、容灾恢复等功能，配备防火墙、入侵检测等相应技术设备，建立操作日志，通过身份认证、访问控制、信息加密、信息完整性校验、入侵检测等技术手段和管理方法确保档案数据得到有效保护。

5. 终端及辅助设备

为数字档案室应用系统配备专用终端计算机、扫描仪、数码照相机、打印机等终端设备，以及刻录机、移动存储介质等辅助设备。终端配置应充分考虑档案工作的特点和档案室实际需要，如配置宽幅、零边距、高速、底片扫描仪，光盘标签打印机，等等。

（二）应用系统建设

应用系统建设应能集成管理各门类数字档案资源，具备收集、元数据捕获、登记、分类、编目、著录、存储、数字签名、检索、利用、鉴定、统计、处置、格式转换、命名、移交、审计、备份、灾难恢复、用户管理、权限管理等基本功能，为电子档案的真实性、完整性、可用性和安全性提供首要保障，并达到灵活扩展、简单易用的基本要求。

（1）档案门类管理，包括电子档案和实体档案的门类、分类方案、元数据方案的调整及扩展管理。

（2）接收采集，包括文书、音像、科技和专业类电子文件及元数据的接收采集。

（3）分类编目，包括分类组织、归档存储、编目著录等。

（4）检索利用，包括档案检索、利用、编研等。

（5）鉴定统计，包括鉴定处理、统计报告等。

（6）系统管理，包括审计跟踪、用户与权限管理、数据维护、参数设置等。

（7）技术文档管理，收集保存应用软件研制、测评、运行、维护等过程形成的文档。

以上具体功能需求可参见《电子文件管理系统通用功能要求》（GB/T 29194—2012）。

（三）资源体系建设

按照国家档案局发布的《数字档案馆建设指南》（档办〔2010〕116 号），数字档案室资源建设应当满足以下质量要求。

1. 文书类电子档案质量要求

文书类电子文件（档案）的收集、整理、鉴定等，应符合国家档案局令第 8 号、《归档文件整理规则》（DA/T 22—2015）等要求。此外，由办公自动化等业务系统形成并归档保存的电子公文，其质量还需满足以下要求：

（1）完整性要求。关于同一事由的往来电子公文齐全、完整，电子公文的组件——正本、定稿、公文处理单、集中记录修改过程的彩色留痕稿以及确有必要保存的重要修改稿等齐全、完整；红头、电子印章齐全、完整；文件标题、文号、主送机关、正文、发文机关署名和成文日期等要素齐全、完整。

（2）版面格式要求。电子公文正本的公文格式应符合《党政机关公文处理工作条例》第 2 章要求，正本的页面尺寸及版面要求、公文格式各要素编排规则、公文的特定格式、式样应分别符合《党政机关公文格式》（GB/T 9704—2012）第 5 章、第 7

章、第 10 章、第 11 章的要求。

（3）文件格式要求。电子公文的正本、定稿、公文处理单应以 OFD、PDF、PDF/A 等版式文档格式归档保存，版式文档格式应符合《版式电子文件长期保存格式需求》（DA/T 47—2009），并支持向同级国家综合档案馆采用长期保存格式转换；集中记录修改过程的彩色留痕稿以及确有必要保存的重要修改稿可以以 WPS、RTF、DOC 等同级国家综合档案馆认可的格式归档保存。

（4）元数据捕获要求。应参照《文书类电子文件元数据方案》（DA/T 46—2009）设置、捕获电子公文元数据，至少应包括聚合层次、来源、立档单位名称、电子文件号、档号、年度、保管期限、内容描述、题名、日期、密级、形式特征、存储位置、脱机载体编号、权限管理、机构人员名称、业务状态、业务行为、行为时间、实体标识符 20 项。

（5）封装要求。若条件成熟，根据同级国家综合档案馆要求，可以对文书类电子档案与其元数据进行封装。封装可参照《基于 XML 的电子文件封装规范》（DA/T 48—2009）执行。

2.音像类电子档案质量要求

（1）基本要求。音像类电子文件的归档范围应参考《照片档案管理规范》（GB/T 11821—2002）第 4 章或同级档案行政管理部门的具体要求执行。收集、归档的音像类电子文件应经过挑选和系统整理，应能系统、客观地记录本单位的重要职能活动，以及历次活动的主要内容、主要人物、主要场景等。按照客观事实编辑形成的录音、录像类电子文件可收集、归档。

（2）品质要求。音像类电子档案应主题鲜明、影像和语音清晰、人物形象端正。照片类电子档案应以 TIFF、JPEG 格式保存，其可交换图像文件（EXIF）信息保存完整，像素数不低于 300 万；重要或珍贵的录音类电子档案以 WAV 格式保存，其他的以 MP3 格式保存，音频采样率不低于 44.1 kHz；录像类电子档案以 MPG、MP4 格式保存，比特率不低于 8 Mbps。

（3）照片类电子档案基本元数据集。应参照《照片类电子档案元数据方案》（DA/T 54—2014）设置、捕获照片类电子档案元数据，至少应包括聚合层次、档号、年度、题名、摄影者、摄影时间、人物、地点、业务活动描述、保管期限、密级、计算机文件名、格式信息、计算机文件大小、垂直分辨率、水平分辨率、图像宽度、图像高度、色影空间、捕获设备、固化信息，以及描述电子档案管理过程的机构人员、管理活动元数据。

（4）录音类电子档案基本元数据集。应参照相关元数据标准设置、捕获录音类电子档案元数据，至少应包括聚合层次、档号、年度、题名、录音者、录音时间、人物、地点、业务活动描述、保管期限、密级、计算机文件名、格式信息、计算机文件大小、时间长度、音频编码标准、音频比特率、音频采样率、音频采样精度、声道数、捕获设备、固化信息，以及描述电子档案管理过程的机构人员、管理活动元数据。

（5）录像类电子档案基本元数据集。应参照相关元数据标准设置、捕获录像类电子档案元数据，至少应包括聚合层次、档号、年度、题名、摄像者、编辑者、摄像时间、人物、地点、业务活动描述、保管期限、密级、计算机文件名、格式信息、计算机文件大小、时间长度、视频编码标准、色彩空间、帧大小、帧速率、视频比特率、音频编码标准、音频比特率、音频采样率、音频采样精度、声道数、捕获设备、固化信息，以及描述电子档案管理过程的机构人员、管理活动元数据。

（6）著录要求。为确保音像类电子档案的真实、完整和可用，电子文件形成部门、档案部门应按照国家、行业或地方相关标准规范，围绕音像类电子档案记录的中心内容，对题名、人物、地点、主题、业务活动描述等元数据进行全面著录。

3.科技和专业类电子档案质量要求

（1）科技类电子文件归档的基本要求。科技类电子文件的收集、整理、鉴定、编目等应参照《科学技术档案案卷构成的一般要求》（GB/T 11822—2008）、《国家重大建设项目文件归档要求与档案整理规范》（DA/T 28—2002）等标准规范执行。图形类电子文件应以DWG等通用格式收集、归档，其他电子文件归档保存格式可参照文书、音像类电子文件执行。

（2）专业类电子文件归档基本要求。在履行本单位主要职能过程中产生的专业类电子文件都应收集、归档，包括但不限于国家档案局颁布的第一批、第二批国家专业档案基本目录所列内容。各种专业类电子文件的整理、鉴定、编目参照相应的管理办法执行。仅以数据库形式存在的专业类电子文件，如人口、环境、农业等各种普查数据，可以XML等跨平台通用格式收集、归档，或直接以原数据库数据文件归档，同时归档一套完整的数据库设计文档。以电子文档形式存在的专业类电子文件，可参考文书类电子档案的各项管理要求执行。

（3）元数据的设置与捕获。应参照《档案著录规则》（DA/T 18—1999）、《文书类电子文件元数据方案》（DA/T 46—2009）等有关标准，设置、捕获科技、专业类电子档案元数据，至少应包括聚合层次、档号、年度、题名、责任者、成文时间、文号、密级、稿本、保管期限、计算机文件名、格式信息、计算机文件大小，以及描述电子档案管理过程的机构人员、管理活动元数据。

4.纸质档案数字副本质量要求

本部分仅对批量加工的文书、科技、专业等类纸质档案数字副本提出要求，电子环境中业务流程上的纸质文件数字化可参照执行。纸质档案数字化的各项技术要求按照《纸质档案数字化技术规范》（DA/T 31—2005）以及同级国家综合档案馆的相关要求执行。为保证数字副本的真实、完整、可用和安全，参照《缩微摄影技术缩微品的法律认可性》（GB/Z 20650—2006）、《信息与文献——档案数字化实施指南》[ISO/TR13028:2010（E）] 等标准规范的相关规定，纸质档案数字化还应符合以下要求：

（1）数字化对象确认要求。应按完整性、规范性要求确定需数字化的纸质档案。原则上，年度内、每个案卷内或保管期限内、关于同一事由的往来文件以及每份文件的组件应完整数字化。涉密纸质档案数字化应符合相应规范要求。推荐实行数字化对象审批制，拟数字化的档案原件应经过本单位相关负责人的审查签批。

（2）元数据捕获要求。在数字化过程中，纸质档案数字化系统应以件为单位自动捕获数字化元数据，至少应包括数字化授权信息、数字化日期与时间、水平分辨率、垂直分辨率、色彩空间、格式信息、计算机文件大小、数字化软硬件设备等。应将数字化元数据与目录数据组合形成纸质档案数字副本的元数据库，并导入数字档案室应用系统提供检索服务。

（3）数字化质量控制要求。应制定并在数字化过程中实行各种相应、有效的质量控制措施，对纸质档案的安全、数字副本的完整性和规范性、图像质量、元数据库的准确性等实施全程监控。

（4）数字化工作文档管理要求。在数字化项目实施过程中形成的重要数字化工作文档应归档保存，应与纸质档案数字副本的保存期限相同。应归档的数字化工作文档包括数字化对象审批书、招投标文件、数字化成果验收报告、数字化流程单等。

5.数字档案资源的备份

应着眼本单位电子信息系统整体备份需求制定数字档案资源备份策略，需明确备份对象、近线和离线备份策略及管理规范，配备必要的恒温、恒湿、防磁柜等设施设备。

（1）备份对象。数字档案资源备份对象应包括各门类电子档案、各门类传统载体档案数字副本、元数据库、目录数据库、各类数字资料、数字档案室应用系统配置文件与日志文件等。

（2）近线备份。兼顾虚拟带库等备份系统运行机制和便于管理，明确数字档案资源备份策略，包括容错级别、增量备份或全量备份、备份周期、核验和检测机制、磁带更新等。

（3）离线备份。应根据数字档案资源形成与大小特征等，确定各门类数字档案资源的离线备份介质与管理规范。应确定离线备份介质编号规则，推荐编号由数字档案资源门类代码、离线备份介质类别代码、备份年度、介质流水号等若干项构成。应按照规范的存储结构备份数字档案资源，推荐在离线备份介质根目录下建立数据文件夹、目录文件夹、授权文件夹、其他文件夹及说明文件，数据文件夹存储各门类电子档案或传统载体档案数字副本，目录文件夹存储元数据、目录数据及数字档案室应用系统配置文件和日志文件等，授权文件夹存储数字化、备份、介质转换等的审批文件，说明文件用于描述与离线备份介质制作有关的各方面情况。应定期检测、更新离线备份介质，并记录检测情况、介质转换情况等。

除上述备份要求外，重要档案还应通过纸质或缩微胶片等方式进行异质备份。重要档案的范围按照国家或地方的相关规范执行。

（四）保障体系建设

数字档案室的建设、运行和维护需要建立以下保障体系：

1. 组织保障体系

应以"单位分管领导组织、档案职能部门实施、信息技术部门协同、业务部门配合"为原则，落实数字档案室建设工作的组织、协调和管理。建立专家咨询、示范测评、监督考核等机制，确保数字档案室建设工作有序开展。

2. 制度保障体系

在建设数字档案室的同时，必须重视本单位相关档案制度规范的制定、修订等工作，建立健全本单位的数字档案室管理制度，具体包括岗位职责、电子文件归档与管理办法、档案数字化技术标准、档案安全保密制度、电子档案开放控制办法、档案数据网上查询利用制度、档案数据管理维护制度、电子档案鉴定销毁制度、人才配备与经费保障制度、数字档案资源备份管理制度、数字档案室应用系统运维和安全管理制度、机关档案管理部门和电子文件形成部门、信息技术部门职责分工及奖惩制度等。

3. 人才保障体系

应为数字档案室配备满足工作需要的专职管理人员。配备人员应具备信息技术相关专业的学历，应具有较好的管理才能和计算机应用技能。应在制度上为专职档案管理人员的发展和进步提供保障。

4.经费保障体系

应为数字档案室建设予以经费保障。要将各门类电子（文件）档案的归档管理、纸质档案数字化、数字档案资源备份管理以及数字档案室应用系统的运维和升级改造费用纳入本单位预算，给予长期的经费保障。

第三节　数字档案馆建设

一、数字档案馆概述

为了实现人类数字记忆的持续积累、完整采集、长期保存、集中管理、安全控制和有效利用，数字档案馆建设已经成为档案信息化的重要内容。

自从数字档案馆的概念出现以后，我国档案界一直在探讨数字档案馆的概念内涵，出现了各种定义，其中《数字档案馆建设指南》的定义是，"数字档案馆是指各级各类档案馆为适应信息社会日益增长的对档案信息资源管理、利用需求，运用现代信息技术对数字档案信息进行采集、加工、存储、管理，并通过各种网络平台提供公共档案信息服务和共享利用的档案信息集成管理系统"。从该定义出发，数字档案馆包括以下内涵。

（一）数字档案馆是传统档案馆功能的拓展和创新

信息社会催生了海量的数字信息，人类社会的生存和发展越来越依赖于数字信息的传播和传承。传统档案馆难以对信息实行全方位、持久性的保管和保护，也很难提供跨时空、零距离、全天候、交互式的服务；数字档案馆能延伸和拓展传统档案馆的功能，承担起保护和利用数字时代社会记忆的历史使命。

（二）数字档案馆是国家基础数字信息的集散中心

数字化基础信息是国家的优质战略资源，数字档案馆通过科学、规范的收集、整理、保管、保护、传递、开发、利用等方式，对分散于不同载体、不同地域、不同媒体、不同领域的基础信息实行数字化处理、集成化管理、网络化互联、虚拟化共享，使这些基础信息增值为真正意义上的资源，更好地造福于社会。

（三）数字档案馆是"数字化＋网络化"的档案馆

以数字化和网络化为支柱的信息技术的应用是数字档案馆生存发展的基础。数字档案馆建设必须将信息技术与档案馆事业的发展需求紧密结合，必须以信息技术发展为强大的动力，全面、持续、创造性地应用数字化、网络化技术发展的最新成果，不断打造信息时代档案馆的"升级版"。在狭义上，数字档案馆是建立在数字化、网络化平台上的传统档案馆；在广义上，数字档案馆是基于网络环境的面向数字信息对象分布存储的狭义数字档案馆群。也就是说，广义数字档案馆可以被分解为一个个狭义数字档案馆实体。狭义数字档案馆是广义数字档案馆建设的基础，而广义数字档案馆是狭义数字档案馆发展的较高阶段或境界。

二、数字档案馆管理系统的功能要求

根据《数字档案馆建设指南》的要求，数字档案管理系统应当具备"收集、管理、保存、利用"四项基本业务功能，以及用户权限管理、系统日志管理、数据备份与恢复、系统及其数据安全维护等功能。数字档案管理系统还应当采取必要措施保证馆藏数字档案信息，特别是由电子文件归档形成的电子档案信息的可靠性和可用性。数字档案管理系统功能可以根据信息化发展和档案管理的要求而有所侧重并不断拓展。

（一）收集功能要求

数字档案管理系统应当具备接收立档单位产生的电子文件及其元数据、对传统载体档案进行数字化和采集重要数字信息资源等功能。主要包括以下几个方面：

（1）根据相关要求接收立档单位产生的各类电子文件及其元数据，并在建立一整套接收机制的基础上，保证接收过程责权明确，杜绝安全隐患，从源头上保证数字档案的真实、完整、可用。

（2）提供在线接收和离线接收两种方式以供选择。

（3）能够批量导入或导出数据，保证数据的可靠性和可用性。

（4）对在线或离线接收的档案数据进行真实性、完整性、可用性和安全性验证。

（5）具备目录数据和全文数据等多种信息资源的采集功能。

（二）管理功能要求

数字档案管理系统能够对所接收的各类数字档案信息进行整理、比对、分类、著录、挂接、鉴定、检索、统计等操作，使无序信息有序化，并实施有效控制，其主要包括：

（1）按照设定的分类方案，将数字档案信息存储到系统中，或根据管理要求进行适当调整。

（2）过滤重份数据和进行重新分类、编号。

（3）对档案内容进行抽取和添加元数据等操作。目前档案管理都是基于数据库管理方式来实现的，将来不排除使用新的技术方法对数字档案进行有效管理。

（4）辅助人工完成档案的开放鉴定工作。

（5）对档案内容数据及其元数据等相关信息建立持久联系，形成长期保存档案的数据包。

（6）对档案类型、数量大小等按照设定要求进行统计、显示或打印输出所需各类档案信息。

（7）辅助完成馆藏实体档案编目（著录、标引）、整理、出入库房管理等工作。

（8）制定档案业务流程或进行流程再造。

（三）长久保存要求

长久保存既是要求，也是策略，包括存储格式的选择，检测、备份和迁移等技术方法的采用等。主要要求包括：

（1）应当选择符合国家标准的格式，暂时未制定标准的，选择开放格式或主流格式。

（2）定期对载体及其软硬件环境进行读取、测试，发现问题，及时解决。

（3）根据数据重要程度以及管理和利用的需要，选择在线、近线、离线、异地、异质和分级存储等技术和方式。

（4）计算机软硬件以及技术或标准规范发生重大变化或发生重大事件时，为了保证数字档案信息可读，应采取迁移等手段对所存储的数据进行技术处理。

（四）存储架构要求

根据档案数据量和管理目的不同而采用不同的存储技术及相关设备。安全性和稳定性是选择存储设备的首要因素。在数字档案馆建设过程中，应考虑数字档案馆的数据量和并发用户数的需求，以保证数字档案馆具备合理安全的存储容量和较快的网络传输速度，适当选择采用单一应用平台，配备数据库服务器、文件存储器、备份服务器、备份软件等构成的存储服务平台，以及采用 SAN、NAS、DAS、IP-SAN 或其他形式的存储技术方法。

（五）利用功能要求

数字档案管理系统应当根据档案信息的利用需求和网络条件，分别通过互联网、政务网、局域网等建立利用窗口，实现档案查询、资源发布、信息共享、开发利用、工作交流、统计分析等功能。主要包括：

（1）运用最新检索技术方法满足利用者在各种利用平台对档案数据进行快速、准确、全面的利用查询要求。

（2）通过网络平台或特定载体发布档案信息、共享档案资源。

（3）辅助进行档案信息智能编研、深度挖掘。

（4）为档案管理者和利用者提供在线交流平台、远程指导、远程教育。

（5）辅助开展数字档案的增值服务。

（6）进行档案利用访问量统计、分布分析、舆情分析等相关工作。

（7）对用户、数据项、功能组件进行利用权限的角色授权处理，能够进行门类设置、结构设定、字典定义等系统代码维护工作。

三、数字档案馆应用系统开发和服务平台构建

（一）应用系统开发

应用系统开发应当遵循整体性、开放性、稳定性等原则。鼓励软件开发公司采用先进技术手段对"收集、管理、保存、利用"各子系统和功能模块进行专业深度扩展和创新开发。

1.整体性

系统应考虑所配备和购置的软硬件及网络平台环境，选择恰当的开发工具和技术路线，正确处理各子系统或模块的关系，形成一个整体。

2.开放性

系统应能够适应信息技术的不断发展和档案管理的最新要求，具有兼容性和拓展性。

3.稳定性

系统开发应采用先进、成熟、适用、稳定的技术，以保证系统的稳定、可靠和安全。

（二）服务平台建设

数字档案馆网络架构一般应面向不同对象，立足现有网络资源，按照档案信息共享范围，构建三个服务平台，并提供相应层级的数字档案信息资源利用共享服务。

1.基于局域网的档案服务平台

基于局域网的档案服务平台运行于局域网，主要是为了满足档案馆工作人员处理档案业务和来馆用户利用档案的需要，是数字档案馆建设的基础平台。该平台应当具备馆藏数字档案传输、交换、存储、安全防护的功能，承担档案馆"收集、管理、保存、利用"的四项基本功能，满足数字档案馆日常业务工作和提供利用服务的需要，

同时承担辅助档案实体管理的功能。

2. 基于政务网的档案服务平台

基于政务网的档案服务平台运行于本级政务网，主要是为了满足本级党政机关各立档单位的电子文件归档管理和档案信息共享利用的需要，它是数字档案馆连接本级各党政机关立档单位的主干平台。该平台能够为政务网用户提供在线档案查阅利用、档案业务指导或其他档案工作服务，实现党政机关的档案信息资源共享和资政服务。鼓励具备条件的档案馆探索采用云计算等先进技术为各立档单位提供软件服务和档案信息存储服务。

3. 基于互联网的档案服务平台

基于互联网的档案服务平台运行于公众网，主要是为了满足企业和社会公众查阅档案的需要。该平台通过档案网站，从社会采集具有重要保存价值的各类数字信息，并进行资源整合，实现公众档案信息资源的社会共享，是档案馆实现社会服务和档案信息社会共享的公共平台。该平台还可采取必要的安全措施，实现馆际档案信息的互通共享。

第四节　档案网站建设

档案网站是档案部门在互联的公共信息网络上建立的站点，它以网页方式提供相关信息和相关服务，构成公共信息网络的一个节点。档案网站建设是档案部门信息化建设的一项基础性工作和档案信息服务的重要手段。

档案网站最早于1995年在北美开始建设，如美国国家档案馆、加拿大国家档案馆等。至2002年，与联合国教科文组织档案门户网站实现链接的档案网站达到了4 000多个，涵盖国际组织以及国家、城建、工商、军事、宗教等各种类型的档案馆，其中包含国家档案馆网站95个。

我国档案网站建设始于20世纪90年代中期。1996年，北京市档案局（馆）在北京经济信息网上建立了主页；随后，上海市档案局（馆）于1998年10月通过上海科技信息网开通了自己的网站。目前，我国档案网站建设在数量上已初具规模，全国省级、市级档案局（馆）已建成400多家档案网站。国家档案门户网站的建成，以及各省级平台相继与政府门户网站实现互联，为逐步构建全国档案工作信息网奠定了基础。

一、档案网站的类型

随着信息技术和利用需求的发展，档案网站的功能和类型不断丰富，目前已建成的档案网站根据其所建环境、服务对象、建设主体和技术手段的不同而分为不同类型。这里仅介绍根据不同主体建设的网站类型，主要有档案局（馆）网站、专业部门档案馆网站、企事业单位档案网站、档案刊物网站、档案教育与咨询网站、个人档案网站等，其中前两种是主流档案网站。

（一）档案局（馆）网站

档案局（馆）网站包括国家档案局网站和地方档案局（馆）网站。国家档案局网站既是国家档案局的官方站点，也是全国档案信息网站的门户网站，始建于 2002 年12 月。国家档案局网站上提供了全国各省、自治区、直辖市档案局（馆）网站的链接，起到了引领网站的作用。地方档案局（馆）网站是发展最快、数量最多的一类网站，这些网站依托地方档案馆的馆藏资源提供在线档案信息服务，同时在网络上实现档案行政管理和行政服务功能。因此，地方档案局（馆）网站兼具档案局政务窗口、网上档案馆和地方档案网站门户三重作用。地方档案局（馆）网站名称不一，如"上海档案信息网"、"北京档案信息网"、"天津档案网"、"琼兰阁"（海南省档案信息网）等。

（二）专门档案馆网站

专门档案馆网站是基于各级各类专业馆藏而建立的网上专业档案利用、服务站点，如外交部档案馆网站、上海市城市建设档案馆网站、辽宁省地质资料档案馆网站、贵州省测绘资料档案馆网站等。

（三）企事业单位档案网站

企事业单位档案网站是企事业单位依托本单位档案馆（室）资源而建立的提供档案宣传、查询和利用的站点，如上海大学档案馆网站、北京师范大学档案馆网站等。

（四）档案刊物网站

档案刊物网站是档案杂志社或档案出版机构在网上建立的具有网络出版、网上发行功能的档案站点，是为档案学者和档案从业人员提供学术探讨、业务交流和专业资源共享的园地。档案刊物网站有"档案知网"（《档案学通信》杂志社主办，现已停办）、"档案界"（《档案管理》杂志社主办）、中国档案资讯网（《中国档案报》报社主办）。这些刊物网站起步晚，数量少，但形式活泼，发展较快，访问量较大，在档案学术界影响较大。此外，大多数省级档案刊物在本省的综合性档案局（馆）网站上开辟了专门的版块或栏目。

（五）档案教育与咨询网站

档案教育、咨询网站是档案教育机构、档案学会、档案研究机构或档案行政管理部门建立的，以档案教育、培训、咨询和档案业务交流、研讨为目的的档案站点，如"档案教育网"网站（中国档案学会主办）、"档案在线"网站（《中国档案信息主流网站发展状况及其用户需求的调查与分析》课题组主办）、上海大学图书情报档案系网站等。

（六）个人档案网站

个人档案网站是由档案专家、学者、档案从业人员或在校学生创建的，以探讨学术思想、交流工作经验、传递专业信息、分享专业体验为目的的各种形式的档案站点（包括博客），如中国人民大学胡鸿杰教授的"我思故我在"、辽宁大学赵彦昌教授的"中国档案学研究"等。

二、档案网站的作用

（一）档案宣传的新途径

档案网站为档案部门宣传档案工作提供了新的方式和新的窗口。互联网是继三大媒体（报纸、广播、电视）之后飞速发展起来的第四媒体，能够克服传统的档案宣传形式的诸多局限，成为档案部门加强和深化宣传工作的新窗口、新阵地。

利用网站宣传档案工作的主要优点有生动活泼、图文声影并茂，容易被广大利用者所接受；传播迅速、宣传面较广，不受时间及空间的限制；针对性比较强，档案网站的来访及利用者的素质一般都比较高，能够通过自助方式找到所需信息资源，取得较好的宣传效果；兼容并蓄，能与报刊、广播、电视等多种宣传途径互联互补；档案宣传与档案利用结合得比较紧密，宣传的同时也可提供档案信息资源利用，使受知者更乐于接受，这是网站宣传的独特魅力。

（二）档案信息服务的新手段

档案网站为档案馆提供了改善服务的新手段、新渠道。档案馆可以充分利用网络的分布广泛性、开放性、动态性和非线性等特点，在网上公布馆藏指南和检索目录，定期或不定期进行特色档案信息发布等，通过网站为社会各界开辟一个档案信息服务的新通道。例如，北京市档案馆在其网站上对外开放了70余万条档案目录，开通以来，访问人次已经超过20余万，效果非常明显。

为提高档案信息资源的利用效率，充分发挥档案信息资源的作用，除正常接待查档外，许多档案馆开展了函电代查、代抄、代复制、档案咨询等多种形式的服务项目。互联网的发展又为档案馆提供了新的服务手段。电子邮件是互联网提供的一种快速、高效、方便、价廉的信息传递方式，通过电子邮件，不仅可以传递文字信息，还可以传递声音、图像、影像等多媒体信息。档案馆通过电子邮件这种形式可以突破函电代查、代抄、代复制的局限，为利用者提供更加及时、准确、全面的信息服务。一般档案馆都在主页上公布一个可供联系的电子邮件地址，这样远在外地、海外的利用者可以将其查档要求通过电子邮件告知档案馆，档案馆再根据其要求查阅后，将查档结果以电子邮件的形式传送给用户。

三、档案网站的具体功能

不同类型的档案网站由于所依托的档案资源、运行的网络环境和服务的对象不同，功能也不相同。

（一）档案检索

档案检索是档案网站最基本的功能，其检索内容包括政府现行文件、主动公开信息、历史档案以及其他文献资料，检索层次可以是目录信息、全文信息或编研成果，检索途径有题名、档号、关键词、分类号等，检索方式可有简单检索、高级检索等。网上档案信息检索还可采取动态检索链接机制，提供"站内检索"、"站外检索"或"复合式检索"，实现跨库检索。对于内网网站，采用身份识别、权限控制、内容分级管理等机制；对于面向社会公众的外网网站，目前仅限于开放档案的目录查询和部分开放档案的全文查阅。

（二）档案管理

档案馆（室）将其档案管理业务的某些环节或内容延伸至档案网站，以适应管理环境的网络化，提高档案管理效率。基于外网的档案网站，除提供上述的检索业务外，一般兼有档案发布、档案征集、在线移交、档案展览、业务咨询、借阅服务等功能。而基于档案馆（室）内部局域网的档案网站，通常是整个档案馆（室）业务管理系统的统一平台，网站上集成了档案管理业务的各个方面。

（三）档案行政

档案行政管理部门将其行政管理职能拓展至档案网站。档案局（馆）网站主页一般设有"政务公开"、"政策法规"、"业务指导"、"在线审批"、"行政投诉"等栏目，具有政策解读、规范性文件发布、网上办公等政务功能。

（四）档案宣传

档案机构可利用网站这一信息平台，通过设置"馆（室）概况"、"馆（室）藏介绍"、"服务指南"、"工作动态"、"行业要闻"等栏目，全方位、多角度地宣传、介绍档案机构、档案工作和档案职业，帮助公众了解已有的档案馆（室）藏和档案信息服务，使档案网站成为网络环境中档案机构形象和档案职业形象的缩影，提升档案机构的社会影响力，增强社会大众的档案意识。

（五）交流互动

档案网站可通过设立"建言献策"、"用户园地（BBS）"、"统计调查"等专题栏目，开辟用户博客、微博空间，提供电子邮箱、微信公众号及二维码，开通网上实时咨询（IM）、手机 APP 程序模块等功能，收集档案用户的反馈意见，征询社会各界对档案工作的建议，回复各类用户的咨询、提问，在档案机构与社会公众之间架起双向沟通的桥梁，使档案网站成为档案用户、档案管理者、档案形成者、档案专家多方交流、协助互动的信息平台。

（六）文化展示

档案网站可设立"珍藏集萃"、"特藏展室"、"专题展览"、"在线参观"、"名人档案"等栏目，利用信息网络极强的辐射力展示具有重要历史意义和美学欣赏价值的珍贵档案藏品。通过网上展览，展示人类社会发展的文明财富，弘扬民族文化，传承历史记忆，提升档案网站文化品位，体现档案机构的文化内涵及其对保护人类文明的重要意义。

（七）专业教育

档案网站通过设立"教学园地"、"网上课堂"、"知识天地"等栏目，利用组合教育资源的优势和分散式教学模式的便利，及时发布专业教育信息，上传课程教育资源，面向档案从业者和社会公众开设档案专业培训和档案文化讲座。例如，美国 NARA 网站的 *Educators and Students* 栏目，为在校学生和社会公众准备了形象生动的多媒体教育资源，以丰富的档案史料串联起来的学习内容，使访问者在浏览的兴趣中提高了档案意识和档案技能。中国档案学会还专门建立了"文件与档案工作者继续教育园地——档案教育网"网站。

四、中外档案网站典型案例

（一）上海档案信息网建设实例

1. 网站上线

上海市档案局（馆）于 1999 年正式上线"上海档案信息网"，网址为 www. archives.sh.cno。上海档案信息网是档案部门参与政府门户网站建设，在政府门户网站框架内构筑起的，它既是上海地区档案信息专业网站，又是上海市政府门户网站的重要组成部分，设有机构概况、领导简介、服务之窗、馆藏指南、珍品集萃、档案查询、史料园地、史话沙龙等栏目。该网站主要介绍上海市档案局（馆）以及内设机构的基本职能、档案行政管理的政务项目、查档手续、全宗指南、开放目录、档案展览、馆藏史料、沪上掌故及馆刊《档案与史学》等，其中的档案查询服务功能支持利用者网上查询开放档案目录。

2012 年 8 月 25 日，新改版的上海档案信息网正式上线运行，它采用了新颖的设计思路，着重增加了档案与上海的文化元素，整合、优化了网站栏目设置，完善了网站功能，重新设计了页面风格和网站布局。新版上海档案信息网突出了珍贵档案展示、档案史料研究和网上展览等用户关注的城市记忆内容，增加了网站的专业性和文化性看点。栏目设置简洁、清晰，信息丰富，检索功能齐全，操作简便，便于读者查询和阅读。

2. 网站主要功能

根据网站框架我们可以看出上海档案信息网功能多样，除菜单栏目之外，该网站的主页上还包括开放档案一站式查询、档案行政管理系统、专题报道、史料研究、档案集萃、网上展览、上海记忆、档案博客、网上调查以及网站链接等。

（二）美国国家档案馆网站建设实例

美国国家档案馆（National Archives of the United States）是美国国家级综合性档案馆，是美国保管联邦政府档案文件的机构，由美国国家档案与文件管理署（National Archives and Records Administration，简称 NARA）管理，馆址在华盛顿。1968 年，在费城、芝加哥、堪萨斯、西雅图等 11 个城市建立分馆，保存联邦政府在地区性活动中产生的档案文件和国家档案馆馆藏中对地方研究有价值的档案缩微副本。国家档案馆及其分馆均向社会开放，已出版 6 部档案馆指南。

1. 网站上线

20 世纪 80 年代，美国国家档案馆率先创建了档案网站，网站具有政务指导职能和具体业务职能。档案馆网址初始为 www.nara.gov，后改为 www.archives.gov。网站经过多次改版，曾经有一级类目共 18 个，加上二级类目总数近 200 个。其 18 个一级类目：我们做什么、探索与互动、研究与要求、联邦文件、参与政府、申请利用、多数人的要求、新闻与事件、从档案学者到你、国家档案馆的位置、档案馆的职能、国家档案馆馆史、美国历史档案、在线数据库和工具、档案研究目录（ARC）、档案数据库检索（AAD）、退伍老兵档案、在线阅读等，体系完整，结构清晰，内容丰富，涵盖了档案利用的方方面面，其下还有二级、三级、四级，甚至是五级类目，并且每级类目中都有与政府网站、图书馆网站、博物馆网站等相关网站链接的内容，其设置合理、内容完备、种类齐全丰富。目前的一级栏目主要有组织机构、有关信息、研究我们的档案、退伍军人服务档案、教师资源、出版物、我们的位置、网上购物等。

网站为利用者提供在线检索和研究帮助。在线检索向公众提供多种数据库，包括在线公众检索（OPA）、档案研究目录（ARC）、缩微胶卷目录（Microfilm Catalog）、档案数据库检索（AAD）、档案馆信息中心（ALIC）、联邦档案指南（Guide to Federal Record）。在线公众检索是公民查阅档案信息的入口，它涵盖了档案研究目录中的所有数据、档案数据库检索中的一部分信息、电子文件档案馆（ERA）中超过一百万份的电子文件、国家档案与文件署门户网站和总统图书馆的所有网页，能够为用户提供便捷、全面的检索体验。档案研究目录意在收录全国范围内档案与文件的摘要，用户可以通过关键词、位置、文件类型、组织、个人进行检索。缩微胶卷目录是一个拥有超过 3 400 个缩微胶卷的数据库，可以用关键字、缩微胶卷编号、文件分组编号、搜索设施的地理位置进行实时搜索。档案数据库检索可以为用户提供国家档案与文件署的一部分电子文件全文，这些电子文件来自 30 多个档案全宗、350 多个案卷，目前有 5 000 万份之多，而且总数仍将不断增多。档案馆信息中心意在为从事有关美国历史、政府、档案与信息管理研究的人员提供资源。

2. 退伍军人档案服务

退伍军人在美国人口中占据着较为庞大的比例，而且带来了不少社会问题，故为退伍军人服务档案开辟单独栏目是有根可循的。退伍军人服役档案的服务对象主要是退伍军人和军事研究者。退伍军人及其亲属可以从网站获取自己或亲人的兵役记录，用以获取政府福利及就业，也可以重获其丢失的奖章。军事研究者可以找到美国革命战争时代、内战时代、美西战争时代、第一次世界大战时代、第二次世界大战时代、朝鲜战争时代、越南战争时代以及当今时代的部分军事记录，该网站还鼓励人们利用军事记录进行家谱研究，并展示了研究方法和搜索方式。

3. 教师资源

教师资源分为特色资源介绍和活动招募两部分。特色资源部分包括新解放黑奴宣言的电子书、美国国家档案馆的网上教学工具——DocsTeach、基础教学资源以及区域性资源、分布情况。可以免费获取的新解放黑奴宣言电子书，意在让年轻人明白"解放宣言"的概念和意义。DocsTeach 是利用基础文档资源创建的交互式学习工具，意在激发学习者的历史思维能力。基础教学资源向教师提供了国家档案馆特有的与教学活动相关的自 1754 年至今的美国国家历史文件副本，并将这些资源、按历史时期分类，以便使用者查找。区域性资源分布情况以美国的州为单位介绍了各自的区域教育亮点。活动招募包括基础教学讲习班和学生参观活动。讲习班意在邀请教育工作者、图书管理员、媒体专家和博物馆学者参加关于基础教学的区域性会议；学生参观活动列出了全国各地档案馆的展览活动，吸引对此有兴趣的学生到馆参观。

4. 公民档案工作者

美国国家档案馆认为，既然政府并非万能的先知，作为档案信息的收集与管理者，档案馆有责任为公民们提供奉献才智的机会。他们将目光转移到对社交媒体的开发利用上，关注自己的员工、政府部门同事及档案研究人员和"公民档案工作者"，了解他们对社交媒体的应用和感受，在利用社交媒体征集、管理、发布与利用档案信息及宣传档案文化方面开拓出了一条创新之路。

2011 年，美国国家档案馆在网站上专门开辟了"公民档案工作者"板块，让公民参与档案资源的补充、积累、利用与传播。任何一个普通公民都可以为网站上的档案图片和资料添加标签（用于索引、搜索）、注释说明，甚至可以针对任一历史事件上传相关图像资料或撰写文章。由于使用开源代码与社交媒体平台对接，档案信息同步在多个社交媒体网站上，所以人们可以使用社交媒体上的功能，自由行使公民档案工作者的权利。从档案网站到社交媒体网站的这一跳转，使关注人群瞬间爆棚，档案文化的传播速度与影响力得到极大提升，正如网站标语所描述的，"让所有人与国家档案馆共同分享档案的知识与智慧"。

这一创举带来了丰硕成果。据美国国家档案馆统计，在网上填写"注释说明"功能正式上线的两周内，许多公民档案工作者为 1 000 多页手稿档案添加了注释。对于非英语语种的档案，他们不仅提供了注释，还给出了准确的翻译。基于此，美国国家档案馆的"公民档案工作者倡议"荣获 2012 年度政府最佳创新实践奖。

5.网站检索功能

网站提供"搜索 NARA 网页"与"搜索 NARA 网站数据库"两种检索方式。前者包括简单查询和高级查询，其中高级查询可利用全文、标题、URL 地址、关键词、图片链接、时间等字段实现多元查找。后者则通过五种特定数据库链接实现，即馆藏在线地址、缩微胶片的地址和说明、肯尼迪遇刺事件文件、联邦记录出版物、图书馆目录。

第七章 新形势下档案安全保管的工具及措施

第一节 档案保管工具

一、档案装具

档案装具是指用于存放档案的各类柜、架、箱以及包装档案的卷盒、卷皮、卷夹等。它们是存储和保护档案的基本工具。由于档案装具的用量、形式、用材、结构、规格等是否合理，将直接影响档案保护条件和设备的投资。因此，在选择时既要满足坚固耐久、不损害档案的功能需求，也要考虑便于管理、经济适用，能合理地利用库房空间和面积，并且随着档案种类和形式的变化，装具的形式、材料、放置方法等应配套跟进。当然，在满足个性化需求的基础上，加强档案装具标准化的研究和推行也是非常必要的。只有这样，才能确保档案装具在档案长期保存中对档案持续的保护。

（一）档案装具类型及特点

档案种类繁多，形式多样，不仅制成材料性质各异，而且规格、形状、保存特点都有各自的要求。为了适应这种多样化的需求，目前档案装具类型也异彩纷呈。

1. 档案柜

档案柜是比较传统的保存档案的装具，一般是双开门，古已有之，如所谓的石室金匮、龙柜等都是这类档案柜。现代档案柜形式多样，有双开门档案柜、侧拉门档案柜、抽屉式档案柜、单开门五节柜、双开门五节柜、两节档案柜、三节组合式档案柜、双面柜等。档案柜的优点是使用比较灵活，便于挪动，有利于防尘、防火、防盗等。

2. 档案架

（1）传统式档案架。传统式档案架有传统式木质开放档案架，钢质的单柱挂斗开放架、复柱挂斗开放架等形式。

这种档案装具的优点是造价低，要求库房地面的承重与图书架相同，生产工艺简单，工艺水平接近或达到国际同类装具水平，利用档案比较方便。

（2）密集架。密集架，也叫活动式密集架、活动式密排档案架。它在档案架的基础上采用轨道把多个架列密集到一起，使档案在单位面积上的存贮量提高，节省面积可达50%以上。密集架连接的地方装有气垫框，可密封为一个整体，有利于防火、防盗、防尘等。密集架现已形成系列产品，并不断更新换代，它是一种具有发展前途的档案装具，现在不少档案部门已经开始使用。但是，其造价高，增加了建筑的负荷，调阅档案不如一般档案架方便，如遇特殊情况，抢救档案比较困难。

密集架有手动式，也有电动式，以其开合的方式划分，还包括旋转式、抽拉式和平行移动式等。

3. 专用档案装具

专用档案装具主要用于保存特殊形式和专业的档案，常见的形式有目录卡片柜，财会档案柜，报架，图柜（架），底图柜，底图密集架，卷式缩微品装具（片盘、片盒、片夹），片式缩微品装具（封套、开窗卡、活页夹、平片盒等），照片与底片盒（册），影片架，声像档案装具（防磁柜等），计算机磁盘装具（磁盘柜、架）等。例如，胶片专用档案装具就属于此类装具。根据其密封程度，专用档案袋具可分为开放式、密闭式和密封式三类。

（1）开放式装具。这是一种能防止胶片遭受机械性损伤，但不防光、可以接触到周围空气的装具。这类装具有开窗卡片、片盘、片夹等，短期保存的胶片档案可使用这类装具保管。

（2）密闭式装具。这是一种能限制胶片与周围空气接触，并可以防光、防尘、防机械损伤的装具。这类装具有封套、片盒、平片箱等，短期保存或长期保存的胶片档案均可以使用这类装具保管。

（3）密封式装具。这是一种能完全切断胶片与周围空气接触，并可以防光、防空气污染物、防潮的装具。这类装具有密封式平片盒、密封式卷片盒、密封袋等几个种类，主要用于胶片的长期保管或耐火保管。

4. 档案存放转移装具

在日常工作业务中，档案需要在库内或库外运送，这种运送也需要一定的装具。此类装具有档案手推车（挂斗式或折叠式）、档案架梯、档案过渡盒（避免档案因温度剧烈变化发生结露、脆化等现象）等。

（二）档案装具用材要求

1.档案柜架用材

用于制作档案柜架的材料有木材和金属两类，人们可根据库房及其他综合条件选择档案柜（箱、架）的制成材料。

（1）木质柜架。

优点：①防潮、隔热性能良好。防潮的特点最适合南方地区。在中国广大南方地区，只要温度在 12℃~14℃之间、相对湿度在 60% 以上，就是有害生物滋生的乐园和锈蚀的温床，木制柜架的防潮性可以有效地解决这一问题。②自重轻，容易搬动，在遇到灾害时便于及时转移和抢救。③造价低，取材方便，制造技术比较简单。

缺点：木制柜架耐久性差，不利于防火、防虫和防腐，易挥发一些对胶片、磁性载体材料等有危害作用的气体。因此，木质装具入库前应做灭虫防腐处理，如用聚氨酯清漆涂 2~3 次，也可在柜架上加一层薄的聚酯膜。使用时要根据实际需要选材。

（2）金属柜架。

优点：①防火、防潮、防磁。防火主要体现在金属家具能经受烈火考验，让损失降到最低。②移动时不易损坏。③功能多样，节省空间。由于冷轧薄板强度较好，金属档案柜架经过折弯工艺的加工可满足很多方面的功能需求，不仅使用起来方便，还可节省空间。④绿色环保。金属材料从选用到制作过程以及用后淘汰，都不会给社会带来资源浪费，更不会对生态环境产生不良影响，是可重复利用、持续发展的资源产品。

缺点：金属柜架防潮隔热性能不及木质装具，且造价较高；易锈蚀，其表面必须经过喷漆、镀锡或其他防腐蚀处理。

2.档案包装用材

用于制作档案的包装材料有纸质、塑料和金属三类。

（1）纸质。用纸张或纸板制作的档案包装材料包括装案卷的档案盒、案卷夹、档案袋和装胶片的纸卡、纸袋、簿册和纸盒等。这类包装纸应该为表面光滑的中性纸张或偏碱性纸张，而且包装纸中不应含有木素、磨木浆或明矾松香胶料。含酸量较高的纸张或含有硫的玻璃纸不宜用于制作档案装具。

（2）塑料。用塑料制成的档案包装材料包括装纸质案卷的档案盒、案卷夹、档案袋等和装胶片的片轴、片盘、片盒和封套等。这类塑料档案装具应使用化学性能稳定、不易老化、耐腐蚀、不释放有害气体的塑料。这些塑料材料有聚酯薄膜、聚乙烯、聚丙烯等，它们都具有化学性质稳定、透明度高、质地坚固等特点。用塑料制成的封套可防止档案原件等在取放时的机械损伤，也便于直接查看，还能防止照片等档案原件沾上手印而被污染。

（3）金属。用金属制成的档案包装材料包括声像档案、光盘档案的片盘、片盒及柜架等。所用金属材料一般为经过氧化处理的铝或不锈钢，也可使用经过喷漆、镀锡或其他防腐蚀处理的金属材料。

（三）档案装具的排列

档案装具的排列对档案库的平面布置及档案库的利用率等有着直接影响，设计时应注意选择合适的装具尺寸及排列方式。按照《档案馆建筑设计规范》（JGJ 25—2000）规定，装具排列的位置与尺寸如下。

（1）库房内档案装具布置应成行地垂直于有窗的墙面，外墙采光窗宜与档案装具间的通道相对应，无窗时应与管道通风孔开口方向相对应。

（2）装具排列的各部分尺寸：主通道净宽不应小于 1.00 m，两行装具间净宽不应小于 0.80 m，装具端部与墙的间隔不应小于 0.60 m，装具背面与墙的间隔不小于 0.08 m。

（3）各类装具的档案存储定额的计算指标，应按平均每卷厚度为 15 mm 计算，并应符合下列要求：五节档案架每平方米（使用面积）不得小于 2.70 m 或 180 卷，双面档案架每平方米（使用面积）不得小于 3.30 m 或 220 卷，密集架每平方米（使用面积）不得小于 7.20 m 或 480 卷。

（4）供垂直运输档案、资料的电梯，其位置应临近档案库，但应在防火门外；当设置垂直传送设施时，竖井应封闭，其围护结构应为耐火极限不低于 2h 的非燃烧体，门应为甲级防火门。

二、档案安全保护设施

档案安全保护设施是防止或减缓档案损坏的三个主要措施（库房建筑、必要的设备、经常性的技术管理）之一，只有提供了必要的档案安全保护设施才能为开展经常性的技术管理创造条件，才能确保档案的完整与安全。

档案安全保护设施应包括空气调节装置，档案保存设备（档案装具），防火、防盗装置以及照明设备等。对于这些基本设备的设计、安装，应本着符合智能化建筑的原则去实施，这是目前一些功能性建筑设备发展的趋势。智能建筑的技术核心主要是信息网络、安全防范和楼宇控制，目的是实现资源共享、优化系统配置、满足方便管理，从而达到高质量、节能的要求。从这种技术本身来看，它是非常符合档案库房设备的设计和管理需求的。

（一）空气调节装置

空气调节简称空调，它是维持室内空气的温度、湿度、洁净度和流动速度（简称四度）在一定范围内变化的调节技术，包括对空气温湿度的调节、空气的过滤、交换、通风、空气流通等。空气调节装置就是运用此调节技术便于档案库房取得符合保护要求的气候条件的理想设备，它可使档案库房内空气温度、湿度、洁净度和流动速度符合一定要求，为库内创造一个适合档案保存的理想环境。但是，它必须与建筑方面的防热、防潮措施结合使用，才能取得理想的效果；否则，费用高、收效小，容易造成浪费。

1.空调装置的类型及特点

空气调节系统一般由空气处理设备、空气输送管道、空气分配装置以及自动控制装置组成，其类别主要有以下几种：

（1）按空气处理设备的装置分类。

① 集中式（中央式）空调系统。集中式空调系统采用大型或中型制冷机组，把所有空气处理设备以及风机、水泵等集中在一个空调房间中，经集中处理后的空气用风道送到多个空调房间。此系统适用于空间大、空气处理量大、房间集中、使用规律一致，并需同时、长期使用的空调环境，如大的档案库。该系统的缺点是缺乏灵活性，无法满足不同的要求，容易造成能源浪费和送风管道中的空气相互污染。

② 半集中式空调系统。半集中式空调系统既有集中的空调机房，在各空调房间内又设有局部处理装置。这种系统的空调对来自集中处理设备的空气在使用房间内做二次处理，减轻了集中空调系统的负担，综合了集中式和局部式空调系统的优点，克服了两者的缺点；但该系统较复杂，常用于对空调要求较高的场所。

③ 局部式空调系统。将所有空气处理设备以及风机等组合在一起，形成一个整体机组，也称为空调机组或空调器。使用时直接安装在需空调的房间或邻室中（以很短的风道相连接），就地处理空气。这种空调不需要集中在机房里，使用灵活，随时开、停，安装方便；适用于满足一个大的建筑物内只有少数房间需要空调或不同房间具有不同送风要求的情况；有利于防止相互交叉污染，节约能源，对于中、小型档案库比较适合。目前，这种空调的自动化程度高，不需专人管理，制冷、制热功能齐全；但使用寿命短，初期投资高。

（2）按集中式空调系统所处理的空气来源分类。

① 封闭式系统。封闭式系统空调所处理的空气全部来自使用房间本身，没有室外空气补充，全部为再循环空气。这样使用房间与空调处理设备之间就形成了一个封

闭环路，多用于无法使用室外空气的密闭房间，如战时地下庇护所、很少有人出入的仓库等。这种空调冷、热耗量最小，但卫生效果差。

② 直流式系统。直流式系统空调所处理的空气全部来自室外，经过处理后送入使用房间。该空调冷、热耗量大，投资和运行费用高，但卫生效果最好，适合于不允许回风的场所，如散发大量有害物质的车间、厂房。

③ 混合式系统。该空调装置综合了封闭式和直流式两者的优点。它需进行一定的回风处理，根据回风次数，又分为一次回风系统和二次回风系统，即在空气处理后再进行一次混合回风，然后送入库房。混合式系统空调既满足卫生要求，又经济合理，应用最广。

（3）按功能分类。

空调设备可达到对空气的"四度"处理，但由于对空气处理的要求不同，不是所有空调都能达到"四度"处理标准，也可以只对空气"四度"中的某"一度"或某"二度"进行处理。根据这种对空气处理功能的不同，可将空调设备分以下几种。

① 恒温恒湿机组。该空调能将室内空气的温湿度固定在一定数值范围内，其波动范围，温度不超过 $\pm1℃$，湿度不超过 $\pm10\%$。这种空调可为大多数档案材料提供良好的保存环境。

② 冷风机组。该空调只对空气进行降温处理，适用于夏季降温。

③ 窗式（热泵式）空调机组。该空调具有降温与采暖的功能，体积小，重量轻，可安装在墙上或窗口上。

④ 窗台式空调机组。该空调具有降温、采暖和去湿功能，可安装在窗台下或靠墙处。

⑤ 超净空调设备。该空调在调控温湿度的同时，还可对空气的清洁度加以控制。某些非纸质档案（如胶片、磁带）对空气污染物极为敏感，应选用这种空调。

此外，还出现了一些新型节能环保的空调方式，如辐射供冷空调方式、"低温"空调系统、下送风复合型空调方式等。档案部门可了解这些新型的空调科技发展动态，更新空调设备使用的理念。

2.空调系统的选择

（1）选用原则。

① 了解空调设备不同种类的性能和适用范围，选择与本单位对空调具体要求相符的品牌，以适用为前提，并非自动化程度愈高愈好。

② 对多种费用做预算，包括一次性投资费用、运行费用、维修费用等。

③ 了解空调适用方式和场所情况，如使用时间及负荷变动、建筑空间的性质和用途等，充分发挥围护结构的作用，因地制宜。

④ 了解与空调有关的土建、水电设施的配合关系，如空调房间面积、位置、风道、管道布置等情况。

总之，不管选择什么样的空调系统，都应使库房在规定的范围内保持温湿度的稳定状态；气体和固体的污染物应从进入库房的空气中滤掉；通风要彻底，避免产生污染空气的死角，而且要节能。

（2）选用方法。

① 选用空调应从制冷量、制热量、电源、噪声、耗电量、价格等方面考虑，并适当对外观、结构、重量加以选择。

② 选用空调的制冷量应大于或等于计算（或理论估算）的库房总耗冷量，具体可请有关空调技术人员详细计算。

3.影响空调效果因素的分析

适合于档案保存要求的空气环境，应包括两层含义：一是库内空气环境的温度、湿度和洁净度等指标应符合长期安全保管档案的要求，二是这种环境应以温湿度的相对稳定为基础。这两个方面紧密相连，缺一不可。

在使用空调时，人们往往注重系统的制冷、制热能力，而忽视了对库房环境的真正改善，即档案材料的保存需要一个温湿度较稳定的环境，短时期内的不稳定变化会对档案寿命造成极大危害，即剧烈的温湿度波动对档案材料的稳定性是有很大伤害的。影响空调效果的因素有以下几点。

（1）库房整体密闭程度。库房整体密闭程度是指围护结构的各个部位的密闭情况，其中门窗密闭是个薄弱环节。例如，某单位档案馆库房墙体采用加气混凝土砌块，墙体厚度 40 cm，并设有环廊，安装了三台 LH-48 型集中式空调系统，为节省能源损耗，分层设置，整个设计看上去都比较合理，但空调在运行时，效果却不令人满意，即空调设备需长时间运行，停机后各项指数又恢复到初始状态。后来发现门窗密闭还不过关，便快速采取补救措施。经过在门窗上加贴密封条等措施的实施，空调效率得到大大提高。

（2）库房温湿度波动。空调设备在短时间内可使库房温湿度调节到适合的范围内，一旦停机，库内温湿度波动幅度就会明显增加，这就要求空调设备长时间运行。这种大能耗的运行，许多单位是承受不起的，有的单位经过长期实践采取了以下几种办法来减缓温湿度剧烈波动状况。

① 在开启空调设备时，逐渐增加制冷（热）量，使之平稳过渡，以降低温湿度变化速率，并尽量把库房温湿度控制在调控要求的上限或下限内，减小调控前后温湿度的变化幅度。这样既能节省能源，又能降低波动幅度。

② 根据外界气候条件的季节性变化，春秋两季温湿度比较适宜，可合理增加新风送入量，减少空调开机次数。

（3）库内空气的净化。空调设备的运行是通过对空气进行冷热处理来达到调控温湿度的目的的，根据对空气处理方式的不同，可分为不送新风的循环式（回风式）、送入部分新风的半循环式和完全使用新风三种处理方式。这三种处理方式都存在库内空气污染问题：一方面是反复循环中空气的互相污染，另一方面是库外的大气污染。因此，需要对空调的空气做净化处理。具体可采取两种方法：一种是在空调系统的新风和回风口处安装空气过滤装置，如活性炭吸附等；另一种是选择送入新风的最佳时机。

库外温湿度、大气污染浓度都有一定的变化规律，根据不同地区的大气污染状况，选择一天中空气污染浓度最低的时候送入新风，可有效改善库内空气质量。

为了提高空调系统对库房温湿度调控的效果，一些单位还研制出计算机集中管理系统，如第一历史档案馆和航空航天部第四规划设计院合作设计的"散布式空调计算机管理系统"，对大中型档案馆集中管理空调、节省能源、提高工作效率起到良好的作用。该系统基本布局是，在总控制室内设置计算机调度操作台，在每个空调机房设置一个执行端箱并与空调机组连接，中心操作台由微机系统对空调机组和冷却水系统进行远距离遥控和遥测，把系统内的所有机电动作信息全部反映在彩色显示器和模拟系统图盘上。该机具有自测自检、打印记录功能，提高了档案库房温湿度的调节精度。

（二）档案的消防设备

档案制成材料多为易燃物质，一旦发生火灾，档案将受到无法弥补的损失。档案库房发生火灾的原因很多，如电气设备走火、机房事故、随便吸烟、雷击以及人为纵火等。因此，防火在档案库房安全管理中是至关重要的。在具体实践中，工作人员既要强化库房建筑设计上的防火问题，又要加强日常管理，配备必要的消防设备，防患于未然，将火灾发生率降到最低限度。

1.库房建筑的防火

（1）建筑构件的耐火性能。

建筑构件根据其燃烧性能可分为三个类别：第一，非燃烧构件，即空气中受到火烧或高温作用时不起火、不燃烧、不炭化的构件，如钢、钢筋混凝土、加气混凝土等。第二，难燃烧构件，即在空气中受到火烧或高温作用时难以起火、难以炭化的构件，如经过防火处理的木材、刨花板等。第三，燃烧构件，即在空气中受到火烧或高温作用时能立即起火或燃烧，并且在离开火源后能继续燃烧或微燃烧的构件，如木构件。

建筑构件耐火极限是指建筑构件从受到火作用时起，到失去支持能力或发生穿透裂缝，或者背火一面的温度升高到22℃时止，这一段对火的抵抗时间，一般用小时表示。建筑构件的耐火极限与构件的厚度和截面尺寸或保护层的厚度成正比，构件厚度和截面尺寸愈大，防火保护层愈厚，耐火极限就愈高。

（2）建筑物的耐火等级。建筑物的耐火等级是由建筑构件的燃烧性能和最低耐火极限决定的。我国将建筑物的耐火等级分为四级：一级是由钢筋混凝土结构或砖墙与钢筋混凝土结构组成的混合结构，二级是由钢结构架、钢筋混凝土柱或砖组成的混合结构，三级是由木屋顶和砖墙组成的砖木结构，四级是由木屋顶、难燃墙体组成的可燃结构。《档案馆建筑设计规范》（JGJ 25—2000）要求，档案库房建筑的耐火等级不应低于一级。

（3）防火间距与防火分隔物。档案库房选择一级耐火结构虽可起到有效的防火作用，但仍不能彻底避免失火。为了防止失火、火势蔓延，缩小损失范围，还应在库房设置耐火极限较高的防火分隔物，如防火墙、防火门；同时，档案库应与其他建筑物保持一定的防火间距。

① 防火墙。防火墙选择用4小时以上耐火极限的构件，直接砌筑在基础或钢筋混凝土的框架上，不开门窗，以防火灾时热气流传播；如需开门，应设防火门封闭。防火墙可以把整个库房建筑的空间分割成若干防火区，从而限制了燃烧面积的扩大和火势的蔓延。库内的通风及空调管道不宜穿过防火墙。

② 防火门。防火门根据其耐火极限分为甲、乙、丙三级。甲级防火门耐火极限不低于1.2小时，主要设在防火单元之间的防火墙处；乙级防火门耐火极限不低于0.9小时，主要设在疏散楼梯及消防电梯前室的门洞口处；丙级防火门的耐火极限不低于0.6小时，主要适用于管井壁上的检查门。档案库区的缓冲间及档案库的防火门均应向外开启，其宽度不小于1m。空调设备应设在专门房间内，且房门应为甲级防火门。

③ 防火间距。防火间距是指一栋建筑物起火，对面建筑物在热辐射作用下，没有任何保护措施而不会起火的距离。防火间距一般不小于30 m~50 m。

一栋建筑物发生火灾，其火焰和高温会通过门、窗洞口不断向外喷射，形成强大的辐射热照射附近建筑物，当达到一定值（一般是 0.7 cal/cm²·s）时，就可能把对面的可燃物烤着起火。因此，一定的防火间距可防止短时间内火势的蔓延。

2.消防设备

消防设备是指防火、灭火装置。随着现代科学技术的发展，防火、灭火装置种类不断增加，自动化程度也逐步提高。目前适合档案库房的灭火系统主要有以下几种。

（1）新型惰性气体灭火系统——IG-541 混合气体灭火系统。IG-541 灭火剂是由氮气 N_2（52%）、氩气 Ar（40%）和二氧化碳 CO_2（8%）三种气体组成的无色、无味、无毒的混合气体。此类灭火剂不破坏大气臭氧层，对环境无任何影响；不导电，灭火过程洁净，灭火后不留痕迹。它的灭火机理为物理作用，即通过降低燃烧物体周围的氧气的含量来达到灭火的目的。它适用于扑救表面火、油类、气体类和电气火灾，可以用于保护常有人出入的场所。该灭火剂价格低，现阶段主要用于通信设备、计算机房、工艺控制中心和其他机电设备室等设备和场所。

（2）细水雾灭火系统。细水雾灭火系统是利用高压或气流将流过喷嘴的水形成极细的水滴进行灭火或防护冷却的一种固定灭火系统。细水雾具有良好的电绝缘性，对环境无污染，可以降低火灾总烟气含量的毒性。它的灭火机理是冷却、窒息、阻隔辐射热。高低压细水雾灭火系统是近年来国际上流行的绿色灭火系统，2002 年由国家档案局立项、上海市档案馆承担的《档案馆哈龙替代技术优选及细水雾技术应用研究》课题研究表明，细水雾灭火技术具有投资成本低、灭火效率高、污染环境小、灭火以后不影响档案质量等优点，是档案库房智能化消防系统的一种上佳选择。

（3）灭火装置。根据《档案馆建筑设计规范》（JGJ 25—2000）规定，"库区外应设室外消防给水系统。特级、甲级档案馆中的珍藏库和非纸质档案库应设惰性气体灭火系统。特级、甲级档案馆中的其他档案库房、档案业务用房和技术用房，乙级档案馆中的档案库房可采用水喷雾灭火系统或非卤代烷气体灭火系统"。

灭火装置根据其自动化程度的不同，可分为人工灭火装置、半自动灭火装置和全自动灭火装置。

① 人工灭火装置。此类装置基本上靠人观测和操作，如库房制定防火、灭火规章制度和责任制，并配备手提式的灭火器。人工灭火装置多适用于中、小型档案馆。

② 半自动灭火系统。该系统具有火灾自动探测、报警和灭火功能。火灾刚一出现，自动探测报警装置立即启动报警，若需要，可人工启动探测灭火装置立即灭火。但这种装置彼此独立，未连成一个体系，中间需人工判断操作。许多大、中型档案馆都有这种装置。

③ 全自动灭火系统。该系统具有火灾自动探测、自动判断、自动报警和自动灭火等多项功能，且各项功能均连接在一个统一的系统中，可在无人操纵状况下自动工作。甲级档案馆应在档案库、空调机房、缩微用房和计算机房等重地配置这种装置。

（三）档案的防盗设施

档案文件是档案保护的主体对象，做好档案安全保护工作是根本，倘若由于档案存放环境没有采取严密有效的安全保护措施而造成档案文件丢失或泄密，其损失是无法挽回的。因此，保障档案及信息安全除了具备必需的安全责任意识外，防盗设施的作用同样不容忽视。

档案是国家的宝贵财富。在日常管理工作中，一方面要防止自然因素的破坏作用，另一方面要防止人为因素的破坏作用。这要求我们要采取一定的安全措施，制定相关的制度，从档案的流动、利用等各个环节着手，保证档案的安全。

已研制成功的防盗自动报警系统采用接触式自锁装置，分别安装在档案库房各楼面的前门和后门内上端，当外来因素致使门开启 10 mm 时，便构成电器回路，连通控制系统防盗自动报警信号的继电器，便会立即发出报警信号。

（四）照明、保安系统以及库内各种设备的智能化控制

1. 档案库房照明的控制

档案库内的照明与办公室和公共场所照明的要求不同。档案库房的照明亮度不需要太高，满足库房管理者调卷、清洁、维护库内设备的照度即可，同时，选择的灯具应为发出的光线对档案没有伤害或损害很少的白炽灯、灯管表面经过防紫外光处理的日光灯。对灯的开关控制可以使用"人进灯开、人走灯灭"的自动控制，既节能又安全。

2. 档案库房的保安系统——闭路电视监控

档案库房的安全级别要求较高，为了防止库房有非法人员闯入、盗窃重要档案文件事件等情况的发生，应安装实时闭路电视监控系统。闭路电视监控由四部分组成：一是产生图像的摄像机及其装置，二是图像传输装置，三是控制设备，四是图像显示装置。档案部门可根据不同的需要找不同的专业厂商进行设计和安装。

3. 档案库内设备的智能化控制

档案库内的建筑是整个档案馆中比较重要和核心的建筑，库内设备种类多、功能多，它们之间既各负其责，又相互关联。在传统建筑中，各种不同设备采取单独设计、单独运行、单独管理的模式，这种模式既浪费能源，管理起来也比较麻烦。随着科学技术的进步和发展，建筑行业中出现了智能建筑理念和技术。智能建筑的"智能

化"在于它采用多元信息传输、监控、管理以及一体化集成等一系列高新技术，实现信息、资源和任务的共享，以达到"节能、安全、高效、舒适、环保"的目的，取得较高的建设投资效率。

有关建筑设备智能化控制和管理的技术主要是综合采用目前国际上最先进的"4C"技术（即计算机技术、现代控制技术、现代通信技术和现代图形显示技术）建立一个由计算机管理的一元化集成系统，实现系统管理的最优化设计和节能目的。这些技术的综合应用体现在智能化建筑上，主要包括建筑物自动化系统（BAS）、办公自动化系统（OAS）、通信自动化系统（CAS）和结构化布线系统（SCS）。有关建筑设备管理上的智能化控制主要集中在建筑物自动化系统（BAS）中。

建筑物自动化系统又称楼宇自动化控制系统或建筑设备管理自动化系统。它采用现代传感技术、计算机技术和通信技术，对建筑物内所有机电设施进行自动控制。这些机电设施包括交配电、给水、排风、空气调节、采暖、通风、运输、火警、保安等系统设备。具体可以概括为如下四个方面的构成。

（1）能源环境管理系统。该系统用于对冷、热负荷的预测控制，室内二氧化碳浓度控制，各种冷源机组、空调机组、新风机组等的监测控制，太阳能集热、蓄热控制管理，给水控制管理，等等。

（2）防灾与安保系统。该系统用于火灾报警及消防控制系统（包括火灾报警、自动消防、排烟系统）和安保系统（闭路电视监控、电子出入口控制、身份识别、防盗防抢、保安巡逻等）。

（3）电力供应管理系统。该系统用于配电及备用应急电站的监控系统和照明控制等。

（4）物业管理服务系统。该系统包括运输设备控制系统（电梯、停车场监控等）和运行报表统计、分析与计量、设备维护与管理系统（数据采集、能源计量、节能诊断、故障与诊断、各种信号记录采集、机器维护、设备更新等）。

对档案库房来说，主要是对各种设备和档案馆整体要求的配电系统、照明系统、温湿度调控系统、防火监控安保系统、终端控制等进行智能化的设计和管理。目前，已经研制成功档案库房计算机安全监管系统，它是一种可对库房温度、湿度进行自动调节和对火警、盗警进行自动监视的微机综合管理系统。有条件的库房可以优先考虑应用这样的系统。

第二节　档案信息的备份及迁移

一、数字化技术

21世纪，人类已进入了新的科技文明时代，最突出的特征是数字化信息技术的飞速发展。随着数字化技术在电子政务和办公自动化中的应用，数字化技术在信息的记录、传输、利用、资源共享等方面发挥着优势。对信息进行数字化加工处理，即把传统的模拟记录信息资源经过数字化技术处理转化成数字记录的信息资源，已成为图书、情报、档案等专业信息保存和利用部门近几年来着力进行的一项工作。

（一）数字化技术的原理及其应用

信息的数字化是指将不同的载体形态及记录方式的信息通过计算机录入、转化、处理等形式，把文字、图像、声音等信息转化为由0和1组成的数码序列，然后存储到磁带、光盘等物理载体上的过程。经过数字化处理后，提高了信息的检索速度，节省了信息的存储空间，保护了原件，也突破了信息利用受时空限制的障碍，最大限度地增加了信息被充分利用的途径。

1.数字化技术的原理

数字化就是利用各种信息采集设备如扫描仪、数码相机等将记录在不同载体形式的信息转换成数字信息的过程。例如，档案部门对纸质档案的数字化就是利用扫描仪等信息采集设备，将模拟记录的纸质档案、声像档案原件的图文信息传输到电子计算机中变成数字式的图像文件。

数字化技术记录的原理简单说来就是一个模数转换过程。所谓模数转换，就是将模拟输入信号转换为N位二进制数字输出信号的技术。模数转换包括采样、保持、量化和编程四个过程。采样就是将一个连续变化的信号$x(t)$转换成时间上离散的采样信号$x(n)$；要把一个采样输出信号数字化，就需要将采样输出所得的瞬时模拟信号保持一段时间，这就是保持过程；量化是将连续幅度的抽样信号转换成离散时间、离散幅度的数字信号；编码是将量化后的信号转换成二进制代码输出。

2.数字化技术的应用

传统档案经过数字化，最大的优势是可以借助网络技术进行超时空的传输和利用。这种信息自由流动的特点可以使档案利用的空间得到无限的扩展，档案的利用效率必然会大大提高。通过档案数字化也可以对生成时间久和破损程度大的档案进行抢救与保护，发挥数字化技术对档案的修复功能。具体说来包括以下几个方面。

（1）提供方便快捷的服务方式。数字化的档案信息可以借助网络等先进的通信技术，使静止、局限在档案库房的信息流动起来，为更广泛的用户利用。

（2）档案信息数字化是一种对纸质档案原件实行有效保护的方法。数字化后的纸质档案可以将原件、孤本等更好地收藏起来，延长它的寿命。

（3）档案信息数字化能够使不同载体形式的档案信息得到转化与再现。数字化技术可以实现对任何信息形式的记录、存储、利用。这样可以将记录在各种载体形式上的信息如录音、录像、照片等经过数字转换实现信息集群化。档案信息数字化既可加强管理又方便利用。

（4）档案信息数字化可以实现资源共享。经过数字化的档案信息上传到网上，读者不仅可以方便利用某一档案部门的档案，还可以利用所有档案部门的网上档案资源，提高了利用者获取档案信息的效率。同时，不同档案部门可以进行数字资源的共建共享，最大限度地丰富档案数字资源。

（5）特色档案资源的挖掘和宣传。特色档案包含两部分：一部分是本地馆藏独有的文字类别档案，另一部分是反映本地区重大活动的声像档案。任何一个区域性档案馆都以本地区形成的档案作为主要的保管对象，这部分档案具有区域或行业特色的特殊价值，应该优先考虑将其挑选出来进行数字化转换并形成特色专题数据库。这样既满足了本地区社会需求，也宣传了馆藏资源，保证了所建数据库的唯一性和共享时的资源优势；同时提高了数字化效率，规避了重复建设。

（6）档案信息化为电子政务和无纸化办公的信息接轨创造了条件。随着电子政务的不断发展和技术的成熟、无纸化办公和电子文件档案的普遍应用，电子文件数量、质量、标准规范不断提升，电子文件直接进行归档，开放的政府信息直接上网，共同推动了数字档案的利用，也为电子政务、无纸办公、档案信息化三者建立起了互联互通的网络。

总之，通过数字化技术记录的数字化信息具有易交换、高容量、高稳定和高清晰等特点。无论是书、报、刊，还是声、像、影、视，无论是中文还是外文，都使用世界上共同的两个数字——0和1——进行表达和传输，到了终端——用户手上，又原原本本地还它的本来面目，从而实现了信息超时空传输和利用的最大化。

（二）数字化技术模数转换设备及其功能

档案信息数字化模数转换设备主要是扫描仪和数码相机。

1.扫描仪

扫描仪发明于 1984 年。扫描仪的发展，经历了黑白扫描、彩色三次扫描到现在的彩色一次扫描的三次飞跃。技术的进步降低了成本、提高了性能，也打开了市场。随着扫描仪用户群的扩大，许多厂家对扫描仪的应用进行了更深层次的发掘，即从传统的图形领域向文字领域进军。汉字 OCR 技术得以开发并在中国的扫描仪市场上产生了长久而深远的影响。到 90 年代后期，随着电脑的普及和应用水平的提高，扫描仪技术不断成熟和发展，其生产规模、应用范围不断扩大，性能不断提高，现已成为仅次于打印机的又一与计算机配套的外设产品。

（1）扫描仪的主要功能。扫描仪是一种光机电一体化的产品，用于捕获影像、照片、文字页、图形和插画等，并将之转换为电脑可以显示、编辑、储存和输入的数位格式。因此，它的功能在于不仅可以像复印机一样对原件进行复制，用于原始记录的保存；而且还可以对复制了的影像进行编辑，对文字进行数字化的识别，增加了对信息的深入挖掘功能。这就大大方便了对档案内容的利用。

（2）扫描仪成像的基本原理。扫描光源发出的光线经原稿面反射后，穿过聚焦透镜聚焦为一窄条图像，这时的图像包含了红、绿、蓝三种成分，经过一个棱镜或分光镜把光束分离成红、绿、蓝三种成分。红、绿、蓝三束光分别照射到电荷耦合器件（CCD）阵列上，每个 CCD 单元把它感受到的光强信息转换成模拟电平，最后每个单元的模拟电平经模数转换器（ADC）转换为 8 位或更高位元的数字信号。这是对图像中一行像素的处理，随着扫描光源的纵向移动，就可以将整幅图像扫描到计算机中。

（3）扫描仪的性能参数。

① 分辨率。分辨率一般用"dpi"表示，是关于影像质量的性能指标，但对于扫描仪来说，准确的标称值应为"ppi"，即每英寸的宽度中可读取多少像素。分辨率越高，读入的信息量越大，对原稿的细节再现就越好。

② 扫描仪的色彩位数。扫描仪的色彩位数也叫色彩深度，经常用来表示扫描图像的色彩，一般有 30 比特、36 比特、42 比特、48 比特等。色彩位数越高，则采集到的数量越大，色彩的样本空间就越大，颜色也更准确。30 位的扫描仪能够区分 1 024 级灰度和 10 亿种颜色；36 位的扫描仪能够区分 4 096 级灰度和 6 871 亿种颜色；48 位的扫描仪能够区分 65 536 级灰度和 281 兆种颜色。

③ 扫描仪的动态范围。扫描仪的动态范围对应用图像制作是非常重要的。动态范围也叫密度范围，是扫描仪所能记录到的色调范围，即扫描仪所能探测到的最亮颜

色与最暗颜色之间的差值。动态范围是扫描仪再现色调细微变化的能力。

④ 灰度级。灰度级是用来衡量扫描仪对原稿从纯白到纯黑及中间层次感受能力的大小的。常用的扫描仪能达到的灰度级别分别为 16 级、64 级和 256 级，它意味着能把原稿从纯黑到纯白的灰度间分别划分为 16、64 和 256 个离散的灰度层次。扫描仪的灰度级越大，对原稿的感受能力也就越强，也意味着对每一个像点需要使用更多位数的存储器来加以存储，因而也就增加了原稿所需的存储空间。

此外，要注意对扫描仪接口类型的选择。接口是指扫描仪与计算机之间所采用的连接类型。目前，市场上常见的扫描仪接口有三种：SCSI 接口、EPP 接口、USB 接口，在选购时要考虑其与相关设备的匹配性。

2. 数码相机

数码相机，也被称为数字相机或数位相机，是一种集光、机、电于一体的高科技产品。数码相机以电子存储设备作为摄像记录载体，通过光学镜头在光圈和快门的控制下实现在电子存储设备上的曝光，完成被摄影像的记录。

（1）数码相机的功能。数码相机的基本功能与传统相机相同，用于拍摄图像，形成照片档案。但它的功能比传统相机更加强大，主要表现在以下几点。

① 影像再现快捷，即拍即现，由相机本身的液晶显示屏或由电视机和个人电脑再现被摄影像，不用化学药品冲洗胶卷，对环境无污染。

② 照片的制作也不需要暗室加工，拍摄后可直接连到计算机上观看，还可方便地进行图像与文字的编辑，然后直接打印或扩印成照片。

③ 多数相机在记录图像的同时也录音录像，因此，可在现场录下所拍画面的相关声音和影像资料。

④ 拍摄图像可以通过计算机网络进行远距离传输，省时快速，在新闻摄影报道领域尤显其长。

但数码相机的成像质量良莠不齐。普通数码相机成像质量比传统相机要差些，因而在选购和使用数码相机时要了解相关知识，以便正确使用。

（2）数码相机的工作原理。数码相机是采用光电转换器件，将光信息转换成电信息，再加以特定处理并进行存储的子系统。一般而言，数码相机采用光敏元件作为成像器件，将用于成像的光学信息转化为数字信号存储在内置存储器或外部扩展存储器上，通过 USB、RS232 等通用计算机接口进行数据交互，将拍摄的数字图像传输并存储在计算机中。典型的数码相机系统具有镜头、闪光灯、光学取景器、LCD 显示屏、图像数据存储扩展设备接口、图像数据传输接口、供电系统以及核心处理器八个主要部件，有的数码相机甚至已经将数字音频合成到了整个系统中。这些部件，除了光学取景器以外，基本上都能和数码相机的电子系统产生直接的关系。

（3）数码相机的性能指标。数码相机又称数字照相机，是一种不采用传统照相胶片的电子照相机，它可将景物捕捉到专用的光／电转换半导体芯片上，然后立即将景物的模拟数据转换成数字形式的数据，并用数字文件保存。数码相机的主要技术指标有：

① 分辨率。分辨率是数码照相机记录景物细节能力的度量，它决定着所摄取图像清晰度的高低。分辨率高低取决于感光芯片像素，像素越多，分辨率越高。通常情况下分辨率高低就用像素的多少来表示。数码相机的分辨率还直接反映出能够打印出的照片尺寸的大小。分辨率越高，在同样的输出质量下可打印出的照片尺寸越大。目前，主流产品的分辨率已从几十万像素提高到几百万，甚至上千万。在拍照时根据输出图像质量的要求可调整分辨率，在保证质量的基础上，使存储卡保存更多数量的影像（像素越高，占据空间越大）。

② 色彩位数（又叫色彩深度）。色彩位数用来表示数码照相机的色彩分辨能力。通常有 24 位（比特），可记录 1 677 万种颜色，足以满足大多数人的使用要求。

③ 镜头焦距。镜头焦距决定着拍摄视角和画面的透视效果，所以应根据拍摄对象来选择适合的镜头焦距。

④ 容量。容量用兆字节（MB）来表示，是指一幅数码照片占用的字节数。单幅照片的容量取决于拍摄时选择的分辨率和数码照片的保存格式。图像格式有压缩和非压缩格式，压缩比不同，获得的数码照片容量也不同。当然，压缩越大，数码照片的质量受影响越大。

⑤ 等效感光度。感光度是感光材料对光的敏感程度。传统相机所用的胶片有各种级别的感光度，如普通胶片感光度是 ISO100（或 GB21°），可满足正常光线下的拍照，光线稍暗、太强都需要用相机光圈进行调整，超出调整范围就需要闪光灯等辅助设备来补偿。数码相机使用的 CCD 器件，同样有对光线敏感程度的范围，因此，在拍照时要注意选择光线适合的场所，或采取曝光补偿等办法，以保证影像拍摄质量。

⑥ 格式。数码相机是数字记录，因此，也有记录格式的要求。数码相机格式同一般图像文件一样，常见的格式有 JPEG、GIF、TIFF、BMP 等，保存特点见本书第四章相关内容。

（三）各种档案信息的数字化

1.纸质档案的数字化

按照《纸质档案数字化技术规范》（DA/T 31—2005）的要求，纸质档案数字化主要包括以下几个方面。

（1）整理。按照扫描计划和工作进程，每次以一定卷数为一批次安排到人，检查完整性，无误后在扫描备考表上签字并向管理者移交。整理的主要内容如下：

①检查文件的完整性。②对每份文件进行拆金属装订，因出于对扫描的需要而要求档案以散张的形式存在。③对文件进行打页号。按有字的一面算一页的方式进行计页，这样可以有效防止档案的丢失以及在处理过程中档案位置顺序的排错。④登记幅面大于 A4 且有破损、纸张质量很差的页，以便对幅面大于 A4 的页采用 A3 幅面的平板扫描仪进行扫描。

（2）扫描。根据文件大小、色彩、质地、字迹清晰程度等选择适合的扫描方式、色彩模式、分辨率、存储格式、存储压缩率等，应在保证扫描的图像清晰可读的前提下，以尽量减小存储容量为准则。提供网络查询的扫描图像，也可存储为 CEB、PDF 或其他格式。

（3）校对。校对者用图像处理软件对扫描图像进行校对，并进行纠斜、去黑边、增亮等相应处理，对需要重扫或缺扫页进行登记，以方便重扫和补扫。

（4）存储。一方面对档案原件进行整理、重新装订，检查无误后，应予以归还，防止档案丢失；另一方面是对数字化成果进行数据库建立、数据备份以及成果的管理。

2.照片档案的数字化

从工作原理上讲，照片档案数字化与纸质档案数字化的基本程序和要求大体相似，只是在分辨率、位深等技术性能的要求上与纸质档案有所不同。照片档案的数字化处理在收集阶段就已经开始，如数码相机和扫描仪的调试、安装，此外还应做好以下几方面的数字化处理工作。

（1）照片档案扫描方式的选择。扫描照片获取数字图像，应根据照片颜色确定扫描方式（如彩色、灰度和黑白）。例如，一些老照片原本是黑色的，经过几十年开始变黄，所以在扫描时，应该选择彩色模式保存图像，这样才能保证打印出来的照片接近原样，具有真实性。

（2）照片档案分辨率的确定。在照片档案的存储、处理过程中，首先应该确定一个合适的扫描分辨率，确保照片的质量和清晰度。比如，在进行照片扫描时，若扫描分辨率设置过低，就会导致输出的照片清晰度不理想；而设置过高，不但不能提高屏幕上照片的清晰度，反而增加了扫描和处理时间，导致生成的文件体积过大，从而浪费了磁盘的存储空间。分辨率的大小应由照片档案的最终用途来确定。如果照片在使用时不需要放大、打印输出或出版图书，其分辨率设为300dpi就足够了；如果照片在最后使用时需要放大，分辨率就要相应增加，否则就会影响照片的利用效果。

（3）照片档案的存储格式。扫描后的照片存储格式，应根据不损失色彩质量、对比度或文件大小适宜等要求来设定。一般常采用 TIFF 和 JPEG 两种格式。TIFF格式的图像是无损失压缩图像，适合于打印，打印效果清晰，但占用空间较大。因为出版或展览对照片质量要求比较高，所以常采取 TIFF 格式存储。而 JPEG 格式的图像是有损失压缩图像，便于传输文件和网页图像使用，在显示器上浏览不影响视觉效果，肉眼难以觉察，但不适合打印。JPEG 格式文件的压缩率可以从 0 调到 100，压缩率越大，文件容量就越小，图像质量也越低。因此，应根据实际需要确定压缩率的大小。例如，在对 1 000 多张照片档案数字化处理后，我们根据不同的目的分别刻了两套光盘：一套按 TIFF 格式存储，另一套按 JPEG 格式存储，以便将来使用。

（4）位深对数字图像阶调的影响。位图图像中的像素可以代表黑、白、灰色或彩色信息。计算机记录每个像素的光亮信息的多少是用比特（bit）位数来衡量的。如果只使用 1 位来记录像素信息，其像素只能是白色或黑色的；如果使用 2 位描述像素信息，有 4 种可能表示灰度的区别，8 位有 256 级的灰度，24 位信息能够提供 1.6千万个可能的颜色。位数称为图像的位深，它是数字图像反映颜色精度的重要指标。使用位数越高，描述的灰度级越高。

图像的位深由扫描仪提供，如果选用的是专业级的扫描仪，就能得到足够的位深。但一张照片的密度范围在 2.2 左右，冲洗质量不佳或日久褪色的照片的密度范围只有 1.5 甚至更低，这样的密度只占扫描仪密度范围的一部分，相应的数字图像的位数因此也会减少。应当在选择有效密度范围大于原扫描仪的同时，使用扫描软件对原稿图像信息进行扩展，使数字图像记录更多的原稿色调信息。

3. 缩微胶片的数字化

缩微胶片数字化工作的核心内容就是将缩微技术、计算机技术、光盘技术、网络技术有机地融合在一起，形成整合影像系统，充分发挥各项技术的优势。以档案信息为对象，将其缩微影像转换为数字影像，并按一定的格式存储，通过传真、打印输出或网络传输到 PC 机上，满足使用者的需求，实现信息资源共享和快速传递、快速检索的功能，更好地为档案信息的保管、使用工作服务。目前，既有现成的缩微胶片数字扫描转换设备，又有成熟的转换软件，而一旦转换成了数字信息，计算机就可大显身手。转换流程如下：缩微胶片—阅读器—扫描装置 CCD-A/D 转换器—图像处理器—直接存储器—计算机—数据存储。

对于缩微胶片国家发布了《缩微胶片数字化技术规范》（DA/T 43—2009），具体内容可按标准实施。缩微胶片在数字化时应注意以下一些特殊性。

（1）缩微胶片的扫描。这是一项基础工作，它运用缩微数字影像系统对缩微胶片档案进行扫描，把模拟影像转换成数字影像。该项工作包括选择实验设备、实验对象、相关技术参数，以及胶片的扫描等。

设备的选择。目前，缩微影像转换为数字影像的技术日趋成熟，缩微胶片数字扫描系统有许多种类和品牌。档案部门在选择设备时，既要考虑先进性，又要考虑实用性，同时还要选择有较高性价比的设备。

扫描技术参数的选择。①分辨率的选择。扫描的分辨率越高，获取的信息技术越大，对原影像的细节处理就越好。对于层次比较丰富的影像来说，扫描的分辨率越高，得到的数字影像就越丰富。档案馆保存的档案多以文字为主，以文字为主要内容的档案影像层次比较少，以黑白两种为主。因此，以文字为主的档案缩微胶片，选择以 200dpi 作为扫描的分辨率为宜。②扫描亮度的选择。扫描亮度值以 45 ~ 60 为最佳。扫描亮度值大于 60 时，底灰随亮度的增加而增大，无用信息增加，数字影像占用空间增大，不利于数字影像的存储、还原、数据处理和网络传递；影像边缘变浅，原影像信息容易减少或丢失。扫描亮度值在 50 ~ 60 之间，数字影像的占用空间适宜，原缩微影像信息基本不丢失，影像没有底灰。因此，50 ~ 60 的扫描亮度值是档案缩微胶片转换成缩微数字影像的最佳曝光亮度。③扫描对比度的选择。扫描对比数值以 70 ~ 80 为最佳。对比值小，数字影像的反差就小，出现底灰多，数字影像专用空间增大，影像清晰度受到影响；对比值高，数字影像的反差就大，数字影像占用空间减少。扫描时对比数值太高，也不利于档案缩微模拟影像转换成数字影像，因为过高的对比值不但不能通过扫描加强影像的信息量，反而会使信息失真或丢失。

（2）校对工作。对扫描后的缩微影像要进行逐页校对，然后把缩微数字影像按件与计算机数据目录挂接，把缩微数字影像建立为一个完整的数字化档案。

缩微数字影像的存储与输出，与纸质档案数字化的存储和输出方式基本相同，不再赘述。

（3）缩微数字影像的还原复制。目前，绝大多数缩微模拟影像的还原主要靠缩微阅读复印机实现，只有很少的缩微模拟影像的还原通过暗室及感光材料实现。缩微数字影像的还原是由计算机的辅助设备-——激光打印机实现的。激光打印机采用电子照相印字技术，方便快捷、还原效果好、速度快，并且可以轻而易举地实现缩微数字影像的多用户的共享。

4. 音频、视频档案的数字化

录音档案是一种重要的档案资源。在我国，录音档案主要是录音磁带档案，它使用模拟记录方式记录音频信号，声音的频率为 20Hz 到 20kHz 左右。录音磁带属于磁性载体。磁性载体档案的耐久性除与磁性载体的理化性质有关外，还强烈地依赖记录和重现设备，属于机读档案，即读取其内容必须依赖相应的设备。1996 年 1 月 1 日，国家档案局颁布了《磁性载体档案的管理与保护规范》，详细地规定了磁性载体档案的保存环境、管理制度以及磁性载体档案的修复等。整体而言，录音磁带档案的保存成本是较高的。使用录音磁带保存声音档案，即使严格遵守磁性载体档案的保存环境、管理制度，也会有信息丢失的情况。因为使用的是模拟记录方式，为保证其信息长远流传下去，每隔 10 年需要进行一次复制，这会使声音档案的信息损失 10% 左右。同时，传统的录音档案存储方式也不利于档案的检索和查阅。

数字音频的发展，使我们可以用数字而不再用模拟的方式表示音频信息。因为对于模拟音频信号来说，每一次的转录和播放都会使信号失真、产生噪声，这就不可避免地降低了模拟音频信号的质量。与模拟音频相比，数字音频信号先将原始的模拟音频信号转换为二进制数据，再进行处理、存储和发送，在处理时很少会引入噪声，因此，减少了音频信号质量降低的概率，可使音质达到 CD 音质的水平。目前，数字音频的格式很多，其中最流行的标准数字音频格式有 MP3、WAV、WMA 等，这些标准的格式能够以高音质、低采样率对数字音频文件进行压缩。换句话说，因为数字音频的复制在理论上不会产生任何衰减，不会产生失真和噪声，能够在音质丢失很小的情况下（人耳根本无法察觉这种音质损失）把文件压缩到更小的程度，因而采用这些格式处理录音档案并经过应用数字水印技术防篡改后存储在光盘上，相对于传统的方式而言，具有很大的优越性。另外，数字音频录放设备采用数字电路，其在设计和制造上成本低，且不受温度等因素的影响，极大地增强了可靠性。而且，数字音频的检索和查询方式相对于模拟系统有强大的优势，可以实现声音档案信息管理的自动化和网络化。

音频档案数字化基本程序如下：

①前期准备。首先要研究制订录音磁带数字化计划，合理安排数字化工作的次序；然后对拟进行数字化的录音磁带的质量、完整性等进行查验。②确定转录参数。

根据声音质量选择参数，采样频率可选择 44.1kHz 或更低的；声音样本的大小可选用 16 位或更低的；根据原录音带选择声道数。此外，还要设定录音质量、时间长度。③数字化转录。通过录音机播放磁带，进行转录。转录过程实际上就是把模拟声音信号变成数字信号，由两个步骤组成：一是对连续的声音信号进行采样；二是将得到的连续的幅度值进行量化，使其变成不连续的数值。④生成文件并刻录光盘备份。转录结束后，选择好存储地址，输入文件名，选择文件类型，予以保存，生成数字音频文件；并对其进行光盘刻录，为备用而复制文件。⑤编写文件说明。对刻录的光盘档案进行著录，编写好文件说明，并打印光盘封面和封底。以讲话录音为例，著录内容一般应包括全宗号、目录号、原盘号、文件号、光盘号、轨道号、光盘类型及文件格式、盘内文件编号、原盘类型、讲话者、讲话日期、讲话地点、讲话会议、开始语和结束语、录音质量、录音长度、题名、分类号、主题词、密级、备注等。⑥质量检查。认真检查转录质量和刻录质量。⑦进库保存。将录音磁带归还库房，光盘保存在适当的地方，将其安全保管在适当的温湿度下。

5.录像档案的数字化

录像档案是一种视频信息，视频信息包括模拟视频和数字视频。模拟视频是基于模拟技术及图像的广播和显示技术的视频信息。模拟视频信号具有成本低和还原性好的特点。但它的缺点也很明显，即无论被记录的图像多么清晰，经长时间的存放之后，视频质量都将大为降低；或经过多次复制之后，图像失真就会很明显。而数字视频信号是基于数字技术以及其他更为拓展的图像显示标准的视频信息。数字视频技术有两种含义：一是将模拟信号输入计算机进行数字化，然后制成数字视频产品；二是指视频图像由数字化的摄像机拍摄下来，从信号源程序开始，就是无失真的数字视频。输入计算机时不再考虑视频质量的衰减问题，然后通过软件编辑制成成品。数字化视频弥补了模拟视频的缺点，它不但可以无失真地进行无限次复制，而且还可以对视频进行创造性的编辑。

（1）编写档案著录标引单。为了便于快速检索录像信息，需录入档案网络数据库管理软件的数据，著录项目有档案题名、原档号、时间、人物、主题词、文件标题等。

（2）浏览检查录像档案。浏览录像档案，进行分段，查找录像内容，把录像档案按著录项目中的文件内容分段，记录每段的起始时间、位置。

（3）采集数据。采集录像档案，存入电脑硬盘。打开相应的视频采集软件，可以在该视频监视窗口中看到录像信息。根据录像带质量情况和规格设置相应的参数，把握采集录像信息的质量。建立相应段落文件名，输入电脑硬盘，形成数字化的录像档案，记录格式选择 MPEG。

（4）刻录光盘。若录像需存储光盘保存、利用，可先建立光盘内目录页面，可以供利用者浏览光盘时查找。然后采用刻录软件把存入硬盘的数字录像和光盘目录页面一同刻录到刻录机中的光盘上。利用者可使用数据库管理软件检索所需录像的光盘序号，查找录像档案的内容。

（5）录入录像档案数据库数据。档案网络数据库管理系统可实现网络档案目录管理、档案全文管理。按照著录项目录入数据库数据。利用者通过数据库管理系统软件界面检索任何一项著录项目，查找到所需录像档案资料文件名后，点击文件名就可打开该段录像的内容。

二、缩微摄影复制技术

缩微复制技术产生于 20 世纪 30 年代，在第一次世界大战的情报传送中发挥了重要的作用，此后在图书、情报、档案等文献部门得到推广和应用。缩微复制技术是利用摄影的原理与方法，将图书文献资料等原件的文字和图像缩小几倍乃至几十倍，并将其记录在感光材料上，经过冲洗加工、拷贝制成各个缩微复制品，使用时必须借助光学设备加以放大还原后才能阅读和复印。目前，缩微技术广泛与静电复印技术、计算机技术等相结合，成为最为成熟的档案信息备份和迁移的技术。特别是由于它的技术成熟、信息保存性能稳定和标准化程度高，所以已在许多国家取得了替代档案原件发挥凭证作用的法律地位。

（一）缩微摄影复制技术的特点和用途

1.特点

（1）存储密度大。在光盘出现之前，缩微胶片是存储密度最大的记录材料。普通缩微胶片缩率为 1/7 ~ 1/48，超高缩率可以达到 1/90 ~ 1/250。

（2）记录精度高。用缩微摄影技术拍摄档案、图书和资料时，可将原件的形状、内容、格式、字体以及图形等忠实地记录在缩微胶片上，形成与原件完全相同的缩小影像。缩微影像解像力和清晰度等质量指标都有严格的国际标准。因此，采用缩微技术拍摄原件，可以获得质量好、可读性高的复制品。

（3）缩微品规格统一。缩微品的形式、规格尺寸都有通行的国际标准，各个国家也都是执行或参照国际标准进行缩微品的制作。这样将各种不同幅面的原件记录在规格统一的缩微胶片上，便于传递和管理。

（4）保存寿命长。制作缩微胶片的银盐感光材料，只要按照标准要求进行制作和保管，获得的缩微品保存寿命可达到数百年。这比机制纸、磁性材料、光盘材料的寿命长得多。

（5）易于还原拷贝，传递快捷方便。缩微技术随着其与计算机技术的结合，缩微品的拷贝和还原变得更加方便快捷，既可以利用传统的邮寄方法传递文件，又可以利用网络进行传输，这给大批量档案文件，特别是一些幅面大、数量多的科技文件的传输和利用带来了更大的方便。但缩微技术与光盘技术比较起来，存在设备投入大、加工流程多的缺点。

2. 用途

（1）缩小保存空间，改善档案保存条件。随着档案信息量的增大，其存储空间也在不断增大，这给档案的利用和管理带来了越来越多的困难。若将这些以纸张为载体的档案拍摄成缩微品，会节省85%～98%的保存空间。档案缩微化不仅节省了保存空间，还节省了档案保存和管理的经费，有利于档案保存条件的改善。

（2）确保档案原件的安全，延长档案的寿命。在长期保存的档案中，由于年代久远、历经变迁以及保存环境条件差等因素的影响，有一部分档案已遭到严重损坏，如不立即进行抢救，最终将失去这部分档案保存和使用的价值，造成无法挽回的损失。利用缩微技术将濒临毁灭的档案原件制成缩微品，以缩微品代替档案原件提供利用，把档案原件妥善地保存起来，便可以有效地延长档案原件的保存时间。对那些需要长期或永久保存的重要档案，可缩微后再拷贝数份分地保存，这样可使档案原件避免战争破坏和自然灾害的侵袭，不至于在出现天灾人祸的情况下遭到毁灭性的破坏。

（3）便于档案原件和档案信息的收集。采用缩微技术，对图书、档案部门丰富馆藏、征集珍贵的历史档案有很大的帮助。例如，从英国收集回有关敦煌写经的35 mm卷式缩微胶片100多盘。这样的例子很多，通过缩微技术将分散在国内各地或国外的档案文献拍摄成缩微品，方便档案信息的收集和交流。

（4）便于提供利用和管理。保护档案的目的是为了更好地利用。随着档案开放政策的实施，档案信息的利用会越来越多，我们既要保护好档案原件，又要及时准确地提供档案信息为社会服务。不少档案原件是孤本，不可能同时满足众多人的需求。因此，利用效率会受到限制。如果把档案原件拍摄成缩微品，并根据需求拷贝多份，就可同时满足众多人的需求。充分发挥档案文献的作用。将档案原件拍摄成规格统一的缩微品，既便于保管，又实现了标准化、规范化。规范化管理便于实现自动化检索。出版物以缩微品的形式出版发行，也是加速信息传播和利用的好途径。

（二）缩微品的形式和制作过程

缩微品是指含有缩微影像的各种信息载体。

1.缩微品的形式

根据使用形式的不同，缩微品可分为卷式缩微品和片式缩微品两大类。

（1）卷式缩微品。卷式缩微品是卷绕在片盘或片盒内进行管理和使用的缩微品。卷式缩微品是缩微品出现最早、应用最广的一种形式。以保存为主要目的的缩微品，大部分都采用卷式片。此外，有些片式缩微品，如开窗缩微卡片、封套片、条片等大都是由卷式缩微品转换而成的。卷式缩微品按胶片的宽度和装片方式的不同有不同的类型。

按胶片宽度分类。卷式缩微品按胶片宽度可分为 16 mm，35 mm,70 mm和 105 mm 四种。16 mm 卷式缩微品主要用于拍摄 A3 或 A3 以下幅面的档案原件。如果利用缩微品的半幅记录一页 A4 幅面的原件，那么一盘缩微品就能记录2 400 ～ 2 600 页缩微影像。35 mm 卷式缩微品一盘缩微胶片的标准长度为 30.5 m。35 mm 卷式缩微品上的一盘缩微品至少记录 560 张原件的缩微影像。35mm 卷式缩微品主要记录的是技术图样、地图和报纸等大幅面的原件以及对影像质量要求较高的各种珍贵的历史文献。70 mm 卷式缩微品主要用于拍摄大幅面、质量要求较高的技术图纸等。随着摄影机和感光材料性能的不断提高，目前 70 mm 卷式缩微品多已被35 mm 卷式缩微品所代替。105 mm 卷式缩微品主要用于拍摄精度要求较高的技术图样、地形图等大幅面原件。该缩微品目前虽被 35 mm 卷式缩微品取代，但在卷式缩微平片拍摄机和康姆（COM）系统中还常使用 105 mm 卷式片，它拍摄后可制取105 mm×148 mm 缩微平片。

按装片方式分类。卷式缩微品按装片方式可分为片盘式缩微品、单轴盒式缩微品、双轴盒式缩微品和片夹式缩微品四种。在选用时要与摄影机配套。

（2）片式缩微品。片式缩微品是以单张胶片为单位进行管理和使用的散页式缩微品。由于使用的目的和要求不同，常用的片式缩微品可分为以下几种。

①条片。它是条形缩微胶片的简称，一般由 16 mm 或 35 mm 卷式片裁切制成，长度不得超过 228 mm。条片记录的原件都是一些内容不长、独立性较强的文献资料，如学术论文、专题报告等。由于条片不能适应当前信息量的增长和快速检索的需要，因而逐渐被封套片取代。

②封套片。它是封套缩微胶片的简称，是通过把条形缩微胶片摄影机拍摄的条片或由 16 mm、35 mm 卷式片裁切成的条片装入封套中制成的。封套片有各种尺寸，

其中 105 mm × 148 mm 是最通用的一种封套片。封套片有 16 mm 封套片、35 mm 封套片和 16 mm 与 35 mm 混装封套片。封套片主要用于经常需要增删或修改的档案文献，如病历档案、人事档案、教学档案等。

③开窗缩微卡片。它是将带有缩微影像的一个或几个画幅的胶片固定在开窗卡片窗口处而制成的缩微品。根据其尺寸可分为 82.55 mm × 187.32 mm 和 105 mm × 148 mm 开窗缩微卡片；根据其窗口安装的缩微胶片宽度，可分为 16 mm 开窗缩微卡片、35 mm 开窗缩微卡片和 16 mm 与 35 mm 混装开窗缩微卡片。开窗缩微卡片主要用于技术图纸、地图等档案文献的管理存储。

④缩微平片。它是由一个或多个画幅组成的矩形单页胶片。常用的缩微平片其画幅按网格形式排列。因此，缩微平片中的画幅也称格，上端有标题区，在标题区内有可供直接阅读的标题和其他检索内容。缩微平片多用于拍摄专题性或经常需要补充、修改的档案文献。由于缩微平片拷贝方便、成本低，所以特别适用于需要大量发行的文献拍摄。

2. 缩微品的制作过程

传统的缩微品制作主要由缩微摄影、冲洗、拷贝、阅读、检索、复印等几个环节组成。目前与计算机相结合，只是多了缩微机与计算机相连接的部分，处理过程大致相同。

（1）缩微摄影。缩微摄影是将胶片放入缩微摄影机内，对已编排、整理好的档案文献逐一进行摄像。缩微摄影要根据档案文献幅面大小、特性及要求等情况，选择缩微胶片、缩微摄影机以及缩小倍率。缩微摄影时，为便于检索，可进行编号或编制检索信号。

缩微摄影用的胶片是银盐感光胶片：一类是用于普通缩微摄影的负片，另一类是用于计算机输出缩微胶片的正片。缩微摄影胶片与普通摄影胶片的物质组成和成像原理相同，但其在性能上有些特殊要求，如在解像力、清晰度上要求高于普通胶片（解像力是表示胶片对影像细部的表现能力，以每毫米胶片上能分辨的最大线数对来表示，分辨的线数对越多，解像力越高。清晰度是表示影像轮廓的清楚程度。如果线条边缘黑白分明，则清晰度好；如果线条有灰色过渡部分，则清晰度不好）。

（2）缩微胶片的冲洗。缩微胶片经过缩微摄影后还必须经过冲洗加工才能形成可见的影像。冲洗缩微胶片一般用冲洗机。冲洗机里装有显影液、定影液、清水和烘干装置，当缩微胶片在暗室中由引导片装入冲洗机后，密封机盖，可以自动进行冲洗。胶片经过显影、定影、水洗和干燥后输出。

3. 缩微品的拷贝

利用缩微摄影机直接拍摄原件制成的缩微品称为"原底片"，又称第一代缩微品。在缩微技术中，原底片一般作为被摄原件的缩微品副本妥善保存，以利于原件信息的长期保存；再采用拷贝的方法制出原底片的复制件，以复制件提供利用。缩微品的拷贝实际上就是利用拷贝机将缩微品上的影像转印到另外的感光胶片上制成缩微品副本的过程。拷贝的目的主要是保存原底片和便于缩微品的出版和交流。

4. 缩微品的检索、阅读和复印

缩微品上记录的影像十分微小，无法直接用眼睛阅读，只有借助光学设备将缩微影像进行放大才能阅读。阅读器是一台光学放大镜，通过光学系统将缩微品上的影像放大，然后投射到显示器上供用户阅读。

缩微影像是被极度缩小了的影像信息，人的眼睛不能直接辨认，这给缩微品的查找带来了一定的困难。因此，在阅读前先要进行检索。缩微品的检索就是通过一定的技术方法从大量高密度存储的缩微影像信息中查找到某一特定信息。近年来，缩微技术与电子计算机技术、通信技术的结合使缩微品的检索更加准确、快捷，大大地提高了缩微品的检索率。

人们在检索、阅读过程中需要把所需的文件、资料放大后复印下来，所以目前缩微品阅读器带有复印功能，可以把所需的缩微品上的文件放大到满意的尺寸后再复印出来。这种带有复印功能的阅读器称为"阅读复印机"。

5. 缩微品的质量检查

缩微品的质量直接影响缩微品的使用效果和保存寿命。因此，加强对缩微品质量的检查和保管是一项十分重要的工作。缩微品的质量主要包括缩微品的外观质量、影像质量及保存性质。在缩微品的制作过程中，有许多影响缩微品质量的因素，其中缩微感光材料的照相特性和保存性能是影响缩微品质量的主要因素，而被摄原件的质量、拍摄、冲洗的设备及条件以及制作缩微品的操作水平等也是影响缩微品质量的重要因素。

为制取高质量的缩微品，应该以国际或国家已制定的一系列有关缩微摄影技术的标准为依据，建立严格的技术操作制度，实行周密的质量控制措施，加强缩微品的质量检查和管理工作。

缩微品质量的控制与检查主要是对缩微品密度、解像力、清晰度、硫代硫酸盐残留量以及缩微品外观质量的控制与检查。

（1）缩微品影像密度。影像密度包括背景密度和线条密度。在缩微摄影技术中，主要是通过控制影像背景密度的方法来获得影像最佳反差效果。

（2）综合解像力。在缩微摄影技术中，解像力是指缩微摄影系统（拍摄、冲洗）对被摄原件细部的极曝分辨。它是描述缩微品影像质量的重要参数之一。解像力的大小是通过实际拍摄而得出的，测定值不但表现了摄影镜头和感光胶片记录原件细部的能力，而且反映了冲洗条件、操作技能和其他因素对测量结果的影响，因而也称综合解像力。

（3）缩微影像的清晰度。它是依据肉眼对缩微影像的可读性进行判断的主观物理量。在缩微摄影技术中，通常用检测缩微品上拍摄的 ISO1 号测试图确定缩微品的清晰度。

（4）硫代硫酸盐残留量。冲洗过程中残留的硫代硫酸盐会对缩微胶片的长期保存带来严重影响，因而对于需要长期和永久保存的缩微胶片，必须通过测定控制其硫代硫酸盐的残留量，以保证胶片影像的稳定性。《缩微摄影技术冲洗后的缩微胶片中硫代硫酸盐残留量的测定亚甲蓝法》（GB/T 7519—1987）中规定：作为长期和永久保存缩微胶片的硫代硫酸盐的残留量不得超过 $0.7ug/cm^2$。

（5）缩微品的外观质量。缩微品的外观质量是指缩微品表面和影像缺陷的客观表现。对其外观质量的检查主要是利用目测的方法进行判断。缩微品的外观缺陷可分为影像缺陷和物理缺陷。影像缺陷的表现形式有影像的畸变、失真、模糊、重叠、密度不匀、条纹等；物理缺陷的表现形式为胶片出现划痕、水迹、指纹、斑点、各种污染等。上述各种外观缺陷都会不同程度地影响缩微品的使用和保存。为此，要通过缩微品外观质量的检查找出产生缺陷的原因、采取克服缺陷的方法，以提高缩微品质量，延长缩微品的使用寿命。

对于具有法律地位的缩微品，在质量上要求缩微品制作要有严格的制作程序和充足的证明材料，确保制作过程的合法性；在内容上要求缩微品必须真实、可靠、完整地表现原件的原貌；在技术上必须按照国际或国家标准要求执行。

（三）缩微品的保管

1. 保存设备

缩微品的保存设备以缩微品的包装方式分为开放式包装设备、密闭式包装设备和密封式包装设备三种类型。开放式包装设备是一种不密封、不防光，可以接触到周围空气，只作为防止机械损伤的保护性包装设备，主要器具有纸盒、填套、平片袋、开窗卡、卡片箱、胶片夹、胶片柜等。密闭式包装设备是一种利用具有防光作用，但不密封，与外界空气不隔绝的容器进行包装的设备。密封式包装设备是一种具有防光作用，并与外界空气隔绝的包装设备。对卷式缩微品和片式缩微品的包装要求可分别而论。

（1）卷式缩微品包装要求。缠绕在片轴上的胶片，其松紧度要适宜，不能使用橡胶条捆扎。保存时，胶片平面应与水平面垂直，即片轴与水平面垂直；片轴若需水平放置时，应将其支撑好，以免片轴下部的胶片受压。卷式缩微品定期卷绕，释放内部压力，防止粘连变形。

使用开放式和密闭式容器保存时，应将库房温湿度和洁净度控制在规定的范围内；使用密封式容器保存时，应选用不透气的材料包装，胶片盒可选用盒口为压紧式或螺纹式的，盒口处可缠绕几圈不透气的弹性胶带封闭。为提高防潮能力，还可将胶片盒放入金属箔袋中，再将袋口热封。

（2）片式缩微品包装要求。各种片式缩微品需放置在适当的容器或装具（如塑料套、胶片夹、卡片箱、柜、架等）内保存。保存时，胶片平面应与水平方向垂直。不要堆积存放，以免底部胶片受压。

对于需进行防湿或低温保存的胶片，可用绝热袋密封包装。无论是卷式缩微品还是片式缩微品，不同类型的缩微品都不能存放在同一容器内。永久保存的缩微品最好与其他缩微品分库保存。

2. 保管制度

在缩微复制品保管期间，除各项保管条件和技术条件都符合保管要求之外，还应建立一定的管理制度。

（1）缩微复制品出入库必须经过严格检查和相应的技术处理。凡是入库保管的缩微复制品必须符合各项质量标准，并办理入库手续。

（2）管理工作人员必须符合清洁制度的要求才能进入库房，凡接触缩微胶片都必须带棉或尼龙手套，操作时只接触胶片的边缘和空白区。

（3）缩微胶片利用完毕后，必须用15%的甲醇和85%的乙醇混合液轻拭一下，防止胶片因附着汗渍或其他污染物而引起发霉。

（4）对缩微复制品应建立定期检查制度，一般半年检查一次，保管条件较好的可每隔1～2年进行一次检查。对密封、永久保存的胶片，应采取20%抽样检查的方法，应对每次检查以及处理结果做记录，并妥善保管。

（5）管理工作人员应定期或不间断地检查库房中的环境条件，按照保管要求严格控制，使缩微胶片保管在良好的环境中。

三、静电复印技术

自1939年美国物理学家C.F.卡尔逊申请专利以来，静电复印技术迅速发展起来，除了被广泛应用于各种文件资料和工程图纸的复制外，在办公室事务中所占的比重也越来越大。静电复印技术是利用光敏半导体的光敏性特性，将纸质档案文件上的内容转印到另一张纸上的技术。

复印机技术发展快速，短短的几十年间，高新技术与静电复印机紧密结合，使复印机不断向多功能、智能化方向发展。比如，数字化静电复印机、彩色静电复印机和集工程图网络打印、数码式高速复印和扫描功能于一体的电子复合化静电复印机。电子复合化静电复印机不仅具有普通数字式复印机的功能，还可以将光盘存储的和网络传输的信息复印成纸张复印品。另外，它还可以对旧的纸样文件进行扫描归档，将文件输入计算机内。

（一）静电复印技术的特点和用途

1.特点

（1）适用范围广。静电复印机具有良好的成像和记录性能，因而对各种原件（文字、图表、照片等）均可复制，复印页面可放大、缩小。

（2）复印速度快。一般办公用的复印机几秒钟可复印一张，速度快的每分钟可达上百张，这是其他复印和记录系统无法比拟的。

（3）操作简单、使用方便。静电复印机办公自动化程度高，操作人员不需要特殊的专业培训。它对环境条件要求低，复印费用少，是理想的办公设备。

2.用途

（1）便于档案的提供利用。由于静电复印是模拟记录，所以对内容的呈现和阅读非常方便。文件或档案原件往往是独一无二的，不能外借，用户要利用信息的话，只要复印就可以快速地完整地获得原件内容，供以后仔细研究。这样不仅节省了用户获取信息的时间，还提高了档案部门的工作效率。

（2）抢救破损的档案原件。复印件的字迹材料成分是炭黑色素，所以其耐久性比较好，只要制作质量得以保证，静电复印件的寿命还是有保证的。当然，如果可以缩微复制，它就不是抢救原件的首选技术。

（3）便于档案文献的搜集和宣传。对分散在不同地方、国家的珍贵图书、档案进行复印搜集，丰富馆藏，也是为档案进一步开发利用提供素材。用复印件代替原件进行档案展览和宣传，既保护了档案原件，又达到了档案宣传和教育的目的。

（4）提高办公效率。提高办公事务中对信息的加工和采集的速度，把工作人员从繁重的手工劳动中解放出来，加快信息的处理和流通，提高办公自动化管理水平。

（二）静电复印机的原理及所使用材料的性能

1. 静电复印原理

静电复印是静电摄影方法之一。光敏半导体是静电复印中的关键材料。它具有的光敏特性和静电特性使其具备了记录性能。光敏特性是指光敏半导体受光照射后导电能力显著增加的特性；静电特性是指处于暗处时光敏半导体近乎绝缘体的特性。在复印机中将光敏半导体涂布于某种片基上作为感光体，若在暗室中对感光体表面进行充电，再用摄影的方法把文献中的文字和图像变为光像使其曝光，文献中无字迹（明区）部分光照很强，该部分表面的静电荷随即消失，而文献中有文字和图像部分（暗区）光照很弱，该部分表面的静电荷仍保留着，于是在该感光体表面便形成一个静电潜像。然后在感光体表面的静电潜像上施带有相反极性的特制复印磨粉，由于异性相吸引的原理，墨粉就被吸附在潜像上，此时的潜像便得到了"显影"；再经过纸张"转印"和"定影"（加热定影），便得到了同文献一样的复印品。

2. 感光体的结构及性能

静电复印技术可将满足复印的光敏半导体制作成不同的感光材料。这些感光材料可加工成不同的感光体，如常用的有氧化锌纸、硒鼓、硫化镉鼓等。

（1）感光体结构。感光体结构主要由底基和光敏层组成。底基有金属材料（如钢、铝）或非金属材料（如玻璃、塑料、纸等），常用的光敏半导体主要有硒、氧化锌、硫化镉以及有机感光体等。感光体包括感光板和感光鼓等。

（2）感光体的记录性能。感光体的性能直接影响着静电复印品的质量。以下的一些性能决定复印品的质量。

容许电位（接收电位）。在暗处对感光板（鼓）充电，使电荷沉积在感光板（鼓）表面，表面电位升高，当表面电位升高到极限电位时，此时的电位就称为容许电位。实际使用时应低于容许电位，但不可过高或过低。感光板（鼓）上只有充上高电位，复印品才能获得较高的反差，容许电位是获得高反差复印品的决定因素。

暗衰特性。感光板（鼓）在黑暗条件下，虽有很大电阻，但在高电位的电场作用下，仍有少数表面电荷通过感光层而消失，这种表面电位在黑暗中自然降低的现象称为暗衰特性。静电复印中要求感光板（鼓）暗衰越慢越好，只有这样才能保证感光板表面形成的电荷潜像有足够高的电位。

亮衰特性。感光板（鼓）表面充有电荷以后，用光线照射时，感光板（鼓）导通，表面电位迅速下降的过程，称之为亮衰。不同的感光板（鼓）在不同的光线照射下，其表面衰竭的速度不同；相同的感光板（鼓）在不同的光线照射下，其表面衰竭的速度也不同。这种亮衰竭的速度就是感光板（鼓）的感光速度，也称之为光敏度。

光谱特性（感色性）。不同的感光板 / 光导材料的光谱敏感范围不同。比如，纯净的氧化锌只感受紫外光，若掺入某些杂质或加入增感染料，其光谱相应范围就可以扩大到可见光谱区。又如，硒的光谱响应范围在 300nm ~ 600nm 之间，吸收波峰在蓝光区，对紫光、蓝光较敏感。

剩余电位特性。对充过电的感光板（鼓）表面进行曝光时，表面电位亮衰很快，当电位下降到一定值的时候，衰竭开始减慢，趋于平缓，甚至不再下降，这时在感光板（鼓）表面还有一定电位，这就是剩余电位。留有适当的剩余电位是有好处的，它可以将原稿中较浅的地方经过复印后真实地表现出来；但若剩余电位太高，就会降低复印品的反差。

光疲劳特性。感光板（鼓）在进行反复不断的充电曝光后会出现疲劳现象，表现为感光板（鼓）表面上的暗阻下降，剩余电位升高，此现象称之为感光板（鼓）的光疲劳。它分为暂时性光疲劳和永久性光疲劳。将感光板（鼓）放在暗处一段时间后能自动恢复的为暂时性光疲劳，不能恢复的则为永久性光疲劳。

抗热敏性。静电复印中的感光体，对于温湿度的适应性范围比较广，但随着环境温度的升高也会导致感光体表面性能的下降。

3. 显影材料和静电复印纸的性能

显影材料的功能是通过表面静电吸附将光导体表面上已形成的电荷潜像变成有色图像。根据不同的原理，显影方法可分为干法和湿法。干法是指用固态显影剂显影的方法，湿法是指用液态显影剂显影的方法。在干法显影中，又分成单组分与双组分显影。干法显影由于具有图像清晰、显影速度快和使用方便的优点，所以成为显影的主要方法。双组分显影剂由载体和色粉混合组成。载体是一种磁性材料；色粉由热塑性树脂、颜料和电荷制剂等组成，实际上是一种被染了色的热塑性树脂。色粉的使用和存放应避免高温潮湿，特别是受潮后在复印时会污染纸张甚至无法显影。磁性载体要求具有耐磨性，以保证其具有较长的使用寿命。单组分显影剂加入具有磁性的墨粉，有较好的耐久性。

复印纸有两种：一种是用于直接法复印的涂层纸，另一种是用于间接法复印的普通纸。办公室大多用的是后一种，前一种多用于印刷制版。复印纸定量要求在 60g ~ 80g 之间，白度高，纸张含水率在 5% ~ 7% 之间。湿度太大时，会降低绝缘性能，影响复印效果。因此，复印纸保管应注意防潮。

（三）静电复印品的制作过程

感光鼓（或感光板）是复印机的核心，整个复印过程都是围绕感光鼓进行的。感光鼓先开始充电，然后曝光。曝光是通过原稿扫描灯管照射原稿，经过一组光学透镜和反射镜的折射，将原稿上的图像映在感光鼓的表面，整个过程即为显影过程。

随着感光鼓的转动，开始进行显影。感光鼓表面吸附显影器中的墨粉。显影器上加有偏电压，目的是使感光鼓表面有一个电位差，这样才能使墨粉更容易被吸附到感光鼓上。然后通过转印电极的作用使感光鼓上的墨粉图像转移到纸上。

转印后的纸张马上经过分离电极等装置从感光鼓上分离下来，纸张继续沿着纸路前行，经过传送带转至定影器。经过定影，静电复印品制作完成。对复印机进行清扫，进行下一轮复印过程。

（四）静电复印品的使用与保存

1. 做好静电复印档案的保护工作

（1）建立健全档案复印工作规章制度，严格操作程序，明确工作人员的基本职责。公布复印档案须知，照章办事。配备专人从事档案复印，科学操作，严格管理，复印机复印 300 ~ 5000 张以后，应进行一次全面的清洁和养护，禁止使用有故障或老化淘汰的复印机。为了减少档案实体损坏、遗失及内容泄密的概率，应严禁将档案拿出馆（室）外复印。对复印室可能存在的安全隐患，要经常检查，重点抽查，发现问题立即整改，及时堵塞漏洞，防止档案在复印室被盗、被焚、被鼠咬、被污染以及其他危害档案安全事件的发生。

（2）配置必需的保护器材，采用相应的保护技术和措施，创造良好的档案复印工作环境。静电复印室宜邻近档案查阅用房，其面积按每台复印机使用 8 平方米计算，并设独立的强制排风装置。此外，防光、防尘、防火、防有害气体对档案的侵害也是必不可少的，严禁在潮湿、高温的环境下复印档案。

（3）档案复印前应根据需要进行适当的处理，该拆卷时就拆卷单张复印。整卷翻转使每页向下复印档案，既会导致档案的机械磨损，又会因卷册折缝而影响复印件质量。对破坏折叠的纸质档案应在修裱延整后再复印，对古老、重要和珍贵的档案，应以准备的复制件代替档案原件进行复印。

（4）尽量减少档案原件复印的次数，提倡无损复印，避免反复多次复印。静电复印由充电、曝光、转印、显影、定影等环节组成，这些环节程度不同地损害着复印的档案材料。复印机在工作过程当中，上千瓦的灯管辐射强光，曝光时会产生高温。

档案制成材料吸收光线中的紫外线和大量可见光及红外线后，温度升高，化学反应加快，各种有害化学杂质及有害微生物对档案的损害加快，逐渐使档案制成材料变干发硬发黄，失去柔性，字迹扩散模糊。严重的甚至脆裂粉化，最终导致无法正常使用。因此，档案原件要避免反复复印，特别是珍贵的档案一般应禁止复印；否则，档案会遭受巨大损害。

（5）加强档案在复印过程中的管理，防止档案遭受人为的损坏、藏匿、篡改、拆换、泄密。档案原件复印完毕后，如果是拆卷复印的，应重新装订，及时交接归还；对因故留存的档案复印件，应按保密规定妥善保管。

2. 做好静电复印档案的保管工作

为了延长静电复印件档案的保存时间、避免纸页粘连，在保管过程中应做到以下几点。

（1）对已装订成卷的复印件档案，要防止其与塑料类材质的直接接触；复印件尽量采用单面复印；如果已经是双面复印或确实需要双面复印的文件，在存档保管时可在中间衬上白纸以防止字迹与字迹之间因相互粘边而脱落。

（2）复印件要竖立起来排放，做到宽松自然，尽量避免外部压力；要控制好存放地点的温湿度，尤其避免在高温、高湿下存放，避免阳光直接照射。

（3）对复印件应登记具体的复印时间，并做好定期检查，发现有字迹脱落现象的可重新抢救复印，对于特别重要的复印件要做好备份工作。

（4）在档案馆采用复印技术抢救退变档案时，定影温度可适当高一些；但温度过高、定影压力过大，定影效果反而会不好，压力过大纸张会打绉，要掌握好这个度。定影辊和压力辊在使用一定程度后要定期更换，以保证复印定影的均匀性。复印件不宜太黑，避免显影粉太厚，影响定影强度。要确保复印粉是原厂生产的真品，最好到专卖店去购买，不要使用假冒伪劣产品，更不要为节省成本而使用用过的废粉。

第三节　档案的修复与抢救

一、档案修复的原则与准备工作

修复就是对损毁的档案进行修正、恢复，去除档案中对耐久性不利的因素，使档案恢复原来的面貌，提高档案制成材料耐久性，保证信息的长期可读性。修复有

"病"的档案，使其起死回生，是一项抢救性的保护措施，是档案保护技术中的一项极其重要的工作。

（一）档案修复的原则

修复工作是一项比较复杂而细致的技术工作。在整个修复过程中，要遵循以下几个原则。

1. 有利于档案制成材料的耐久性

档案是历史的真实记录，不但有参考作用，而且有凭证作用。有的档案需要长期保存，有的则要永久保存。根据档案的这一特点，要求在修复工作中采用的技术方法，不仅能在短时期内改善档案制成材料的状况，还要长期有利于制成材料的耐久性。因此，修复档案时使用的各种材料（如纸张、黏胶剂等）对档案不能有损害。

2. 保持档案原貌

档案的凭证作用要求修复工作不仅要保持内容的完整，而且不能损坏档案上的历史痕迹。只有尽量保持档案的原貌，才能不失其真实性。因此，在修复过程中不能丢掉片纸只字，不能任意涂改填写。对于数字档案，则要保证各种元数据的完整和信息的齐全。能否保持档案原貌，这是衡量修复质量的一条重要标准。

3. 使用的修复方法要经过试验

档案制成材料是复杂的，损坏的情况也各不相同。因此，修复方法和修复材料也应当有所差别。如果事先不进行试验，贸然行事，就会发生损坏档案的事故。因此，采用的修复方法事先要经过试验，确实有把握后再进行修复。

（二）修复前的准备工作

在对档案修复以前，应做好以下几项准备工作。

1. 接收登记

为使修复工作不紊乱、责任分明以及避免档案的丢失，档案从保管部门送往修复部门修复之前，应先进行接收登记工作，这也是一项交接手续。登记时主要记录以下内容：档案所属单位、档案名称、数量及页数、接收人的姓名、接收日期、档案损坏程度、技术处理要求。接收档案时，交接双方要当面点清，手续要完整清楚。

2. 拍摄待修复原件

（1）除尘。除去档案上的灰尘，是修复的一项基础工作。因为灰尘的成分很复杂，而且还附有各种菌类，如修复前不除尘，修复时灰尘会污染档案。除尘时可用羊毛软刷、排笔等工具。如果除尘的档案也要进行消毒，可用捏干后的蘸有 1% ~ 2% 甲醛（福尔马林）溶液的脱脂棉球擦拭档案，这样可以达到除尘与消毒的目的。

（2）拍摄。为了达到修复效果，必须将其与修复前原件对照，有必要将修复前状态用摄影方法记录下来。

3. 检查

修复前对档案进行检查，目的是为了了解制成材料所属类型及档案损坏的性质和程度，以便采用合适的修复材料和方法。检查时应进行详细记录。在检查纸质档案材料时，尤其要谨慎细致。

（1）检查字迹材料的水溶性。档案修复过程中经常使用水，因而要检查字迹材料的耐水性。检查方法：在档案上找一个不重要的标点符号或字，在其上面滴一滴水，然后用吸水纸或过滤纸把水吸干，如果在滤纸上有字迹的颜色，则表示该字迹材料溶于水中。

（2）检查纸张材料。确定档案纸张所属类型，即属手工纸还是机制纸或羊皮纸等，同时检查纸张的破损程度及装订情况。

（3）检查纸张的酸碱性（pH 值）。纸张的酸碱性，可用试纸、试剂及测酸笔和冷萃取等方法进行测定。

4. 制定修复方案

根据对档案的检查情况制定修复方案。方案的内容主要有修复时使用的材料、方法及修复程序。

5. 建立修复档案

从修复工作开始，应建立起修复档案。修复档案就是将修复全过程的原始信息记录下来，并进行完整、系统地归档。它可为今后再修复提供可靠的技术保证，为如何保护好修复件提供科学依据。这是一项着眼未来、有利于档案长期保护的重要工作。修复档案的内容包括：修复原则、修复方法、修复材料、修复件在修复前后的状态、修复中产生的数据及修复中出现的情况，等等。

二、受灾档案的修复与抢救

对人类造成的灾害有两类：一类是自然灾害，另一类是人为灾害。自然灾害是由于地球与天体在不断运动时，地球各个圈层发生时大时小的变异。当这种变异达到一定程度，便形成了洪涝、火灾、地震等各种自然灾害，造成人口伤亡与经济损失。这些灾害大部分是突发性的，是很难预料和避免的，它使人们猝不及防，并严重威胁档案的安全。人为灾害主要是由人们的失误或蓄意破坏造成的。一旦发生灾害，就会对档案造成无法估量的损失。

档案载体大多数是易燃物，火灾能使大量档案被焚毁。在洪涝灾害中，纸质档案遭水淹后，若不及时处理，极易滋生霉菌，纸张机械强度下降，有的发生粘连；底片如被水浸时间过长，乳剂层膨胀，与片基脱离，造成影像脱落。地震灾害则会使档案受到水淹、坍塌等不同程度的损害。因此，灾害发生后，应采取措施及时抢救，以减小损失。

在抢救档案的过程中，快速而及时地救出受灾档案十分重要。但是，档案人员也不能盲目地、无主次地一味抢救，应本着"优先抢救珍贵档案、着力抢救濒危档案、力求抢救全部档案"的原则开展抢救工作。

（一）水灾后档案的抢救

1.纸质档案的抢救

纸质档案一旦遭水淹后，一方面会沾上污泥，另一方面纸张吸水膨胀，易发生变形。更主要的是，此时纸内含有大量水分，如果得不到及时干燥，一般在48小时以内极易生长霉菌，尤其在高温条件下，霉菌生长更快。因此，在清除档案上的污泥后，只有创造一个持续低湿的环境进行干燥，迅速去除纸张中的水分，使其达到安全含水量，才能防止长霉。一旦不能全部干燥，应采取冷冻方法稳定其状态，以防情况进一步恶化。纸质档案的抢救主要有以下几种方法。

（1）清除污泥法。清除污泥以前，首先鉴别字迹材料的耐水性，然后根据情况，分别加以处理。

对字迹材料不耐水的档案，可用聚酯胶片轻轻刮除纸张上的污泥，然后将档案分成单页放置在阴凉处晾干；待其基本晾干时，定时将其沿装订处慢慢来回翻卷多次；当其全部晾干后，再用小刀轻轻刮去纸上污泥；最后用排笔沿着一个方向刷去浮土。

对字迹材料耐水性较好的档案，可将其浸泡在干净水中，用海绵轻轻擦去污泥；然后换以干净水，再清洗一次；最后放在流动水中清洗，取出后放在吸水纸上进行干燥。

（2）干燥法。干燥方法多种多样，主要有自然干燥法、去湿机减湿干燥法、真空冷冻干燥法、常压低温干燥法和远红外干燥法。要注意的是，无论采用哪种干燥方法，在干燥过程中都不能使档案制成材料受到损坏。因此，千万不能把水淹档案放在阳光下暴晒，因为阳光中的紫外线会加快纸张中纤维的水解和光降解速度，从而使纸张变脆。

2.底片档案的抢救

底片遭水淹后，底片上的明胶容易发生溶化、划伤、粘连等现象。因此，应及时进行降温、清洗、坚膜处理。处理步骤如下。

（1）把水淹底片放在干净的低温水中，温度控制在 18℃以下。然后用洁净、柔软的棉花轻轻擦洗底片上的污泥，或用手轻轻抚摸底片两面，以清除污泥。

（2）坚膜处理。由于长时间遭水浸泡，底片上的明胶已经充分膨胀，极易被划伤。为此，可用甲醛溶液进行坚膜处理。在坚膜处理中要防止底片互相碰撞，以防划伤乳剂膜。然后，在流动的清水中水洗 15 分钟。最后，将黑白底片过润湿液 1 分钟、彩色底片过稳定液 1 ~ 15 分钟，随后晾干。

（二）火灾后档案的抢救

有的纸质档案在火灾中虽经火焚，但尚未完全灰化，这类档案通称为"炭化档案"。此种档案由于纸张已经炭化、酥脆，强度极低，极易成碎片，所以需要被及时修复。

1.纸质档案的抢救

（1）加固炭化档案。炭化档案纸张的机械强度几乎丧失。因此，首先采用干托裱方法进行加固，使之具有一定的强度，便于存放。方法如下：将一张厚薄适中的单宣纸放在油纸或塑料薄膜上喷润展平，然后刷上稀淀粉糨糊；再将炭化档案背面轻轻放置在托纸上，并用排笔轻轻地一点一点上平，然后将它正面朝外贴在工作板上。

（2）翻拍显示字迹。炭化档案上的字迹难以辨认，可用照相机放在小型翻拍架上进行摄影复制。操作方法如下。

翻拍时为使光源照度均匀，可在翻拍架上安置 4 盏 100 W 或 150 W 功率一致的乳白色照明灯。灯距工作台面 0.4 m，并与翻拍档案成 90° 角垂直照射。

使用 135 型相机拍摄。拍摄时相机的镜头距工作台面约 0.6 m，同时使用高反差的 35 mm 的文献全色片。拍摄时可选用光圈 8、速度 1/2 秒。

（3）翻拍后，选用高反差显影液（如菲尼酮 - 对苯二酚显影液）、高反差正片（如 3 号放大纸）。采用这种层层加大反差的方法可将黑底不清晰字迹的炭化档案翻拍成清晰的复制件，随后在静电复印机或阅读复印机上放大，复印出与原件一致的复印件。

2.磁性载体档案的抢救

没经过大火直接焚毁的磁带，由于已经过高温烘烤，所以必须经过处理后才能使用。具体做法是将它们放置在室温环境下稳定几天，然后在磁带机上慢速运转，并转录到另一盘磁带上，再将两者同时保存。

（三）地震灾后档案的抢救

地震灾害易使当地档案事业遭受重创，不仅会使档案馆（库）坍塌或濒于坍塌，档案保管、保护的设备和设施损毁，而且地震灾区机关、团体的档案也会遭受到不同程度的毁坏，各种类型的档案都处于危险之中。受灾后的档案需要得到迅速而正确的抢救，目的是防止档案继续受损，最大限度地保护和抢救档案，把地震灾害造成的损失降到最低。

1. 地震灾后抢救档案的准备工作

地震对档案的危害是多方面的，不仅包括直接危害，还有次生危害。档案会受到机械性损害、水淹、火烧、泥石流等自然因素的侵害，以及因抢救等组织管理的延误而造成的霉变、粘连、酸化、字迹消退等破坏性影响。例如，胶片上的明胶遇水容易发生溶化、划伤、粘连等现象；磁性载体档案介质受潮后，发生断裂、磁粉脱落等现象；数据存储介质遇灾后，其物理结构损坏，如硬盘的磁头、PCB 板、固件等损坏，导致数据无法读取。面对这些复杂的情况，地震灾后科学的准备工作是非常重要的，应做好以下工作。

（1）加强领导和组织工作，组成受灾档案专门抢救小组，有条不紊地进行档案的抢救工作。

（2）准备好被抢救档案的放置场所，将受损档案尽快转移到安全地带，迅速改善受损档案的存放环境和条件。

（3）有条件的情况下安装和开启大功率抽水泵和大功率去湿机，以应对库房积水和档案去湿问题。

（4）准备塑料盆、软毛刷、小毛笔等各种去污、去泥沙的修复工具和宣纸、滤纸等材料，及时处理水淹等各种污染的档案。此外，便携式照明灯、防水布、标签笔、安全帽、口罩、胶皮鞋等也应在事先准备妥当。

2. 地震灾后档案上污泥的去除

由于地震导致建筑物倒塌裂缝，雨水顺着裂缝从外界侵入库房，所以各类型档案上往往带有泥沙、泥浆、污物等。首先将被水浸了的档案转移到安全地带，防止再次受损；再用软毛刷、软布蘸以洁净的清水将其清除。具体操作方法如下：

（1）对有泥沙处要小心清除，避免纸张起毛、起皱，避免声像档案介质、电子档案载体损坏。

（2）对染有明显污染物（如油污等）的档案，需单独处理并分开放置，避免污染相邻档案。

（3）清除过程中，小心搬动档案，避免二次损害。

（4）将去污处理后的档案展平放置于塑料筐（袋）内，待进一步减湿干燥处理；

如受淹档案量大，可采取冷冻保存，以抑制霉菌等微生物生长繁殖，然后分批减湿干燥。

（5）对于单页档案的去污可放在玻璃板上，用毛笔蘸清水小心清除；待完成后，借助于玻璃板将档案慢慢移动至平坦干燥处，以避免损伤纸张。

3.地震灾后档案上霉菌的预防

地震灾后，档案如果被水淹，纸质档案及声像档案、电子档案载体就会由于含水量过高而容易发霉。因此，灾后处理要严密监视档案的现状，及时采取措施，防患于未然。

检查霉菌的方法：配备放大镜（5倍），检查菌斑，如发现明显菌丝，要进行隔离，避免交叉感染。

处理方法：①可在档案处理场所周围喷洒浓度为2%～5%的"新洁而灭"，用于档案库房及装具的消毒灭菌处理；并严格按照使用说明书操作。②对已经发霉的纸质档案以及录音录像带、硬盘、光盘等材料，先尽快与其他档案隔离，以避免交叉感染；然后用医用脱脂棉球蘸取75%的酒精轻轻擦拭。

注意事项：①擦拭过程中脱脂棉球适当拧干，不要含过多液体。②使用过的酒精棉球要妥善处理。

第八章 档案减灾与突发事件处理

第一节 档案减灾策略与方案

一、档案减灾策略与方案

（一）档案减灾的目标、策略

1.档案减灾的国家策略

我国非常重视档案的减灾工作，在长期的减灾救灾实践中，建立了符合国情、具有档案特色的减灾工作机制。国家档案局在国家减灾大战略下，实施了档案灾害应急响应、灾害信息发布与共享、救灾应急物资储备、重大灾害抢险救灾联运协调等机制，建立健全了针对自然灾害、突发事件和日常安全管理的档案减灾工作体系。各地档案部门也建立了相应的减灾工作机制。

2.档案减灾的主要任务

档案减灾的主要任务是制定系统、规范的档案减灾政策、法规，以及适用的管理规章制度，制定科学有效的档案减灾预案，形成完善的档案容灾及风险防范体系，增强档案灾害监测预报、应急处置、灾后抢救修复的能力建设，做好档案减灾的科技支撑和宣传教育工作，建立健全国家、省、市、县四级的档案减灾一体化综合管理体制。

（二）档案减灾方案

1.建立备份机制

建立完善有效的备份机制，做好档案实体、档案信息的备份工作，是抵御灾害、针对突发事件破坏，确保档案安全的一项重要措施。

实施档案备份工作时，要遵循档案备份的基本原则，根据档案工作的实际情况，确定档案的容灾备份方案，分别采取异质化备份和异地备份方式。在进行电子数据备份时，注重选择备份方式和备份介质。

2. 完善建筑防灾设施

灾害预防控制工作需要从源头抓起。档案馆的防灾减灾工作首先考虑从馆（库）建设开始，遵循"预防为主，防治结合"的方针，从馆址场地调研、灾害威胁评估、灾害预防对策、建筑总体设计等方面，综合分析、统筹谋划，借助规划、设计、技术、管理等手段，全面提高档案馆建筑的综合防灾能力。

实施中，明确新建档案馆建筑在灾害评估与预防对策、馆址选择、建筑设计、防火设施、消防设施、防洪防涝、建筑施工等方面的防灾要求，对档案馆（库）的围护结构、库房门和窗户等进行有效的改造与加固。同时，结合应急预案的制定，做好减灾防灾的培训与演练，充分做好防灾抗灾的资金和物资的准备，提升档案馆（库）的防灾减灾能力。

3. 做好灾害预防和安全检查

档案行政管理部门要重视档案防灾减灾工作，加强组织管理和监督指导，实施档案减灾设备使用的技术指导，制定档案安全的工作机制，落实档案减灾措施。

档案馆（库）要做好档案工作各环节的安全保护，定期对文书立卷、接收移交、库房管理、提供利用等进行安全检查，杜绝一切引发档案事故及灾害的风险因素和事故隐患。重点检查库房和利用档案的场所和部位，维护馆（库）设备设施，不定期进行馆（库）全员的消防、减灾及应急防范演练。

4. 加强灾害应对工作

灾害来临时应当有序地开展档案减灾工作。发出灾情预警或档案馆值班员发现灾情后，应当立即报告本单位领导和上级有关部门，及时通报出事地点、灾难种类、伤亡人数、损害状况及其他异常情况等。应急指挥机构得到警报后，应当及时勘查现场，锁定灾害发生原因，判断是预警性自然灾害、突发性自然灾害、火灾事故还是其他灾情，同时发出报警信号，启动应急预案。

依据灾害情况和危害程度，做出是否采取对馆内人员和馆藏档案进行紧急疏散的决定，同时，根据档案受损情况和破坏状况，确定紧急处置的相关事项，为灾后档案的恢复抢救做好充分的条件准备。

5. 实施灾后恢复重建

灾后受损档案的恢复抢救，需要及时跟进。主要包括四方面工作：

（1）受损情况调查评估与重建规划。它主要是档案受损情况调查、档案馆舍受损情况的评估鉴定、抢险救灾报告以及恢复重建规划等。

（2）受损档案的抢救修复。它包括真空干燥、熏蒸消毒、除尘处理、去除污渍和修复加固等。

（3）档案信息管理系统及电子数据的灾难恢复。它主要有基础设施恢复、网络系统恢复、管理系统及电子数据的恢复等。

（4）受损档案馆舍的恢复重建。它的主要工作是受损馆舍的维修加固、严重受损馆舍的重建方式与重建要求的落实等。

二、档案减灾措施

灾害给馆藏档案造成的危害，具有突发性、毁灭性，后果十分严重。档案灾害主要表现为火灾和水灾。

（一）档案减灾工作

在采取档案减灾措施时，应当做好三方面工作：

1.应急处置的准备

加强档案灾情掌握，与国家防灾机构和有关部门建立紧密的联络，了解国家的政策和灾情信息，建立上下贯通、横向结合的信息保障渠道，制定和改进档案灾害应急方案，配备档案减灾设施设备，组织相关知识和技能培训，确保专业人员和减灾物资等准备工作的落实。

2.应急处置的组织

以快速反应为目标，集中力量，统筹安排，按档案灾害发生的状况，布置档案减灾工作，实施统一指挥，有序调动人员、设备和物资，开展档案减灾工作。

3.应急处置的步骤

对档案灾害区域进行险情排查和灾害档案的转移处理，适时进行重要档案的抢救作业；依照先人员、档案，再材料、设备的次序进行灾害期间紧急处理；最后进行现场清理，为后期的灾后抢救修复重建提供必要的信息支撑。

（二）火灾防范

档案馆内火灾大多是由老式建筑内陈旧的电灯线路短路及用火不慎引起的。

1.一般性防范

火灾一旦发生，若能及时扑灭于初起状态，可减少损失。因此，火灾预先探测和快速报警十分必要。火灾自动报警设备种类很多，常见的有感烟探测器、感温探测器、感辐射探测器等。感烟探测器对烟气敏感，一旦火灾发生，微量烟气也能被其捕捉，可通过电子设备或光敏元件变成电信号，使感烟探测器发出警报信号。感温探测器内的热敏元件对周围环境温度较敏感，火灾发生时，环境温度上升到一定程度时或环境温度上升速率超过特定值时，感温探测器就会发出报警信号。火灾发生时，除烟气、温升外，可燃物还会发出红外线和紫外线，感辐射探测器能把接收到的红外线、紫外线变成电信号，发出火警信号。档案存放处和利用处都应安装这类报警设备。报警设备应安装在大楼都能听到的地方。

2. 档案馆防火灭火措施

档案馆及库房应远离各类火源，建在工厂或居民区附近的档案馆（库），应在屋顶上铺一层防火毡，防止工厂或居民区燃烧的灰烬落到屋顶，造成火灾。

为了防止火灾，档案馆大楼内任何区域都禁止吸烟，在准许吸烟的规定区应有消防设备。库房内部是重点防止火灾发生区，库房应按规定配备火灾检测装置和灭火设备，馆内所有的火警和灭火系统都应定期检查，确保随时可用。档案馆全体工作人员都应清楚馆内的火警和灭火系统，懂得各种灭火系统及其操作方法。报警装置应设在明显的位置，用于档案灭火的灭火剂必须同时具有灭火效率高、不损坏档案载体及对人生命无威胁等特点。

档案柜架的排列应有利于防火，库房的地面和墙体应使用耐火材料，办公区、楼梯应用防火层隔离，以防一旦发生火灾，火势蔓延到其他库房。

档案馆应当与所在地的消防部门经常保持联系，接受他们的检查、指导。成立业余消防组织，并对其成员进行必要的技术训练，掌握灭火设备操作知识和灭火的实际经验，以应对火灾的突然袭击。

在接到火灾信号后，应立即灭火。灭火器应放在公共区域醒目的位置。灭火的设备主要有两大类：灭火器和自动灭火装置。灭火器是小型易于灭火的器具，通过手动操作，灭火剂能从灭火器内喷出，进行灭火。自动灭火装置一般没有操作装置，利用的是自动控制设备，该设备将传递的信号转变成机械操作，开启灭火设备阀门，喷出灭火剂灭火。自动灭火设备可以一边报警，一边灭火，若局部区域起火而在全房间内喷射灭火剂，不但浪费，而且对清理善后工作也不利。从现阶段看，只需在个别部位安装自动灭火设备，其他地方均可放置灭火器，灭火器不仅价格便宜，而且实用，可有目的地、准确地射向着火处。

（三）水灾防范

档案水灾一般包括两种类型，即自然水害和人为水害。档案馆内人为水害主要是由水管破裂、屋顶渗漏、蒸汽管漏气、空调坏裂、自动灭火系统故障及灭火用水等造成的。

水灾防范主要有两方面工作，一是分析引发灾害或灾祸的因素，二是制定相应的灾害防范方案。

1.综合分析水灾发生的因素和条件

水灾防范需要对灾害发生的诸多因素和条件进行综合分析，解读其中可能引发灾害的档案实体、所处环境状态、档案工作实践因素，以及使用和维护的设备设施状况等，在深入分析水灾发生要素的基础上；揭示水患灾难及水祸事故的原因和特点，有针对性地采取应对措施，消除灾害或事故苗头，防止档案水灾的发生。

档案水灾的发生有其不可预测性和突然性，但对档案破坏的产生应当有相应的征兆，特别是人为灾害有一定的成因，达到爆发阶段也有一定的时间过程。这种潜发过程对水灾防范非常重要，是我们进行灾害预案的条件和掌控灾害的基本前提。

2.制定自然水灾及人为水祸的防范方案

分析档案水灾风险与减灾防灾的可操作性，在制定针对自然水灾及人为水祸的防范方案时，应当根据档案载体、档案工作环境和水灾致害因素，进行深入的灾害演进过程分析，明确灾害发生前期的特殊现象和表现，结合现有的技术条件和设备设施状况，进行多因素、全面性的综合分析，特别是对致灾因素的表现进行适时的量化分析和归纳，通过某一特定因素的指标增减变化情况，及时发现处于潜伏期和隐蔽期的"档案水灾"，防止可能发生的水灾事故，确保档案安全稳定。

第二节　档案工作突发事件处置

一、档案工作突发事件

（一）档案工作突发事件内涵

根据 2007 年 11 月 1 日起施行的《中华人民共和国突发事件应对法》，突发事件是指突然发生，造成或者可能造成严重社会危害，需要采取应急处置措施予以应对的自然灾害、事故灾难、公共卫生事件和社会安全事件。

档案工作突发事件是指由人为或自然因素引起的突发性危及或可能危及档案安全和严重干扰档案工作秩序，需要采取应急处置措施以应对的事件。

档案工作突发事件是一种意外地突然发生的重大或敏感事件，主要是天灾人祸。常见的突发事件主要有：自然灾害、事故灾难、公共卫生事件、社会安全事件等四种类型。

档案工作突发事件的发生、发展一般速度很快，出乎意料；一旦发生往往难以应对，所以必须采取非常规方法处理。因此，制定相应的应急预案和预警机制显得十分重要。

（二）档案工作突发事件的危害程度和特点

档案工作突发事件根据其危害程度可分为特别重大、重大、较大和一般四个级别。

对于档案工作突发事件的预警级别可以参照国家标准实施，一般依据突发事件可能造成的危害程度、波及范围、影响力大小、人员及财产损失等情况，预警级别由高到低可划分为特别重大（Ⅰ级）、重大（Ⅱ级）、较大（Ⅲ级）、一般（Ⅳ级）四个级别，并依次采用红色、橙色、黄色、蓝色加以表示。

档案工作突发事件的特点主要有：

（1）引发突然性。档案工作突发事件是通过一定的契机诱发的，这种诱因具有偶然性和隐蔽性，事件发生的具体时间、实际规模、具体态势和影响深度是难以预测的。

（2）目的明确性。档案工作突发事件有明确的目的性。事件本身虽无目的性，但是在处理这类事件的过程中，目的性是十分明显的。

（3）瞬间聚众性。档案工作突发事件涉及一部分人的切身利益，会引起人们正常的关注和不安。事件多是由少数人操纵，通过宣传鼓动把一些群众卷到事件中来，出现一人纠合、数人响应的聚众性。

（4）行为的破坏性。档案工作突发事件不论什么性质和规模，都必然会不同程度地给馆藏档案和档案事业造成破坏与损失。

（5）状态的失衡性。档案工作突发事件破坏了档案工作秩序，偏离了档案事业的发展轨道，使良好的档案工作环境、正常的档案工作次序遭到破坏，处在混乱无序的失衡状态。

二、突发事件的应急处置预案

档案行政管理部门、档案馆（室）应建立严格的档案工作突发事件（以下简称突发事件）防范和应急处置责任制，制定相关工作预案，切实履行各自职责，保证突发事件应急处置工作有序进行。

突发事件应急预案的制定，应当遵循国家法律、档案行政法规的规定，以档案安全工作为基础，防范突发事件的发生。突发事件应急预案的内容主要有：

（1）编制和实施预案的有关危机情况和背景。

（2）应急处置工作的目标、要求和具体措施。

（3）应急机构的建立及人员组成，应急处置工作队伍的数量、分工、联络方式、职能及调用方案。

（4）有关协调机构、咨询机构及能够提供援助的机构、人员及其联系方式。

（5）抢救档案的顺序及具体位置，库房备用钥匙、重要检索工具的位置和管理人员。

（6）档案库房所在建筑供水、供电开关及档案库区、重点部位的位置等。

（7）向当地政府主管机关和上级档案行政管理部门报告的联系方式。

（8）预防突发事件、救灾应注意事项。

应急预案的相关内容还包括档案管理部门应当有专门机构或人员负责突发事件的日常监测工作，建立突发事件预警机制，及时收集有关政府机构、气象部门发出的预警信息。在监测过程中发现潜在隐患以及可能发生的突发事件，应及时启动有关预案，采取果断措施进行处置，防止危害和事故的发生。

制定应急预案后，档案馆（室）还应对相关人员进行知识教育培训，增强防范意识和提高应对能力，组织救灾演练；定期检查所属防灾、救灾设备设施。

三、突发事件应急处置方案的实施

（一）实施的方法与步骤

实施突发事件的应急处置方案，应当注重以人为本，减轻危害，采取统一领导、分级负责、社会动员、协调联动的方式，实行属地先期处置和专业处置的原则，力保工作效率迅速高效。

在方案实施过程中一般有以下重要步骤：

（1）接警与初步研判。

（2）先期处置。

（3）启动应急预案。

（4）现场指挥与协调。

（5）抢险救援。

（6）扩大应急。

（7）信息沟通。

（8）临时恢复。

（9）应急救援行动结束。

（10）调查评估。

（二）实施的过程管理

突发事件应急处置需要依据突发事件发生、发展的过程，分阶段实施有效的事件管理，一般可分成：事前预案制定、事中应对处置、事后灾后恢复三个部分。处置过程应当对整个突发事件进行及时的评估与反馈。

1. 事前预案制

事前的管理和准备工作是突发事件应急处置的前提，体现了"以防为主，防治结合"的方针。突发事件的预防是应急处置中的重点工作，也是应急处置过程中最为经济有效的方法和措施。做好突发事件的预测、预警工作，对事件信息及时发现，及时发布，是紧急应对突发事件的触发端，可使突发事件应急工作提前进入状态，掌握主动权。

事前的安全管理包括加强档案工作突发事件的常态化安全管理；事件处置方案与实施的教育、宣传、培训；监控事件发生源，排查事件潜伏因素，消除安全隐患；事件风险预测、评估、分析；组织实施事件预防性建设项目。

事前的准备工作包括：发布预测、预警信息；组织应急演习培训；部门之间达成共同防御事件与事故的计划、相互关联性；准备好应对突发事件的有关人员、装备、物资。

2. 事中应对处置

突发事件的"事中应对"是指突发事件预警信息发布并有效启动事件应对机制以后，到事件结束这一过程中对事件的应对处置。突发事件是由于一种或多种致灾因子造成环境短期变化并带有破坏性后果的特殊状态，往往持续时间短，破坏性强。如果在这一相对短暂的紧急时刻能够做出有效的决策并进行有效的应对，则必然会降低事件的破坏程度。对突发事件的响应速度是决定减灾效果的重要因素之一。

事件发生过程中的处置工作包括实施紧急处置和救援；协调应急组织和行动；向社会报道有关事件发生的情况以及采取的应对措施；指挥、控制信息的传递；募集社会救援力量。

3. 事后灾后恢复

事件紧急应对阶段结束以后，并不意味着突发事件应急处置任务宣告完成。应急处置只是进入了一个新的阶段——事件后的影响消除。如果突发事件应急处置的前两个阶段出现失误和疏漏，那么在这个事后恢复阶段，至少可以提供一个弥补部分损失和纠正应急处置流程中不足的机会。在事件结束以后，应该立刻进入评估恢复重建阶段。

事后的抢救修复工作包括启动恢复计划和措施；进行档案馆（库）建筑重建、恢复；修复受损档案；对事件应对过程进行评估分析，改善应对计划。

（三）突发事件的分析、评估与反馈

对事件应对过程中的评估与信息的反馈是一个机遇。要正确对待和看待事件，把握事件的契机，分析事件产生的原因、事件过程，并总结事件的经验和教训，在技术、管理、组织机构和运作程序上进行改进，完善突发事件应对工作，提升档案馆（库）事件应对处置的能力。

四、突发事件处置机制的完善

（一）健全社会预警体系

健全社会预警体系，加强应急管理工作。档案工作突发事件发生前的预防是突发事件管理的重点，预防是突发事件管理中最简便、成本最低的方法。档案行政管理部门应健全监测、预测工作，及时收集各种信息，并对这些信息进行分析、辨别，尽早觉察潜伏的危机，对危机的后果事先加以估计和准备，预先制订科学而周密的危机应变计划，建立一套规范、全面的危机管理预警体系，明确各政府部门的责任，对危机采取果断措施，为危机处理赢得主动，预防和减少自然灾害、事故灾难事件对档案造成的损失，保障档案安全。

档案馆建立危机管理机制，配套建设危机保障体系，制订档案危机的管理方案，制订实施计划，实行危机的决策指挥责任制；制订涉及组织、制度、方法、设备、信息平台和危害判定等的危机预警机制，及时监控、预测风险和掌控风险。

（二）加强协调

档案部门加强协调，对档案工作突发事件迅速做出反应。档案行政管理部门应该建立突发事件应急反应机制，进一步明确各部门的职责，将部门协调行动制度化，以保障各部门和领导能在第一时间对危机做出判断，迅速反应，政令畅通，各级档案部门协调配合，临事不乱。各地区档案部门要树立大局意识和责任意识，不仅要加强本地区本部门的应急管理，落实好自己责任范围内的专项预案，还要按照总体应急预案的要求，做好纵向和横向的协同配合工作。

按照科学性、实用性、可操作性和权威性要求，建立应急处置机制，及早发现、及时控制、有效化解突发事件的危害性。

（三）健全法制

加快档案应急管理的法制建设。档案工作突发事件的不确定性，在采取措施时没有相应的法律条款支撑，可能对应急管理形成障碍，使情势不能得到及时遏止。因此，要把档案应急管理纳入规范化、制度化、法制化轨道，使法律跟上档案工作突发事件的发展要求。还要高度重视运用科学技术提高应对档案突发公共事件的能力，加强档案应急管理科学研究，提高档案应急装备和技术水平，加强档案应急管理信息平台建设，形成档案公共安全和应急管理的科学技术支撑体系。

第三节　数字信息安全容灾

一、数字信息灾难

数字信息灾难主要包括人为事故、蓄意破坏、设备失效和自然灾害等类型。

（一）人为事故

任何单位都可能受到很多潜在事故的威胁。潜在的事故包括文件和记录级别的数据删除、数据损坏或者数据泄露。这些潜在的事故很隐蔽，跟其他威胁相比更加难以发现，在相当长的时间内不会引起注意，因此，给灾难恢复增加了很大的难度。

（二）蓄意破坏

网络漏洞的存在，使黑客能够通过网络非法入侵计算机系统，造成系统和数据的破坏和泄露。例如，利用网络攻击计算机系统，通过各种渠道获取秘密信息；通过电子邮件等泄露国家秘密情报；通过增加、删除、修改等方式破坏歪曲信息内容；制造、传播计算机病毒，让系统陷入瘫痪状态等。

（三）设备失效

设备失效主要指电力设备的失效。如果电力设备突然失效，那么业务控制和数据处理等诸多方面都会受到影响，数字信息存储载体的耐久性也会受到影响。磁盘的寿命不超过 10 年，光盘也不超过 30 年，其寿命易受温度、磁场、记录存储格式、硬件配置等多方面的影响。

（四）自然灾害

自然灾害主要有地震、暴雨、飓风、海啸、火山爆发等，自然灾害属于小概率事件，但自然灾害的发生对档案数字信息而言，破坏性很大。

二、信息灾难的容灾备份

目前针对信息灾难的数据备份，比较实用的主要有以下六种方式。

（一）本地备份异地保存

该方式指按一定的时间间隔将系统某一时刻的数据备份到磁带、磁盘、光盘等介质上，然后将其及时地传递到远距离的、安全的地方保存起来。

（二）远程磁带库、光盘库

该方式指通过网络将数据传送到远距离的磁带库或光盘库系统。本方式要求在生产系统与磁带库或光盘库系统之间建立通信线路。

（三）远程关键数据加定期备份

该方式指定期备份全部数据，实时向备份系统传送数据库日志或应用系统交易流水等关键数据。

（四）远程数据库复制

该方式指在备份系统上建立重要数据库的一个镜像拷贝，通过通信线路将数据库日志传送到备份系统，使备份系统的数据库与原有数据库的数据变化保持同步。

（五）网络数据镜像

该方式指对原有数据库数据和重要的数据与目标文件进行监控与跟踪，并将这些数据及目标文件的操作日志通过网络实时传送到备份系统，备份系统则根据操作日志对磁盘中的数据进行更新，以保证原有系统与备份系统数据同步。

（六）远程磁盘镜像

该方式指利用高速光纤通信线路和特殊的磁盘控制技术将磁盘镜像安放到远距离的地方，磁盘镜像的数据与磁盘数据以实时同步或实时异步方式保持一致。磁盘镜像可备份所有类型的数据。

三、数据恢复与信息容灾

（一）数据恢复的类型

数据恢复是把遭受破坏或误损伤导致丢失的数据恢复出来。这种数据恢复不仅可以对文件进行恢复，还可以恢复物理操作的磁盘数据，也可以恢复不同操作系统的数据。数据恢复的类型主要有：硬件恢复技术、软件恢复技术和数据库恢复技术等。

1. 硬件恢复技术

硬件恢复技术，主要是硬件的固件损坏的修复，如硬盘的电路、磁头、盘片等出现故障。可以采用 PC3000 和相关的修复技术进行恢复。

2. 软件恢复技术

对由于病毒的破坏和人为因素导致各种操作系统的损坏、文件误删除、误格式化、误分区、文件丢失等造成的文件破坏进行恢复。主要采用相应的软件进行数据的恢复。例如，WINHEX、FINALDATA、RSTUDIO 等数据恢复软件。

3. 服务器和数据库恢复技术

主要采用专门的软件对服务器和数据库进行恢复。例如，服务器 RAID1、RAID10、RA1D5 和 ORACLE 数据库等。服务器存储系统非常重要，硬盘作为服务器数据存储的主要设备，同时也是一种技术含量高、制造精密的设备。

（二）灾备系统工程

容灾是一项系统工程，在建立容灾系统之前，首先要进行全面的系统分析，实施系统风险分析、业务影响分析等，风险分析是检查那些可能造成数据损失或者系统瘫痪的外在和内在因素。灾备系统工程包括下面的内容。

1. 数字信息容灾计划

决策者在实施容灾系统工程时，必须制订详细的容灾计划。通过制订容灾计划，可以帮助用户根据自己的业务模式确定容灾系统的设计要求，根据系统分析决定容灾系统设计参数，根据业务系统的区域网络环境选择合适的容灾技术。容灾计划还应该包括制定灾难发生后的应急程序，建立启动容灾系统的管理机构和各方面的行动小组，以及一些非技术因素。

进行容灾系统设计时，必须根据业务系统的使用情况，综合考虑地理环境、网络条件、投资规模、业务系统长远发展规划等各种因素，制定合理的、可行的容灾系统设计指标。

2. 灾难恢复的步骤

灾害与风险的不可预测性，使要准确掌控即将发生的威胁与危害变得十分困难。但是通过实施以下步骤，可以有效提高业务持续性与容灾恢复（BCDR）计划的效率，增强自身的抗灾防护能力。主要步骤是：①认识威胁的存在。②列出并分类可能面临的威胁。③规划 BCDR 技术基础架构。④盘点 IT 资产。⑤设置服务等级预期。⑥制订 BCDR 恢复计划。⑦测试 BCDR 恢复计划。其中，BCDR 基础架构由一座主数据中心、一个用于自制资源的远程站点和一条高速网络连接组成。

3. 数据收集和关键需求分析

要确定关键性需求，每个部门都应该将本部门执行的功能文档化，经过一定的分析确认部门内部和外部的主要职能。部门的日操作记录可以对确定关键性需求起到辅助作用。除此之外，还需要对以下信息进行文档化，主要有备份地址列表、关键电话号码记录、通信目录、分发记录、文档目录、设备目录、表格目录、保险政策目录、主要的计算机硬件目录、主要客户列表、主要供应商列表、计算机硬件和软件列表、通知列表、办公用品供应列表、异地存储地址列表、软件和数据文件备份和调度、电话目录等资料和文档等。

关键性需求可以通过问卷的方式获得。问卷主要是将每个部门的关键性工作记录在案，并找出最小的必备资源，如人力、设备、供应商、文档等资源。

4. 风险分析

计划小组负责准备风险管理的流程和影响的分析。它们包括一定范围内的自然、技术或人为等灾害。每一个职能领域都应当针对几种假定的灾难设想，分析和判断相应的潜在结果和影响，在风险分析阶段还应评估关键文档和重要记录的安全性。

在多样的中断过程中，IT 系统更容易受到损害。作为风险管理的一部分，有些风险是可以通过技术、管理和损伤执行方案避免的，但不可能避免所有的风险。这种风险分析手段主要通过风险管理过程、风险信息分析和建立可靠的预防系统实现。

5. 灾难恢复

灾难恢复主要是从业务持续和规划灾难备份技术两方面进行。一是业务持续计划涵盖的阶段，主要有分析阶段、设计阶段、实施阶段等。二是规划灾难备份技术方案，主要有关键业务应用灾难备份方案（热备份）、以存储为中心的灾难备份方案（温备份）、中等程度应用灾难备份方案（冷备份）和数据磁带远程传送灾难备份方案（无应用备份）。

6. 维护与修改

灾难恢复计划应反映系统的需求、执行的流程和规则。因为随着应用需求、新技术的不断涌现，以及新的内部和外部规则的变化，IT 系统也会随之改变。因此，要确保灾难恢复计划的有效性，就必须定期地检查和修改计划。

一般来说，当每年或当计划涉及的内容有重大改变时，对灾备计划需要做出相应的检查，而对有些内容更需要做出频繁的检查，如人员的联系途径等。

7. 测试与培训

灾备计划的测试是灾备方案准备过程中的一个关键要素。测试可以暴露灾难恢复计划的不足之处，也可以帮助我们评估计划执行人员的快速响应能力和效率，必须对灾难恢复计划的每一个要素进行测试，保证其恢复过程的准确性。

测试过程是让灾难恢复计划的关键人员重复执行灾难恢复计划，这样做可以不断更新文档，并修补可能的遗漏，以保证即使主要人员休假，灾难恢复计划也可以执行。培训是对测试过程的补充，主要目的是明确灾难恢复计划中各成员的责任。

8. 具体实施程序

具体的实施程序主要有以下七个方面：①项目启动及项目组的选择；②数据收集和需求分析；③风险分析；④数据保护；⑤恢复计划；⑥培训与测试；⑦计划的维护与管理。

9. 灾备中心建设

灾难备份中心的建设应当注重其策略性、风险性、科学性、适宜性及便捷性要求。在建设规划方面，灾备中心和普通数据中心相比，有许多额外的要求，如灾难备份中心必须有严格的安全监察措施；对于通信线路、设备和服务商的选择，灾难备份中心应该有更高的级别；应具备应急中心媒体发布室、通信室、会议室、工作座席，并准备办公设备；对于非恢复用的生活设施，在灾难备份中心也是有要求的。

第九章　新形势下档案安全防控体系与对策研究

第一节　标准规范保障体系

数字档案的载体、信息技术的不稳定使其真实性、完整性、有效性和安全性面临严峻的挑战。为此，特别需要靠标准体系来规范管理者的行为，使档案信息的制作、加工、采集、保存、保护、鉴定、整理、传递等环节都处于受控状态。标准规范体系对档案信息化的意义十分深远。

标准是为了在一定范围内获得最佳秩序，经协商一致制定并由公认机构批准，共同使用和重复使用的一种规范性文件。标准化是指为在一定的范围内获得最佳秩序，对实际或潜在的问题制定共同的和重复使用的规则的活动，即制定、发布及实施标准的过程。

进入 21 世纪以来，我国相继出台了一系列有关档案信息化的国家标准、行业标准和地方标准，但从总体讲，配套性和系统性还不够，与信息化发展的要求相比显得比较滞后。进一步完善档案信息化标准规范体系是当前档案信息化面临的迫切任务。

一、标准规范制定的原则

我国档案信息化标准规范的制定，要符合中国国情，符合国家信息化工作的基本方针，同时兼顾与相关国际标准和发达国家档案信息化标准的衔接，并且遵循以下原则。

（一）适度超前原则

档案信息化标准是对档案信息化建设过程中出现的各种重复性事物和概念所做的统一规定，标准的对象在档案信息化建设中是随着时间的变化、技术的更新而不断变化的。因此，在档案信息化标准规范制定过程中，要考虑信息时代和网络环境的变化，要有前瞻性和预见性，能在一定程度上预测社会和技术的发展方向，并充分考虑相关标准的制定时机，坚持适度超前原则。标准的制定时机过于超前可能会使标准因缺乏实践基础而偏离主题，甚至给档案信息化工作造成误导；过于滞后则会造成大量既成事实的不统一，并需要耗费大量的人力、物力将其统一。制定档案信息化标准规范要在有初步经验的基础上，根据现实情况并结合未来档案信息化发展状况开展相关工作。

（二）开放性原则

当今社会是一个开放的社会，各行业的开放程度、行业之间的交叉融合程度越来越高。在进行档案信息化标准规范制定过程中，应自始至终坚持开放性原则。

1. 要采纳各种开放标准

开放标准是指那些知识产权明确属于公共领域、采用开放语言和标准格式描述、有可靠的公共登记和持续的维护机制、有可靠的开放转换和扩展机制、公开发布详细技术文件并可公共获取的标准规范。在档案信息化标准规范制定过程中，首先应考虑采用开放标准，这样既可以避免重复劳动，又可以保证较高的标准化水平。

2. 要采纳各种国际标准

国际标准是指由国际标准化组织所制定的标准，它是由世界各国的专家参与制定的，含有大量科技成果和成熟的管理经验，代表着当代科学技术和生产管理水平。档案信息化建设并不是我国独有的工作，世界各国的同行们都在进行这一项工作，其中不乏一些起步较早、水平较高的档案信息化建设案例。在我国档案信息化标准规范制定过程中，我们应认真学习先进的国际标准，并根据自身的实际情况进行定制、修改及扩展，这样既能保证标准水平的提高，又能加快我国档案信息化建设与国际接轨的速度。

3. 要参照相关专业的信息化标准

"他山之石，可以攻玉。"档案工作与图书馆工作、情报工作、博物馆工作等相关专业工作存在着一定的相似性。在进行档案信息化标准规范制定过程中，应当充分吸收相关专业在信息化标准规范制定方面的成功经验，尤其是图书馆在信息化标准规范制定方面较成功的经验。

4. 要考虑与相关标准的兼容性

在制定本单位、本行业标准规范时，要注意处理好和国际、国内信息界相关标准规范的兼容关系，还要注意和其他相关领域，如电子政务、数字图书馆之间的兼容关系，特别要处理好与国际、国家、行业、区域有关标准规范之间的兼容关系，以便在档案信息系统建设后能与其他相关系统顺利衔接，资源共享。

（三）动态管理原则

档案标准化过程并非一蹴而就，而需要在实践中不断补充、提高、扩展。动态性原则是指要根据档案信息化建设的实践发展，对标准不断进行修订、充实和完善。档案信息化建设是一个长期的过程，在这个过程中，标准规范的对象会随着时间的变化而不断发生变化。特定的标准是根据特定的时间、特定的环境、特定的对象制定的，虽然要求标准制定者在制定标准时要充分考虑到未来的变化，但是预测与变化往往会有偏差。因此，标准制定完毕后，要根据实施情况及规范对象的变化及时进行修订。一般来说，对于档案信息化方面的标准，实施后3~5年就要进行修订。对于不适应实际的标准，要及时废止；对于部分不适应实际的标准，要及时部分更新。标准规范的制定或修订既要针对档案信息化出现的新情况和新问题，又要尽量继承以前标准规范的条款，保持标准的稳定性，避免大起大落，以免使实践工作无所适从，陷于被动。

二、标准规范制定的主要内容

档案信息化标准规范制定可以从管理、业务、技术和评价等层面推行。

（一）管理性标准规范

管理性标准规范是对电子档案信息资源建设和档案信息化建设、运行维护工作进行管理的一套规则，包括计算机安全法规与标准、数字档案信息资源合法性的确认等，它需要国家档案行政管理部门统一制定并推广实施，以保证电子档案信息的统一规范和资源共享。

档案信息化管理性标准规范包括两个方面：一是对人的管理性标准，主要是指对与档案信息化建设相关的人员进行管理的标准，包括档案工作人员管理标准、软件设计人员管理标准、用户管理标准、用户角色控制标准、用户权限审批标准等，明确档案工作人员的职责和任务，以及用户的权利和义务，以保证档案信息化建设各项工作的正常开展；二是对物的管理性标准，主要是指对数字档案信息资源实体的全过程规范化管理，以及对信息化设备，如机房、硬件、软件存储载体的规范化管理，主要规范这些资源可以给谁用、如何使用和如何保管的问题。

（二）业务性标准规范

业务性标准规范是对档案信息化及电子档案业务处理进行的规定，用以解决业务操作行为不统一的问题，其范围包含与档案信息化相关的术语标准、资源的标识、描述电子档案的文件格式、元数据格式、对象数据格式等标准。

国家现已颁布的标准《CAD 电子文件光盘存储、归档与档案管理要求》《电子文件归档与管理规范》，是电子文件收集、归档、整理、保管与利用的统一规范;《电子公文归档管理暂行办法》《电子档案移交与接收办法》和《公务电子邮件归档与管理规则》是对电子公文、电子档案、公务电子邮件归档、管理及安全有效利用的规范。目前，国家档案局正在组织力量制定《档案数字资源加工规范》《电子文件档案著录规则》《电子文件档案保管期限表》《电子文件鉴定标准》等。这些标准的制定除了参照国家关于纸质档案的有关规定外，还参考国际档案理事会和其他国家或机构制定的相关标准，如国际档案理事会电子文件委员会制定的《电子文件管理指南》，美国国家档案与文件管理署（NARA）发布的《电子文件管理规范》《国家战略：制定与贯彻联邦政府电子文件的产生、传输、存储与长期保存的标准》，美国明尼苏达州档案馆制定的《政府电子文件鉴定指南》，澳大利亚政府颁布的《电子消息的管理政策与实施细则》《澳大利亚数字载体存取与保护的原则》《联邦政府网络文件管理准则》，新加坡国家档案馆制定的《政府电子文件的保管与处置》等。

（三）技术性标准规范

技术性标准规范是对档案信息化及电子档案管理有关技术应用进行的规定，主要用于解决技术应用不适当而导致的质量问题，其范围包括硬件基础设施建设技术标准、软件系统工作平台技术标准、数据存储压缩格式规范、数据长期保存格式规范、数据加密算法规范、网络数据传输规范、数字水印标准等。

国家现已颁布的技术性标准规范有《纸质档案数字化技术规范》《电子文件归档光盘技术要求和应用规范》《文书类电子文件元数据方案》《版式电子文件长期保存格式需求》《基于 XML 的电子文件封装规范》等。

目前，国家档案局正在自主制定或联合相关部门制定的技术性标准规范有《档案信息应用系统技术标准》《档案信息数据存储、压缩格式规范》《数据加密算法规范》《数字水印标准》《电子档案存储格式与载体规范》《照片档案数字化技术规范》《电子文件元数据标准》等。

（四）评价性标准规范

评价性标准规范是对档案信息化及电子档案管理的成果和效用进行评判的指标体系，包括档案信息系统（包括数字档案室、数字档案馆、电子文件归档管理等系统）的研制、档案信息资源的开发和利用、信息安全、信息技术应用的广度和深度、信息化人才开发、信息化的组织和控制、信息化的效益等评价的标准。其中，信息资源开发和利用应是测评指标体系中的重要部分，可细化为馆（室）藏档案数字化的数量、多媒体编研成果的种类和数量、数字信息的提供利用方式、数字档案的利用频率等。

三、标准规范的贯彻落实

标准一旦颁布生效就应当具有严肃性和权威性。为了更好地落实档案信息化标准规范，要做好以下工作：一是档案信息化标准规范的宣传教育。通过举办专题培训班，或将有关标准内容纳入档案专业培训课程，宣传有关标准规范贯彻的意义、目的、内容、要求。二是采取行政手段，加强对档案信息化标准规范的宣传贯彻力度，做好常态化督促、检查和指导工作。三是将档案信息化标准规范的执行情况纳入信息化项目的评审、鉴定、验收程序和要求中，贯标通不过，责令整改，整改通不过，项目不予通过验收。有了规范要做规矩。所谓"做规矩"，就是要对不贯标的档案信息化建设项目敢于否定，对貌似可行的违反规范项目及时制止。从建设项目立项评估、可行性研究等前端开始，就给予强有力的标准指导和贯标监管。四是档案信息化标准规范制定要与时俱进。档案行政管理部门要收集贯标工作的信息反馈，及时发现标准规范脱离实际的情况，以便在调研分析的基础上对有关标准规范进行修订。五是档案信息化标准规范的修订要倾听行内有关领导、专家、业务骨干、计算机专业人员的意见，充分参考图书、情报、文博、电子商务、电子政务等相关标准，以便使标准规范做到向上、向下和横向兼容，确保其开放性、先进性和适用性。

第二节　信息安全保障体系

档案是国家的宝贵财富，是不可再生的重要信息资源，又具有一定的保密性，因此，建立档案信息安全保障体系显得尤为重要。档案信息安全保障能力已经成为检验档案信息资源的保护能力、利用服务能力和档案事业软实力的重要指标。

档案信息安全是指构建动态的档案信息安全保障体系，确保档案信息的真实性、完整性、保密性、可用性、可控性。要保证档案信息的安全，就必须考虑到硬件、软件、数据、人员、物理环境、人文环境等多方面要素。档案信息系统的复杂性、开放性及面临威胁的多样性决定了其安全防护是一项整体性、综合性的系统工程。

档案信息安全保障体系由档案信息安全法律法规体系、安全管理体系和安全技术体系三部分组成。

一、安全法律法规体系

信息安全首先需要建立档案信息安全法律法规体系，做到有法可依。该法律法规分布于档案专业的内部和外部。内部有涉及安全问题的档案法律法规，外部有涵盖档案管理的信息安全法律法规。

（一）涉及安全问题的档案法律法规

《中华人民共和国档案法》是我国档案法律法规的基石，在该法及其实施办法的基础上，近年来我国档案界陆续制定出一些关于或涉及档案信息安全的规章、标准和规范性文件。例如，国家档案局 2002 年颁发的《全国档案信息化建设实施纲要》和国家标准《电子文件归档与管理规范》中均有针对档案信息安全的具体规定；2013年，组织制定了《档案信息系统安全等级保护定级工作指南》以落实国家信息安全等级保护制度。很多地方和单位也颁发了档案信息安全保管方面的规章制度，如上海市档案局颁发的《上海市档案条例》《上海市档案信息化建设实施意见》中均有关于确保档案安全的条款。江苏省档案局颁发的《江苏省档案信息化建设保密管理办法》、黑龙江省档案局颁发的《黑龙江省档案信息化建设保密管理办法》等都专门针对档案信息化安全体系建设。

（二）涵盖档案管理的信息安全法律法规

我国档案信息化建设尚处于发展初期，专门针对档案信息安全制定的法律法规较少，档案信息安全法律法规体系的主要内容仍由涵盖或涉及档案信息安全的信息安全法规构成。这些综合性的信息安全法律法规为档案信息安全提供了基本的法律规范，同时对制定和完善档案信息化的专门法律法规具有依据和参考价值。

我国自 20 世纪 90 年代初开始重视信息安全的法律法规建设。《中华人民共和国刑法》第二百八十五条规定："违反国家规定，侵入国家事务、国防建设、尖端科学技术领域的计算机信息系统的，处三年以下有期徒刑或者拘役。"第二百八十六条规定："违反国家规定，对计算机信息系统功能进行删除、修改、增加、干扰，造成计算机信息系统不能正常进行，后果严重的，处五年以下有期徒刑或者拘役；后果特别严重的，处五年以上有期徒刑。违反国家规定，对计算机信息系统中存储、处理或者传输的数据和应用程序进行删除、修改、增加的操作，后果严重的，依照前款的规定处罚。故意制作、传播计算机病毒等破坏性程序，影响计算机系统正常运行，后果严重的，依照第一款的规定处罚。"第二百八十七条规定："利用计算机实施金融诈骗、盗窃、贪污、挪用公款、窃取国家秘密或者其他犯罪的，依照本法有关规定定罪处罚。"2009 年通过的《中华人民共和国刑法修正案（七）》中对惩治网络"黑客"的违法犯罪行为增加了相关条款，其位于第二百八十五条之下："违反国家规定，侵入前款规定以外的计算机信息系统或者采用其他技术手段，获取该计算机信息系统中存储、处理或者传输的数据，或者对该计算机信息系统实施非法控制，情节严重的，处三年以下有期徒刑或者拘役，并处或者单处罚金；情节特别严重的，处三年以上七年以下有期徒刑，并处罚金。""提供专门用于侵入、非法控制计算机信息系统的程序、工具，或者明知他人实施侵入、非法控制计算机信息系统的违法犯罪行为而为其提供程序、工具，情节严重的，依照前款的规定处罚。"这些条文从惩戒计算机犯罪的角度来保障网络系统的安全。作为国家最重要的法律之一，刑法条款对计算机犯罪具有相当的威慑力。

在行政法规与规章方面，国务院、各级地方政府陆续制定了一系列信息安全规范。其中，由国务院直接颁发的、具有指导性质的行政法规是《中华人民共和国计算机信息系统安全保护条例》（1994 年 2 月）、《中华人民共和国计算机信息网络国际联网管理暂行规定》（1996 年 2 月）、《信息网络传播权保护条例》（2006 年 5 月）。工业和信息化部按照国务院要求进一步制定了《中华人民共和国计算机信息网络国际联网管理暂行规定实施办法》（1998 年 2 月）、《通信网络安全防护管理办法》（2009 年 12 月）等。

国家公安部从网络系统安全保护和安全监控出发制定了《公安部关于对与国际联网的计算机信息系统进行备案工作的通知》（1996 年 1 月）、《计算机信息系统安全专用产品分类原则》（1997 年 4 月）、《计算机信息系统安全专用产品检测和销售许可证管理办法》（1997 年 12 月）、《计算机信息网络国际联网安全保护管理办法》（1997 年 12 月）、《计算机病毒防治管理办法》（2000 年 3 月）、《互联网安全保护技术措施规定》（2005 年 12 月）等文件。2007 年，公安部与国家保密局、国家密码管理局、国务院信息化工作办公室共同制定了《信息安全等级保护管理办法》。国家保密局则从网上信息安全保密责任出发制定了《计算机信息系统保密管理暂行规定》（1998 年 2 月）、《计算机信息系统国际联网保密管理规定》（2000 年 1 月）。

归纳起来，国家和地方各级政府制定的有关信息安全的法规制度主要是从机房建设的安全保护规范、通信设备进网认证制度、国际接口专线制度、国际联网经营许可证制度和接入登记制度、联网备案制度、安全等级制度、安全产品销售许可证制度、保护信息安全规章、网络利用限制和安全责任制、计算机病毒防治制度、安全报告制度、安全违规犯法惩治制度等方面对信息安全进行规范。

国内许多行业还根据自身的实际情况制定了本行业的信息安全保护规章。例如，公安部和中国人民银行联合颁布了《金融机构计算机信息系统安全保护工作暂行规定》（1998年8月），以加强金融系统的信息安全保障；中国人民银行向银行金融业发布了《网上银行系统信息安全通用规范》等。军队系统则根据《中华人民共和国计算机信息系统安全保护条例》第二十九条，"军队的计算机信息系统安全保护工作，按照军队的有关法规执行"的要求，自1989年起先后发布了《军用通信设备及系统安全要求》《军队通用计算机系统使用安全要求》《军用计算机安全评估准则》《指挥自动化计算机网络安全要求》等规章，对军队信息系统的安全管理做出了严格的规范。

在上述安全法规的基础上，档案界加强了对档案信息安全的行政执法，认真查处档案信息安全隐患和档案违法案件。随着信息技术的不断发展，档案工作者应不断进行档案信息化安全管理的研究并掌握最新的安全技术，对档案信息化安全管理工作的效果进行及时的分析和评估，不断完善安全防范体系。在保障档案信息安全的过程中，逐渐健全档案信息安全管理制度，提高管理人员的安全意识以及管理水平，充分发挥档案工作人员、技术人员以及用户的积极作用，为推动我国档案信息化安全保障工作贡献力量。

二、安全管理体系

从管理层面上讲，要确保档案信息的安全，必须在风险分析的基础上确立档案信息安全的策略、方针和目标，成立相应的管理机构，确立合理的管理机制，制订安全管理计划，分解安全管理职责，执行安全管理制度和管理标准，建立并实施完善的档案信息安全体系。因此，风险识别与风险评估是档案信息安全管理的基础，风险控制则是档案信息安全管理的最终目的。

（一）档案信息安全系统管理模式

新的风险不断出现，档案信息系统的安全需求也会随之不断变化，因此，安全管理应是动态的、不断改进的、持续发展的过程。档案信息安全管理模型可选择PDCA模式，即计划（plan）、执行（do）、检查（check）和行动（action）的持续改进模式。采用PDCA管理模式，每一次的安全管理活动循环都是在已有的安全管理策略指导下进行，每次循环都会通过检查环节发现新的问题并采取行动予以改进，从而形成安全管理策略和活动的螺旋式提升。

信息安全管理PDCA持续改进模式把PDCA管理模式与安全要求、风险分析有机地结合在一起，考虑了信息安全中的非技术因素，同时加强了信息安全管理，具有广泛的适用性。

（二）档案信息安全系统管理的具体实施

在档案信息安全管理模式中，档案信息安全管理中心是整个系统的核心，每一个环节都要定期地与档案信息安全管理中心进行安全信息交流，当档案信息安全管理中心认为有必要对其安全目标进行修改时，要及时向上级领导汇报。

1.完善组织机构

有条件的档案部门可以成立档案信息安全管理中心，负责实施和监控整个档案信息安全管理活动。安全管理中的每一个环节都必须与安全管理中心进行信息交流。安全管理中心还应具备评价数字档案信息安全管理体系运作情况的功能，可以对安全方针、安全制度和安全措施的实施结果进行调查，并分析这些安全举措对档案信息安全的影响，然后提出相应的改进方案。数字档案信息安全管理中心由部门领导、信息管理专家、信息技术专家和技术雄厚、人员稳定的开发队伍和有关的工作人员组成。

2.进行风险评估

根据最新的研究数据，在全部的计算机安全事件中，约有 60% 是人为因素造成的，属于管理方面的失误比重高达 70% 以上，在这些安全问题中，95% 是可以通过科学的风险评估来避免的。

因此，档案部门必须清楚档案信息系统现有以及潜在的风险，充分评估风险可能带来的威胁和影响。这是档案信息化建设必须首先解决的问题，也是制定信息安全策略的基础与依据。进行风险评估，不只在于明确风险，更重要的是为数字档案信息安全管理提供基础和依据。

风险评估是一项费时、需要人力支持以及相关专业或业务知识支持的工作。风险评估应遵循以下原则：

（1）安全、风险和成本均衡分析原则。即用最小的成本达到适度安全的需求。

（2）整体性原则。运用系统工程的原理进行网络信息安全的整体解决方案设计，以达到完整性的要求。

（3）可用性和易操作性原则。信息安全系统对操作者应该是可用的，操作应该是简单易行的。

（4）适应性和灵活性原则。安全策略必须随着网络性能和安全需求的变化而变化，适应性强，易修改。

3.制定安全策略

制定档案信息的安全策略，要在完善配套、科学合理的有关数字档案信息安全的法制和标准体系下，通过有效的信息安全技术和安全管理遏制来自外部和内部的攻击，增强安全防护能力和隐患发现能力，确保数字档案信息资源内容和信息载体的安全，达到数字档案所需的安全级别。具体安全策略可分为内部建设安全策略和网间互联安全策略等，要逐步对其加以完善，最终形成功能强大的数字档案信息安全管理体系。

制定安全策略时不能脱离实际，过于理论化或限制性太强的安全策略可能导致工作人员的漠视。因此，在安全策略制定时必须遵循以下原则：越符合现状越容易推行，越简单越容易操作，改动越小越容易被接受。档案信息安全策略需要根据信息技术发展、自身的安全需求进行不断的修改和更新，以保证档案信息安全不受新的信息安全风险的影响。

4. 开展数字档案信息安全管理培训

开展数字档案信息安全培训是档案信息安全管理体系的重要环节之一，特别是各关键岗位的人员，对档案信息的安全起到重要作用。在实际工作中，大部分档案信息安全问题都是由人为因素造成的。人本身就是一个复杂的信息处理系统，还会受到自身生理因素和心理因素的影响，受到技术熟练程度、责任心和道德品质等多方面的影响，因此，对于档案部门工作人员的培训不应是"一次性"的活动，而是需要定期对人员进行安全策略及安全技术的"应知、应会"培训，尤其是安全策略更改或面临新的安全风险、部署新的安全解决方案之后，更要对其加强培训，以保证安全策略的有效实施。

5. 贯彻执行管理决策

管理决策的贯彻执行必须依靠人来完成，虽然档案信息安全保障体系的建设涉及档案部门方方面面的因素，但归根结底的因素是"人"。没有机构人员的认可、理解与支持，就没有实施数字档案信息安全管理保障体系的前提；没有档案部门的有力组织协调，则很难保证信息系统建设的顺利进行；没有相关实施人员的互相配合和出色工作，就无法使信息系统中各模块的信息无缝集成；没有具体业务人员及时准确地收集各种基础信息，就没有信息系统的输出；没有资深咨询顾问的正确指导，信息系统实施就难免多走弯路，甚至有可能失败。

6. 持续完善管理体系

首先，确定待评价系统的边界和范围，明确评价的目的，以系统整体为立足点，总体分析各方面的效益与成本及其与系统各构成部分的关系。其次，确定待评价系统的状态与所处的阶段，如可行性分析、总体设计、系统开发与运行等各阶段。再次，选择适当的评价方法，如结果观察法、类比法或对比法、专家评价法或评分法等，确定适当的评价指标。最后，收集有关数据、资料进行分析、计算，得出评价结果，并将评价结果书面化。根据评价结果进行不断完善，提高档案信息安全管理体系及具体实施过程的有效性和效率，以满足自身、用户和其他相关方日益增长和不断变化的需求与期望。

三、安全技术体系

目前，档案信息安全在技术方面主要采用信息加密技术、信息确认技术、访问控制技术、病毒防治技术、审计技术、防写技术等。

（一）信息加密技术

加密是保障信息安全最基本、最经济的技术措施，也是大多数信息防护措施的技术基础。加密的作用是防止敏感的或有密级限制的信息在传输过程中泄露。

文件加密所采取的加密算法形形色色。据不完全统计，目前已经公开发表的加密算法多达数百种。电子文件加密的基本过程：存储或传输前将原先借助相应的软件可以识读的数码序列（称为明文）通过数学变换（加密运算）变成无法识读的"乱码"（称为密文或密码）；利用时再通过数学变换（解密运算）将"乱码"还原成可以识读的数码序列。其中，加密运算和解密运算都是在一组密钥控制下进行的，密钥是控制加密算法和解密算法实现的关键数据。

密钥对非授权者是保密的，因此，可防止非法用户破解密钥而窃获文件内容。根据文件加密和解密时所使用的密钥是否相同，加密算法可以分为对称加密解密法和非对称加密解密法两种。

在对称加密解密法中，加密密钥和解密密钥是相同的，或者知道其中一个密码就可以很快推算出另外一个密码，因此，密钥必须绝对保密。问题是，在发送加密文件之前首先需要通过安全渠道将密钥分发到双方手中，在其传递中很容易造成密钥泄露。而且，如果某涉密文件分发的单位多，密钥的安全控制会有很大的难度。这种方法在对涉密文件进行静态管理时比较有效，如自己撰写的保密文件给自己使用，防止被人偷看。目前，Word、Excel 文件的加密就是采用对称加密解密法。然而，如果涉密文件需要传输，特别是在大范围传播时，就需要用非对称加密解密法。

在非对称（又称双钥）加密解密法中，加密方和解密方使用的密钥是不相同的，密件经办人需预先准备两把钥匙，一把公钥，一把私钥。当发送密文时，发送者使用收文者的公钥，将文件加密后发给收文者，收文者收到密文后，用自己的私钥解密文件。由于只有拥有该私钥的收文者才能解密这份文件，所以文件的传递过程是安全的。

（二）信息确认技术

对于纸质文件，以往用书面签署或签印的形式将责任者名或责任者特征（如指纹）固化到文件载体上，借助纸质文件载体与内容的不可分离性来证明文件内容的原始性和真实性，使文件具备法律效用。这种方法显然不适于不具有恒定载体的电子文件。对于虚拟流动的电子文件，信息确认技术起到了相当于签署纸质文件的作用。

信息确认技术是通过一定的技术手段防止文件的内容被非法伪造、篡改和假冒，同时用来确认文件的发出、接收过程及利用者身份和权限的合法性。完善的信息确认方案应能实现以下四个目标：第一，合法的文件接收者能够验证其收到的档案文件是否真实；第二，发文者无法抵赖自己发出了所发的文件；第三，合法发文者以外的人无法伪造文件；第四，发生争执时，具有仲裁的依据。实现上述目标需要综合采用多种技术手段。目前常用的有数字摘要技术、数字签名技术和数字水印技术。

1. 数字摘要技术

文件的发送者采用某种特定算法（摘要函数算法）对发文进行运算，获得相应的摘要（验证码）。摘要具有这样的性质：如果改变发送文件的内容，即便只是其中一个比特，获得的摘要将发生不可预测的改变。摘要将作为发送文件的一部分附加在文件后一起发出，接收者则利用双方事先约定好的摘要算法对收到的文件作同样运算，并比较运算所得的摘要与随文件发送来的摘要是否一致，以此鉴定收到的文件是否在发送过程中受到篡改。如果摘要函数（相当于前面的密钥）仅为收发文件的双方所知，通过上述报文认证即可达到信息确认的上述四个目标。这种方法的缺点是，因收发文双方使用相同的摘要函数，因而摘要函数本身的安全保密性是一个很大的问题，多次使用的摘要函数一旦被第三者窃获，报文认证便不再安全。

2. 数字签名技术

随着我国《中华人民共和国电子签名法》的生效，数字签名在法律与技术上走向成熟。数字签名是指数据电文中以电子形式所含、所附用于识别签名人身份并表明签名人认可其中内容的数据，而数据电文是指以电子、光学、磁或者类似手段生成、发送、接收或者储存的信息。

从技术上看，数字签名是非对称加密技术的一种，其基本原理类似于上述报文摘要技术。签名者使用签名软件对拟发送的数据电文（电子文件）进行散列函数运算，生成报文摘要，然后由签名软件使用签名者的私钥对摘要进行加密，加密后的报文摘要附着在电子文件之后，连同签名者从认证机构处获得的认证证书（用以证明其签名来源的合法性和可靠性）一同传送给文件接收者。文件接收者在收到上述信息后，先使用软件用同样的散列函数算法对传来的电子文件进行运算，生成报文摘要，同时使用签名者的公钥对传送而来的报文摘要进行解密，将解密后的报文摘要和接收者运算生成的报文摘要进行比较，如果两个摘要一样，就表明接收者成功核实了数字签名。在核实数字签名的同时，接收者的软件还要验证签名者认证证书的真伪，以确保证书是由可信赖的认证机构颁发的。经核实的数字签名向文件的接收者保证了两点：第一，文件内容未经改动；第二，信息的确来自签名者。

签名者所用的数字签名制作工具（公钥、私钥、散列函数、软件等）不是由签名者自行制作的，而是由合法成立的第三方电子认证服务机构在充分验证发文者真实身份后提供的。电子认证服务机构颁发的数字签名制作数据及认证证书相当于网上身份证，可帮助收文者、发文者识别对方身份和表明自身的身份，具有真实性和防抵赖功能。与物理身份证不同的是，认证证书还具有安全、保密、防篡改的特性，可对电子文件信息的传输提供有效的安全保护。

3. 数字水印技术

数字水印类似于传统印刷品上的水印，用以鉴别电子文档的真伪。数字水印技术是日本电气公司于1997年投入使用的技术，它是在传输的文本、图像、音频、视频等电子文件中附加一个几乎抹不掉的印记，无论文件做何种格式变换或处理，其中的水印不会变化。该印记在通常状态下隐匿不现，除非用特殊技术检测。

一旦这种水印遭到损坏，文件数据也会受到破坏。上述信息确认技术的实质是文件发送者将签署信息（加密运算方法）以不可分离的方式与文件内容（而不是纸质文件的载体）"编织"一体，使他人无法在不改变签署信息的前提下改变文件内容，而收文者则通过验证其信息内容中的签署信息来证实文件内容的原始性和发文者的原真性。

（三）访问控制技术

访问控制是信息系统安全防范和保护的主要策略，其任务是杜绝对系统内电子文件信息的非法利用和蓄意破坏。访问控制技术种类繁多，且相互交叉，目前主要有以下两类。

1. 防火墙

防火墙是设置在被保护文件系统和外部网络之间的一道屏障，以防止发生不可预测的、潜在的、破坏性的侵入。它可通过监测、限制跨越防火墙的数据流，尽可能地对外屏蔽系统内部的信息、结构和运行状况，实现内部网络的安全保护。防火墙可分为外部防火墙和内部防火墙。前者在内部网络和外部网络之间建立一个保护层，以防止"黑客"的侵袭，挡住外来非法信息，并防止敏感信息被泄露；后者将内部网络分隔成多个局域网，以此控制越权访问。防火墙可以是一个路由器、一台主机，也可以是路由器、主机和相关软件的集合。

电子文件系统在选择、使用防火墙时，应对防火墙所采用的技术、种类、安全性能及不足之处有充分认识。

（1）认真权衡防火墙的安全性能和通信效率，在文件安全和方便利用两者之间将安全放在第一位。

（2）对于中小型的文件管理系统，如果系统内外交换的信息量不是很大，信息重要程度属于一般，可以采用数据包过滤和代理服务型防火墙。而对于大型文件管理系统或信息安全要求较高的系统，可以考虑采用复合型防火墙。在系统安全和投资费用之间应进行权衡，不可不计代价地追求超出可能风险的安全性。

（3）对防火墙进行管理时，除了解防火墙的益处之外，还应了解防火墙自身的局限与不足。

（4）使用防火墙对外隔离时，不能忽视防火墙内部的管理，因为许多攻击来自内部。必要时可设置第二道防火墙，使内部网络服务器对内也被隔离（但这样会大大降低系统的效率）。

（5）为更好地保护文件管理系统，尽量考虑采用国内自主开发的防火墙产品。

（6）防火墙属于信息安全产品，国家规定实行强制认证，在文件管理系统中使用的防火墙必须是经国家认证的产品。

2. 身份验证

为防止未经授权的用户操作文件管理系统中的各类资源，系统通常在用户登录或实施某项操作之前，对其身份进行验证，并根据事先的设定来决定是否允许其执行该项操作。验证过程对用户而言就是要提供其本人是谁的证明。身份验证的方法很多，并且不断发展。但其验证对象有三个：所知信息（如口令）、所持实物（如智能卡）、所具特征（如指纹、视网膜血管图、语音等）。口令是最普通的手段，但可靠性不高，智能化的"口令"是系统向被验证者发问的一系列随机性问题，以其回答来验证身份。以指纹、视网膜血管图、声波纹进行识别的可靠性较高，但需要使用指纹机等特征采集设备，代价较大。智能卡技术将逐步成为身份验证技术的首选方案。智能卡形状如信用卡，由授权用户持有并由该用户赋予其一个口令或密码。该密码与内部网络服务器上注册的密码一致。为提高身份验证的可靠性，可将上述几种手段结合起来使用。

（四）病毒防治技术

即使采用防火墙、身份验证和加密技术，文件系统仍然可能遭到病毒的攻击。防治病毒包括两个方面：一是预防，在系统或载体未染毒之前采取有效措施，防止病毒感染；二是杀毒，在确认系统或载体已染毒后彻底将其清除。防毒是根本，杀毒则是补救措施。目前普遍使用的是以特征扫描为基础的杀毒软件。文件网络环境下的防毒、杀毒需要注意以下几点。

（1）从客户机和服务器两个方面采取杀毒防毒措施。电子文件管理系统有的采用客户机／服务器模式，客户机、服务器都可能遭受病毒侵害，因此，必须同时展开防毒杀毒工作。作为局域网入口的工作站，不但受病毒攻击的可能性更大，而且数量较多，管理分散，往往是最薄弱的环节，必须重点设防。对于功能简单的工作站尽可能设置成无盘工作站，并在所有工作站上都安装防病毒卡或芯片。服务器是整个网络的"中枢神经"，是网络信息资源的集中地，是防毒工作的重点。防止服务器被病毒感染的主要措施：尽量少设超级用户；将系统程序设置为只读属性，对其所在的目录不授予修改权和管理权等。

（2）由于病毒不断变异，杀毒软件也不断升级，网络管理员与档案管理人员应注意及时更新杀毒软件的版本类型，选用最先进、可靠的杀毒软件。

（3）加强对网上资源的访问控制，防止非法用户进入网络，充分利用网络操作系统和文件管理系统所具有的安全管理功能。

防毒杀毒是一项系统工程，必须从管理和技术两方面着手，采取综合措施建立起完善的病毒防治体系。

（五）审计技术

审计技术旨在记录电子文件运行处理的全部过程，抑制非法使用系统的行为。采用审计技术的电子文件管理系统将自动记录下系统运行的全部情况，形成系统日志。系统日志类似于飞机上的"黑匣子"，是系统运行的记录集，记录内容包括与数据、程序以及和系统资源相关的全部事件，如机器的使用时间、敏感操作、违纪操作等。审计记录为电子文件真实性的认证提供了最基本的证据，借助系统日志，管理员可以分析出系统运行的情况，追踪事件过程，排除系统故障，侦察恶意事件，维护系统安全，优化对系统资源的使用。系统日志包括哪些内容必须根据文件系统的安全目标和操作环境个别设计。

（六）防写技术

防写技术是保障电子文件内容不被修改所采取的安全技术，其目的是通过技术手段来固定处于静态的电子文件的内容信息。大多数文件管理系统具有将运行其中的文件属性设置为"只读"状态的功能。在只读状态下，文件内容只能读取，不能更改，除非由具有高级权限的用户来更改文件的"只读"属性。另一个简单的技术手段是将文件内容刻录到 CD-R 光盘、WORM 磁盘等一次性写入存储介质上，这些不可逆式（无法改写已写入的内容）的存储载体有效防止了对静态、电子文件内容的改动，保证了电子文件的真实性和完整性。

第三节　人才队伍保障体系

在档案信息化进程中，知识和掌握知识的人才是信息化保障体系建设的核心任务。信息技术的发展已经为档案信息化提供了优越的条件，然而技术的日新月异也对档案信息化人才提出了越来越高的要求。如何培养好、使用好各类人才已经成为档案信息化实力的主要标志。

一、人才队伍的素养要求

（一）创新思想观念

观念虽然无形，但是对提升档案信息化人才的决策能力和执行能力具有决定性的作用。为此，需要培育以下七种新思维。

（1）开拓思维。树立追求理想、崇尚科技、奋力改革、不断开放、不畏艰险、不甘落后、奋勇拼搏的开拓意识，破除守旧、畏难、不作为的落后意识。

（2）战略思维。战略是对事业发展全局性、长远性的谋划，战略眼光是大视野，战略目标是大手笔。为此，要将档案信息化和社会发展的大趋势，如改革开放、经济繁荣、知识管理、文化传播等，紧密联系起来，将社会需求作为档案信息化的目标，形成科学的"顶层设计"，自上而下、积极稳步地组织和推进档案信息化工作，改变过去各自为政、分头重复建设的粗放型发展格局。

（3）策略思维。策略是又快又好地实现战略目标的最佳路径。当前针对档案信息化的薄弱环节，应当实行"内合外联"的策略，即对内实行档案技术和信息资源的整合，以整合的实力提升外联的能力；对外实行与外部信息系统的外联，将优质档案信息资源接收进来，辐射出去，使档案信息系统成为社会信息的集散枢纽。

（4）人本思维。档案信息系统要真正做到"以用户为中心"，即以档案利用者和档案工作者的应用度、满意度作为信息系统建设的出发点和归属点。为此，信息系统要尽可能满足用户，特别是社会大众的需求，且做到操作简便，界面友好，富有人性。

（5）开放思维。网络是一个开放的平台，只有开放才能充分发挥网络化的优势。因此，档案信息系统要积极致力于与各种社会信息系统互连互通，无缝对接，在互连中获取更多的数字档案资源，在网络化服务中提升档案工作的社会影响力和认可度。

（6）忧患思维。电子档案的存储密集性、传播快捷性、技术依赖性和表现虚拟性使其失真、失全、失效、失密的风险日益增大，而且数字化带来的灾难往往具有一瞬间、毁灭性的特点。因此，进行档案信息化建设要居安思危，未雨绸缪。

（7）辩证思维。档案信息化会遇到许多矛盾的对立面和统一体，如资金的投入与产出、数据的存入与取出、配置的集中与分散、信息的共享与保密、文件的有纸与无纸、资源的增量与存量等，这需要我们用联系的方式和发展的眼光去认识，处理好对立统一的关系，避免非此即彼或顾此失彼的僵化思维方式。

（二）重构知识结构

按照档案信息化的需要，现代档案工作者的知识结构需要进行以下补充。

（1）信息鉴定知识。信息时代的档案信息在规模上是海量的，在门类上是多维的，在价值上是多元的。档案工作者只有具备电子档案信息内容价值和技术状况的鉴定知识，才能及时、准确地捕捉和收集具有档案价值的信息，并根据其重要程度划定保管期限。

（2）科学决策知识。档案信息化迫切需要科学规划。档案工作者只有具备开展调查研究、制定科学战略规划和规划实施方案的能力，才能把握大局，把握方向，登高望远，运筹帷幄，避免信息化走弯路，受损失。

（3）宏观管理知识。档案工作者应当具备组织、指挥档案信息化工作的业务能力和有关档案信息化法规、制度、标准、规范的专业知识，以及从档案业务和信息技术的结合上依法行政的执行力。

（4）需求分析知识。档案信息系统建设须以用户为中心，需求为导向。为此，档案工作者应能对档案信息的显在用户和潜在用户、当前用户需求和未来用户需求、本单位内部需求和社会大众需求进行全面的、前瞻的分析，并对档案信息系统的信息需求、功能需求和性能需求进行准确的描述和规范的表达。

（5）系统开发知识。为了实现档案业务和信息技术的完美结合，档案工作者必须全程、深度参与档案管理信息系统开发。为此，档案工作者需要学一点软件工程的理论和软件开发的技术，学会用信息技术的专业语言与信息技术人员进行沟通，准确表达档案工作者对信息系统建设的需求。

（6）系统评价知识。评价是系统维护和改进的前提。档案工作者要具备评价档案信息系统质量的能力，能从档案管理和计算机技术的专业角度，评价档案信息系统的间接效益和直接效益，评价系统管理指标、经济指标和性能指标，并能对系统存在的问题提出改进的意见和建议。

（三）提升信息操作技术水平

（1）信息输入技术。能够采用传统的键盘输入技术，先进的语音、文字、图像识别输入技术，数据导入、导出转储技术，数码摄影、摄像技术，快速、准确地输入文字、图像、声音、视频等信息。

（2）信息加工技术。能够采用信息检索工具，从指定的网页、服务器、脱机载体中采集档案信息；按照档案的形式和内容特征进行分类；按照档案的内在联系进行组件、组卷或组盘；采用自动或手工方式对档案进行著录和标引，以及对档案元数据进行采集、封装和管理。

（3）信息保护技术。熟悉或掌握数据库管理、数据组织、数据迁移、数据加密、数字签名、脱机存储、网络访问控制、数据容灾，以及维护电子档案真实性、完整性、有效性和安全性等技术。

（4）信息处理技术。熟悉或掌握文本编辑、图像处理、视频编辑、文件格式转换、数据下载或上传等技术，了解或掌握档案多媒体编研技术。

（5）信息查询技术。能够按照用户查档要求，正确选择检索项、关键词、主题词、分类号，并正确组织检索表达式，对在线或离线保存的文本、超文本全文信息进行检索，并对检索结果进行打印、下载、排序、转发等处理。

（6）信息传输技术。采用电子邮件、短信、微博、微信等手段接收和传播文本型、图像型、声音型、视频型等各类档案信息。

（四）优化队伍结构

档案信息化建设的人才队伍至少需要以下四种类型的专业人才，特别需要兼备两种以上特质的跨界复合型人才。

1.研究型人才

档案信息化需要科学的理论指导，没有理论指导的实践是盲目的实践，脱离实践的理论是空洞的理论。研究型人才是理论的探索者和实践的导向者，其主要责任：研究档案信息系统建设的理论；探索电子文件归档管理和电子档案科学保管、远程利用的方法；研究新技术、新方法在档案领域的应用；研究、开发先进、适用的档案信息管理软件；提出电子文件和数字档案管理的标准规范；主持或参与档案信息化科研工作；从理论和实践的结合上指导档案信息化工作的开展；培养档案信息化建设人才。目前，档案信息化研究者主要由档案信息化工作者和高校师生构成，他们有各自的优势，却又各自存在理论与实践方面的不足。最好是两方面研究者进行强强联合、优势互补，促进理论和实践的紧密结合和良性互动。

2. 管理型人才

档案信息化是复杂的系统工程，需要实行严格的目标管理和精细的过程控制。管理型人才的主要责任：掌握国内外档案信息化建设的现状、经验教训、发展趋势；制定切实可行的档案信息化战略规划和实施方案；制定相关的管理办法和标准；组织、指挥、督促、指导本地区及本单位的档案信息化工作；协调档案信息化建设和其他外部信息系统建设之间的关系；培养和使用档案信息化人才资源；有效筹集和合理使用信息化建设资金。目前，各机构的档案信息化管理职能多数由档案管理人员担任，他们具有传统档案管理的理论知识和实践经验，但往往缺乏信息化知识和技能，又由于公务繁忙，缺乏接受信息技术继续教育的机会，可能会造成档案信息化管理上的缺位或错位。由此，需要通过各种途径，提高现有档案行政干部的信息化素养。

3. 操作型人才

档案信息化涉及的环节多、操作性强，需要一大批既懂档案管理业务，又熟悉计算机操作技能的操作型人才。这类人才的主要责任是应用计算机网络技术，从事档案数据积累、归档、组卷（组件）、分类、编目、扫描、保管、鉴定、检索、数据备份等操作，他们的工作重复、枯燥，容易因疲劳、烦躁而出差错。他们的工作责任心和操作能力直接关系档案信息资源的安全、质量和价值。对他们的素质要求是具备强烈的信息安全意识、高度的工作责任心和熟练的操作技能。操作型人才的培养不能仅仅依靠短期的突击培训，而更需要在实践中锻炼成才。

4. 其他人才

（1）法律人才。档案信息化建设，特别是网站建设，可能涉及保密、隐私保护、知识产权、合同管理、网络安全等法律问题，需要具有相关法律知识的人才提供法律支持。

（2）外语人才。外资、中外合资企业的档案信息系统和档案信息资源往往涉及大量的外文，需要外语人才。

（3）数据库管理人才。数据库定义、运行维护、资源配置、权限设置、数据迁移等都需要数据库管理的专业知识，此项工作往往由本单位信息技术人员担任，如果数据库服务器设在档案部门，档案部门也需要配备这样的专业人才。

（4）多媒体编研人才。如果本单位需要进行大量多媒体档案编研工作，则需要配备必要的多媒体档案编研人才，以便从事对多媒体档案收集、整理和编辑的工作。

值得指出的是，以上人才结构的落实关键在档案部门的岗位设置上。由于各单位受人力资源编制的限制，从实际出发，以上人才岗位的设置既可以是专职，也可以是兼职，如果是兼职的话，不宜兼职过多，以免影响其专业能力的发挥。

二、人才队伍建设的策略

（一）预测与规划

人才的引进与培养不可能一蹴而就。特别是从档案队伍中培养信息化人才需要较长的时间。为此，各单位要按照本单位、本行业档案信息化长远规划和可行条件，分析人才总量、结构、分布与需求的差距，对人才需要进行前瞻性预测，对人才引进和培养方式进行决策、制订计划、纳入编制，然后有步骤地引进和培养人才。规划要综合考虑人才的知识结构、技能结构和类型结构。

（二）组织与管理

1.加强人才队伍建设工作

各机构要真正树立起科技是第一生产力和人才是"第一资源"的意识，把档案信息化人才队伍建设工作提上重要议事日程，定期讨论研究，解决在人才配备、培养、使用中遇到的难题。

2.加强人才资源的行政管理

人力资源管理人员要注重发现有潜质的人才，将他们安排到适当的岗位，为他们提供施展才华的舞台；要培养人才的创业精神和实践能力，对在信息化建设中做出贡献者给予必要的奖励；要提供必要的工作条件，保障经费，加强对信息化人员的继续教育和岗位培训，提高他们的综合素质、服务意识和档案信息安全意识；要重视对人才理论、人才成长规律和管理规律的研究，学习借鉴国外人才资源开发的经验。

3.加强督促检查，狠抓落实

定期对档案信息化人才队伍建设情况进行调查研究、督促检查。建立一套符合人才成长规律的工作制度，为建设素质优良、结构合理、队伍稳定、技术精湛、经验丰富并具有敬业精神的档案信息化人才队伍提供各种支持条件。

（三）培养与使用

1.人才培养途径

（1）对现有档案人员的教育与培训。加强档案业务人员培训是培养档案信息化建设所需人才的主要措施，是提高现有档案人员信息化能力和技能的主要途径。

在培训内容方面，《全国档案信息化建设实施纲要》提出："坚持各级档案部门领导干部进修制度，把档案信息化建设相关的计算机应用基础知识、数字化技术知识、网络技术知识、现代管理技术知识等列入指导性教学计划；加强对档案业务人员应用新技术、新设备、新方法的培训，普及信息技术知识，提高档案业务人员把握和运用现代化技术的技能。"

在培训方式方面，要把档案部门自主培训和社会辅助培训结合起来，发挥各方面的优势，增强培训效果。档案部门自主培训的方法包括建立人才培训中心，根据实际需求分期分批地进行轮训；有条件的单位可以设立研究机构，培养高级信息人才。借助社会协助培养，包括利用高校优势，加大档案信息专业培训力度；与国内外教育或信息、技术机构合作建立人才培训中心，选拔有培养前途的档案业务人员到高校深造。不管采取何种培训方式，首要的一点是要有科学的规划和必要的投入。有了规划，人才培训机制才能得以建立，培训工作才能坚持始终。投入则是培训工作的资金保证。没有投入，即便有再好的规划，培训工作也难以落实。同时，要把档案信息化建设的实践作为锻炼队伍、培训人才的过程，实现边学习、边实践、不断总结、不断提高档案业务人员信息化建设能力和实际操作技能的目标。

（2）引进人才。档案信息化建设需要的信息技术、信息管理专业人才很难在短时期内从档案工作者中培养。为了满足急用之需，需要从社会上引进IT人才。引进的人才一定要综合素质高，事业心、责任心强，信息技术能力强，团队协作意识强。为此，在引进人才时要严格审核，特别要考察其解决实际问题的能力，避免盲目引进。对引进的IT人才，要尽快使其掌握档案理论和业务知识。

（3）短期聘用人才。IT人才也分各种层次和专长，他们适用于档案信息化建设的各个阶段和岗位，如系统分析员适用于系统建设的前期阶段。该阶段结束后，就不需要系统分析员了。因此，档案信息化建设中涉及的一些高级技术人才和纯技术性工作人才的短缺问题可以用外包、合作或聘用的办法加以解决。档案信息化建设所需要的法律人才、外语人才、多媒体编研人才、数据库管理人才、系统维护人才的短缺问题也都可采取这种方式解决。

2. 人才培养方式

人才培养的方式应当是多层次的。高等院校是档案信息化专业人才的培养基地，具有较强的师资力量、较高的科研水平和完备的教学设施。目前，全国设档案学专业的高等院校有35所，设立档案学专业硕士点的高校有28所，每年培养档案学专业人才千余名。然而，这些院校现有的教学规模仍不能满足档案信息化人才发展的需要，而且单纯的学历教育难以满足档案信息化实践的需要。因此，必须通过继续教育、岗位培训、专题短训等方式，对具有档案专业背景和信息技术背景的人才，按照"缺什么，补什么"的原则，进行各种专业知识和技能的突击培训，完善人才的知识结构，以解档案部门复合型人才缺乏的燃眉之急。

3. 人才的使用

档案信息化建设要想吸引人才、留住人才、调动人才为档案事业奉献的自觉性和主动性，就需要制定相应的人才吸引政策；关注和解决档案信息化人才的切身利益；给人才安排适当的岗位，使其发挥专长；给人才提供继续教育和实现自身价值的机会，真正做到以"事业留人"、"感情留人"、"适当的待遇留人"，真正做到人尽其才，才尽其用。

第四节 信息技术保障体系

自改革开放以来，我国档案事业坚持信息化带动战略，取得了长足进步。实践证明，以信息技术应用为先导的科技创新永远是档案事业科学发展的不竭动力。当今时代正面临新一轮信息技术革命的浪潮，为了更好地抓住信息技术革命的先机，紧密跟踪、研究和自觉应用新一代信息技术，需要增强对新技术发展和应用趋势的认识。

一、新一轮信息技术发展的"四化"

当今时代，在社会需求的驱动下，信息技术的发展精彩纷呈，并呈加速度的态势，归纳起来有以下的"四化"。

（一）移动化

笔记本电脑、智能手机、移动电视、平板电脑以及各种电子阅读器的迅速普及，加上各种无线、宽带互联技术的迅猛发展，使包括多媒体在内的各种信息的处理、传播具有更强的移动性、便捷性、普及性。iPhone 曾代表移动计算技术发展的潮流，其便捷的拖曳触摸屏技术、无限在线和无尽存取的网络链接给用户以全新的体验，由此获得无数"果粉"的青睐。如今与 iPhone 类似的智能手机、平板电脑、电子书、MP4 如雨后春笋般地涌现，传统电脑、电视已经全面进入了移动化时代。

（二）融合化

融合化的标志是移动通信、有线电视和互联网三网融合，手机、电视机和计算机三机合一。主流网络和先进终端设备的融合，加上移动 3G、4G 和 Wi-Fi 无线宽带技术的普及，以及包括多媒体、高清、数码压缩、媒体播放器等影像技术的飞速发展，使人们可以利用碎片时间上网工作、学习、交友、娱乐，从而使网络使用更加人性化、私密化、娱乐化、交互化、移动化，也使各种大容量高清多媒体信息被移动地、流畅地浏览，跨越时空，进一步深入社会各领域，改变人类的生活方式。推而广之，目前新兴的信息技术，包括云计算、大数据、物联网等都是融合技术，"互联网＋"讲究的也是融合。档案信息化要密切关注和应用新兴信息技术的融合优势。

（三）虚拟化

虚拟技术是利用计算机模拟某种时空环境，使人们在虚拟环境中感受真实环境，从而省却了置身真实环境所需的资金投入或安全风险。例如，虚拟终端技术可将某应用软件推送到各台低配置的终端机上，终端机只需要浏览器，不用下载和安装软件，即可享用千姿百态的网络资源。目前，虚拟终端、虚拟服务器、虚拟存储、虚拟桌面等技术迅猛发展，随着云技术的普及应用，虚拟技术与商业运作模式结合起来，必将迅速拓展到社会生活的各个方面。在档案信息化中，虚拟档案馆、虚拟档案室的应用将使数字档案馆、数字档案室建设向更加专业化、规模化、集成化和高效化方向发展，使未来档案信息系统以更低的成本和风险、更高的质量和效率运作。

（四）依存化

未来信息技术的应用都不是异军突起、孤军作战，各种新技术必将更紧密地相互依存、集成，优势互补，浑然天成，如云技术就融合了网格技术、虚拟技术、分布技术、资源均衡技术等。同时，新技术的应用将更加依赖运行的环境体系，如云技术应用就需要依靠法制化、规范化的商业运作模式。由此，对各种信息技术的综合化、集成化应用，以及在新技术应用中各种保障措施的及时配套跟进，将考验档案行业驾驭信息技术的能力。

二、信息技术新发展对档案信息化的影响

信息技术是把"双刃剑"，只有正确认识和科学应用信息技术，才能趋利避害，给档案工作发展带来正能量。信息技术在档案信息化领域中的应用前景十分宽广，以下简单介绍和评述新一轮信息技术对档案工作发展的影响，希望引起档案工作者的密切关注。

（一）图像采集与识别技术

为了适应多媒体和全媒体技术的飞速发展，近年来计算机图像采集与识别技术日新月异。该技术对档案信息化的影响包括以下几点：

（1）图像采集技术。数码摄影、摄像、扫描等图像采集设备的功能日益强大，使用日益便捷，因此，催生了海量的、高质量的图像信息，这一方面使多媒体档案的收集、整理、保管、保护面临巨大的压力和难题，另一方面使档案资源增添了大量生动直观的优质信息资源，弥补了传统文字档案可视化不足的缺陷。

（2）识别技术。生物识别、图像识别、磁卡识别、电子标签（射频识别技术，简称 RFID）等识别技术的日益成熟和成本下降为档案信息化的应用创造了充分的条件，在辅助档案实体的档案进出库登记、借阅登记、归还登记、入库档案清点、档案库房安全管理等方面有广阔的应用前景。

（3）手机二维码技术。该技术已经广泛应用于社会各领域，也可用于档案用户身份识别、文件防伪和网站快速定位等，它显著提高了档案信息主动推送和档案网站快速访问的效率。

（4）光学字符识别（OCR）。该技术使图像信息迅速转换为文字信息，将目前大量扫描形成的图像档案文件转换为档案大数据，便于当代大数据技术的应用，为档案的内容管理和全文检索奠定了宝贵的基础。

（二）存储技术

随着数字信息存储技术的飞速发展，涌现出了存储区域网络、网络附属存储、云存储、固态硬盘、存储卡、磁盘阵列、磁带库、光盘、光盘塔、光盘库等新型存储技术和存储设备。该技术对档案信息化的影响主要有以下几点：

（1）海量化存储技术。存储海量化、载体密集化、存取快捷化，一方面有利于发扬大数据电子文件存储密集、传播方便的优势，有利于大容量多媒体电子档案的长期保存；另一方面增加了电子档案信息失窃、失真、失密的风险，使电子文件安全保管面临更大的挑战。

（2）集群存储技术。多台服务器"团队作业"的集群存储技术能显著提高档案信息系统的快捷性、稳定性和灵活性，有利于大数据档案的安全存储、高效处理和广泛共享。

（3）自动采集元数据技术。如今，计算机的各种移动终端都可以为我们的操作行为自动留痕。手机和相机的摄影、摄像都可以自动记录拍摄的日期、位置（GPS信号）、版权等元数据，有效地保护、管理和利用这些信息可以使电子文件元数据管理真正从理论探索走向实践，显著增强电子文件的真实性、完整性、有效性和还原历史的能力，由此确保电子文件的档案价值。

（4）固态硬盘技术。该技术的普及将使信息存储更加稳定、处理更快捷，也使移动终端更加轻便、省电。这将有利于档案数字化信息的长期保存和保护，同时将加速档案服务终端的移动化进程。

（三）检索技术

检索技术包括搜索引擎、网络机器人、智能检索、图像检索等。检索技术对档案信息化的影响包括以下几点：

（1）检索功能智能化，使计算机对自然语言（如关键词）的检索具有一定的语义推理能力，可显著提高查全率和查准率，将广泛应用于档案检索。

（2）检索条件图像化，将过去的通过文字检索转变为通过图像检索，如指纹、照片检索，从而显著提高影像档案的检索能力。

（3）检索服务简单化，使各种移动终端和搜索引擎的使用更加"傻瓜化"，从而使检索服务更加人性化，如检索后提供自动摘要、自动跟踪、自动漫游、机器翻译、动态链接等，网络机器人技术可以对特定的检索需求进行定制，自动挖掘互联网信息。

（4）检索领域多样化，可提供多语种、多媒体服务，还能提供政治、军事、金融、文化、历史、健康、旅游等各种专题的个性化服务，这些都能使档案检索系统的设计更好地面向用户，满足大众的各种档案需求。

（四）移动终端技术

移动终端技术包括 4G 通信技术、移动电视、平板电脑、电子阅读器技术等。该技术对档案信息化的影响包括以下几点：

（1）基于 4G 通信的移动技术使过去的移动脱机终端向移动互联网终端发展，可将任何公开的档案信息在任何时候提供给任何地点的档案用户，使档案利用彻底打破时空障碍。

（2）终端的移动性更强，智能化程度更高。智能手机、平板电脑、电子阅读器、超级本电脑等性价比迅速提升，使档案的远程移动检索成为可能。

（3）智能终端操作系统及应用技术迅猛发展，为档案信息采集、处理、编辑、利用、传播提供了丰富的功能，也为档案事业发展提供了有力的技术支持。

（4）人机交互技术日益更新，包括触屏技术、语音处理技术、体感动作识别技术等，它使移动终端的用户界面更加友好，吸引越来越多的档案用户，进一步扩大了档案工作的社会影响。

（五）融合技术

融合技术包括三网融合、三机合一和物联网技术。"三网融合"是指电信网、广播电视网、互联网三类网络的融合。"三机合一"是指电视机、电脑、手机三类终端之间的信息互连，功能优势互补。"三网融合"是"三机合一"的基础。物联网是物物相连的互联网，其核心和基础仍然是互联网，然而，可通过识别器、传感器、控制器等技术，使人与物、物与物之间相联。技术对档案信息化的影响主要有以下几点：

（1）使网络用户遍及社会生活的各个领域，档案信息系统只要搭上"三网融合"、"三机合一"的平台，就将显著提升其社会影响力。

（2）使多媒体信息的制作、编辑、传递、检索更加方便快捷，同时为多媒体信息的广泛传播及其开发、利用提供先进的平台。

（3）有利于减少基础建设投入，简化网络管理，降低维护成本，进一步提高网络资源共享利用水平。

（4）物联网将进一步提高档案自动化管理水平，在自动调阅档案卷、手机遥测并控制档案库房温湿度等方面有广阔应用前景。

（六）影像技术

影像技术包括数码相机、摄像机、多媒体、流媒体、3D展示、数码压缩、触摸屏等技术，该技术对档案信息化的影响主要有以下几点：

（1）影像清晰度的日益提高使多媒体档案的记录质量和利用价值进一步提升，为档案的编研和社会服务开辟了新的领域，同时使影像档案存储更加海量化，对档案的收集、整理和长期有效保存提出了新的挑战，并对档案存储密度和档案信息传输的带宽提出了更高的要求。

（2）流媒体、媒体播放器和数码压缩技术的日益发展将使多媒体档案的网络传播速度更快，编辑效率也更高，终端播放更加流畅。

（3）多媒体编辑工具的功能日益强大，并向移动终端延伸，为档案多媒体编研技术的普及创造了条件，也将促进档案多媒体编研工作的广泛开展。

（4）3D展示技术提供了档案虚拟展览手段，在档案信息的网络展览和社会化传播方面将有广阔的用武之地。

（七）安全技术

安全技术包括数字签名、数字印章、数字加密、防火墙技术、备份技术等，该技术对档案信息化的影响包括以下几点：

（1）由单一安全产品向安全管理平台转变。档案信息系统安全防护技术将借助先进的管理平台成为一个有机组合的整体，而不是仅依靠单一的安全防护产品，"头痛医头，脚痛医脚"。

（2）由静态、被动防护向动态、主动防护转变。档案信息系统可采用动态、主动的安全技术，如应急响应、攻击取证、攻击陷阱、攻击追踪定位、入侵容忍、自动备份、自动恢复等防御网络攻击。

（3）由基于特征向基于行为的安全防护转变。过去档案信息系统按特征拦截黑客攻击存在较大的漏洞，而基于行为的防护技术可做到疏而不漏。

（4）内部网安全技术得到发展。网络安全威胁不仅来自外部网络，有时内部网的安全威胁更大。因此，档案信息系统内部网络安全技术将越来越得到重视。

（5）信息安全管理由粗放型向量化型转变。对档案信息安全状况检测和评估的量化将改变过去凭经验、模糊化的粗放管理方式，使安全控制更加有效。

（6）基于软件安全的方法及相关产品将快速发展。软件是信息网络安全的"灵魂"，发展基础性档案信息安全软件有利于从根本上杜绝安全事故的发生。

鉴于以上发展趋势，今后档案信息的安全管理将趋向于合理地选择和配置先进适用的网络安全技术，制定安全管理策略，正确使用安全技术。

三、云计算技术在档案信息化中的应用

云计算是当前信息技术领域的热门话题之一，正受到社会各界的高度关注，并将使档案信息化面临一系列新的机遇和挑战。

（一）云计算的基本概念

云计算是一种基于互联网的计算方式。这种方式利用分布式计算和虚拟资源管理等技术，通过网络统一组织和灵活调用，将分散的信息资源集中起来形成共享的资源池，并以动态按需和可度量的方式，向使用各种形式终端的用户提供服务。在云计算环境中，应用软件直接安装到了"云端"的服务器中，而不是用户终端上，用户仅需要通过 Web 浏览器登录到"云端"的管理平台就可以使用软件并得到所需服务。"云"是对计算服务模式和技术实现的形象比喻。"云"由大量基础单元——云元组成，各个云元之间由网络相连，汇聚为庞大的资源池。

按照云计算服务提供的资源所在层次的不同，云计算可以分为 IaaS（基础设施即服务）、PaaS（平台即服务）和 SaaS（软件即服务）等。根据服务对象的不同，云计算则可以分为面向机构内部提供服务的私有云、面向公众使用的公共云以及两者

相结合的混合云等。

（二）云计算用于档案信息化建设的优势

采用云计算技术能够为档案信息化建设带来诸多益处。

（1）实现档案信息资源共享。通过云计算，档案部门可避免因档案管理系统软件的多头开发所造成的"信息资源孤岛"现象，可在不同地域档案部门之间共同构筑档案信息资源"共享池"，实现电子档案资源的高度集中统一管理和广泛共享。

（2）节省投资成本及运维费用。众多档案部门不再需要构建自成体系的软硬件平台，而以极低的成本投入获得极高的运算能力，大幅度降低运维费用、提高运维效率。

（3）提高信息系统的安全性。以往档案馆中的数据都集中在本馆的服务器上，一旦服务器出现故障，档案馆就无法为用户提供正常的服务，甚至导致数据的丢失。而采用云计算就会存在大量服务器，即使某台服务器出现故障，也可以在极短的时间内将故障服务器中的数据拷贝到其他服务器上，并启动新服务器，继续提供无间断服务。

（4）解决人才短缺问题。云计算的档案信息系统维护都由云端技术人员负责，与目前各档案部门配备专门的信息技术人员的做法相比，既专业又节约人力成本。

（三）云计算对档案信息化的保障

目前，档案信息化面临资源整合难、数据集中难、系统运维难、资金投入难、人才引进难等诸多难题。云计算技术的出现将为档案部门走出困境提供新的思路。

1. 档案信息化基础设施保障

由于经济水平的差异，不同地区对档案信息化建设的投入也存在较大差别。经费紧张的地区难以满足基础设施建设的需求，而经济发达地区的基础设施资源存在一些闲置的现象。为此，档案部门可以采用云计算的"基础设施即服务"方式，整合档案行业的服务器、存储器等设备，通过"云"平台，向各级档案部门提供基础设施服务，这样不仅可以避免设施建设重复投入的浪费，也可以减少技术力量较弱档案部门的系统运维开支。

当前，国家档案局正在开展"中国档案云"项目，联合中央档案馆、中国第一历史档案馆、中国第二历史档案馆在内的全国50家副省级以上地方、单位的档案馆，尝试构建包含国家级档案云、省级区域档案云和市（县）级区域档案云的档案行业IT基础设施，助推全国档案信息化事业的发展。

2. 档案信息化业务平台保障

档案管理应用系统的研发和运维需要档案部门投入大量资金和人力，但即使这样也尚且难以确保应用系统的质量。采用"平台即服务"模式，各级档案部门可以集中使用资金和优秀的人才，研制和推广通用的档案管理软件，这样既可避免软件重复研制的资金投入，又可通过通用软件的推广，改变过去因重复建设造成数据异构、平台异构、流程异构，档案信息资源难以互联共享的弊端。

3. 档案信息化高效利用保障

如何通过档案的社会化服务增强档案社会利用价值、提高社会的档案意识是新时期加强和改进档案工作的重要课题。

依托部署在"云端"的档案资源管理体系，公众可便捷地获得数字档案资源，并开展不同专题的档案编研，也可以将家庭档案和个人收藏制作成精美的网络展览推入"云端"供共享，还可以利用"云端"提供的"一站式"检索功能获得跨专业、跨地区的档案信息。

在国家档案局开展的"中国档案云"项目中，已建设了以云计算技术为依托，覆盖全国各级综合档案馆，为社会提供统一查询利用开放档案信息的专业化平台，该门户网站被命名为"中国记忆"。

（四）云计算应用于档案信息化遇到的障碍

云计算必将会大幅加快档案信息化建设的步伐。但目前云计算技术研究还处于初级阶段，存在诸多问题需要解决。其中，安全问题与标准问题是制约云计算与档案信息化相结合的主要因素。

1. 安全风险时有发生

档案是国家的宝贵财富和重要信息资源，具有一定的保密性，安全性要求相当高。自云计算服务出现以来，由于软件漏洞或缺陷、配置错误、基础设施故障、黑客攻击等原因造成信息服务中断的事件大量发生。在互联网数据中心的全球调查中，对云计算安全、性能、可靠性等抱有怀疑态度的用户占70%以上。在2013年工业和信息化部电信研究院的调研中，我国用户在选择云服务商的时候，首要考虑的问题则为稳定性、安全性和网络质量。

但是，与传统的信息化系统一样，从技术上看，云计算系统的安全漏洞是不可避免的，且由于网络服务化、数据集中化、平台共享化和参与角色多样化，云计算所面临的安全风险相对传统信息化系统更加复杂。但同时应看到，在绝大多数情况下，相对个人和中小企业用户而言，云服务提供商可以提供更加专业和完善的访问控制、攻击防范、数据备份和安全审计等安全功能，并通过统一的安全保障措施和策略对"云端"IT 系统进行安全升级和加固，从而提高这部分用户系统和数据的安全水平。

2. 相关制度尚未建立

云计算技术在火热的概念背后，仍有诸多模糊的定义。每一个云提供商都站在自己的利益角度解读这项技术，以求更大的经济效益。云计算服务所必需的标准规范、合同范本、采购管控、评估认证、后期管理等相关配套制度和管理机制的缺乏使云计算在档案领域的应用面临诸多困难。

然而，云计算毕竟是信息化发展的新趋势，档案信息化必须以积极的心态迎接档案云时代的到来。

四、大数据技术在档案信息化中的应用

（一）大数据概念探析

大数据的起源可以追溯到 2000 年前后，互联网网页以每日约 700 万个的速度呈现爆发式增长，在 2000 年年底，全球网页数达到 40 亿个之多，用户在互联网上检索准确信息也变得愈发困难。谷歌公司为提高用户使用互联网的效率，率先建立了覆盖数十亿网页的数据库，成了大数据应用的起点。而大数据技术的源头则是谷歌公司提出的一套以分布式为特征的全新技术体系。

大数据从出现至今，一直都是全社会关注的焦点，至今仍无公认的定义。对于大数据，可以从资源、技术、应用三个层次理解，大数据是具有体量大、结构多样、时效性强等特征的数据，处理大数据需采用新型计算架构和智能算法等新技术。大数据不但"大"，而且"新"，是新资源、新工具和新应用的综合体。

（二）大数据关键技术

从数据在信息系统中的生命周期来看，大数据从数据源经过分析挖掘到最终获得价值一般需要经过 5 个主要环节，包括数据准备、数据存储与管理、计算处理、数据分析和知识展现。对于数据准备环节和知识展现环节来说，大数据所带来的变化只体现在量上，而对于数据分析、计算和存储三个环节则有较大影响，需要重构技术架构和算法，而这也将成为当前和未来一段时间内大数据技术创新的焦点。

1. 数据准备环节

大数据数量庞大、格式多样，质量也良莠不齐，因此，在数据准备环节必须对其进行格式的规范化处理，为后续的存储与管理奠定基础。此外，要在尽可能保留原有语义的情况下去粗取精，消除数据噪声。

2.数据存储与管理环节

当前全球数据量也在不断增长，数据的海量化和快增长特征是大数据对存储技术提出的首要挑战。谷歌文件系统（GFS）和 Hadoop 分布式文件系统（HDFS）采用分布式架构，弥补了传统存储系统的不足，同时能够达到较高的并发访问能力。

大数据对存储技术提出的另一挑战则是多种数据格式的适应能力。格式多样化是大数据的主要特征之一，因此，大数据存储管理系统必须满足对各种非结构化数据进行高效管理的需求，非关系型数据库应运而生。例如，谷歌 Big Table 和 HBase 等都是典型的非关系型数据库，具有良好的包容性，能够应对非结构化数据多样化的特点。未来，大数据的存储管理技术将进一步把关系型数据库的操作便捷性特点和非关系型数据库的灵活性特点结合起来，研发出新的融合型存储管理技术。

3.计算处理环节

大数据的计算是数据密集型计算，对计算单元和存储单元间的数据吞吐率要求极高，对性价比和扩展性的要求也非常高，分布式并行计算技术弥补了传统并行计算系统在速度、可扩展性和成本上的不足，可适应大数据计算分析的新需求。

4.数据分析环节

数据分析环节是大数据价值挖掘的关键。目前，大数据分析主要有两条技术路线：其一是凭借先验知识人工建立数学模型分析数据；其二则是通过建立人工智能系统，使用大量样本数据进行训练，让机器代替人工，获得从数据中提取知识的能力。人工智能和机器学习能够更好地适应当前的大数据环境，具有良好的前景。

5.知识展现环节

在大数据服务于决策支持场景下，以直观的方式将分析结果呈现给用户，是大数据分析的重要环节。如何让分析结果易于理解是主要挑战。但是在嵌入多业务的闭环大数据应用中，一般是由机器根据算法直接应用分析结果而无须人工干预，这种场景下，知识展现环节则不是必需的。

（三）大数据对档案信息化的保障

1.档案数据高效存储保障

目前，馆藏数字档案量已经从 TB 级别跃升至 PB 级别，仅以"十一五"末我国馆藏档案总量的统计看，其已经达到近 4 亿卷，每卷平均约 3 cm 厚。与此同时，科技进步衍生出的数据呈现出了分布式和异构性特点，需要归档的数字资源繁多，包含结构化、非结构化和半结构化数据。非结构化数据，如文本、图片、各类表格、图像和音视频等，都不便于使用关系数据库二维逻辑表来表现。

　　传统关系型数据库已经无法满足对数量庞大、类型多样的档案资源的组织与管理需求，需要引入大数据管理系统对档案进行分布式存储、快速检索。大数据存储方法有很多种，如 Hadoop、NoSQL，它们都具有一些共同的特点，即利用硬件的优势，使用可扩展的、并行的处理技术，采用非关系模型存储处理非结构化和半结构化的数据，并对大数据运用高级分析和可视化技术。

　　2. 档案数据价值挖掘保障

　　在档案数字资源中，不同的档案数据中蕴含的价值存在差异，有可能导致用户获取价值信息的难度增大。如何从这些资源中提炼、挖掘出有价值的档案信息，并以人们易于接受的方式传递给用户是目前档案工作者必须解决的问题。

　　大数据时代带来新的技术，为档案工作者提供了解决问题的新方式。档案工作者可以采用大数据技术，在海量档案数据中发现关联，从不同角度对其进行聚类和分类，以多维度、多层次的方式展现档案数据，将非结构化数据转换为结构化、半结构化数据，从而使用户更准确、更容易获得档案信息。必要时，还可以通过可视化技术，形成图形图像，直观地展示最终结果。从海量数据中分析潜在的知识决定着大数据时代档案工作的发展水平及方向，这也意味着大数据时代档案工作的重心将向档案资源的数据分析、数据挖掘方向转移。

　　3. 档案数据高效利用保障

　　大数据时代下的档案工作服务讲求时效性和便捷性，基于大数据技术可为实现网络信息服务的智能化、个性化、精品化提供支持工具。依托互联网技术，全方位地实现档案信息智能检索服务、档案信息决策服务及档案信息跟踪与推送服务。利用这些技术手段，彻底颠覆传统档案分类在档案管理中存在的诸多弊端，将档案事业发展推向又一个全新的高度。

　　（四）大数据技术应用于档案信息化需注意的问题

　　1. 大数据技术实现问题

　　大数据技术相比传统技术更为复杂。不同于传统的档案管理技术，档案大数据管理系统通常是一个由很多节点组成的分布式系统，实现起来较为困难。档案管理工作者需要打破专业限制，寻求与专业的具有相应资质的大数据开发公司合作，只有将行业的需求和大数据技术结合起来，才能开发出适合档案行业特点的大数据平台。另外，我国纸质档案数字化形成的绝大多数都是文字图像，不便于大数据技术的处理，应当将文字图像通过 OCR 识别，生成文本文件，并尽可能提高识别的准确率，为档案大数据处理创造条件。

2. 信息安全问题

档案是不可再生的社会核心信息资源。但有时人为的操作失误、系统技术故障、计算机病毒、黑客攻击、间谍窃取等原因都会造成档案数据的破坏，给机构甚至国家带来巨大损失。因此，在实施大数据技术时，要重点加强信息安全保障体系建设，采取各种安全技术措施，保证档案数据的完整与安全。

3. 保密问题

大数据时代下，档案信息主要通过网络进行传输，容易被复制和扩散，导致档案信息资源在开发和利用过程中可能出现信息泄漏、隐私权侵犯、知识产权纠纷等隐患。对于国防、军事、科技等领域来说，档案涉密层次高，一旦泄密将直接危及国家安全。如何实现涉密档案信息资源的合理利用，既充分发挥涉密档案的价值，又保证涉密档案的安全，是大数据时代档案管理面临的重大挑战。

大数据时代的到来，相比其他信息技术更加契合档案信息化建设工作的需要，尤其是在当前的知识经济时代，将档案信息转化为知识资源会成为新时期档案工作的必然发展方向。

参考文献

[1] 陈晓晖，赵屹，郭晓云. 档案网站建设 [M]. 上海：上海世界图书出版公司，2013.

[2] 戴维·比尔曼. 电子证据：当代机构文件管理战略 [M]. 王健，等，译. 北京：中国人民大学出版社，2000.

[3] 丁海斌，赵淑梅. 电子文件管理基础 [M]. 北京：中国档案出版社，2007.

[4] 丁海斌. 档案学的哲学与历史学原论 [M]. 沈阳：辽宁大学出版社，2011.

[5] 董永昌，何嘉荪电子文件与电子档案管理 [M]. 上海：百家出版社，2001.

[6] 冯惠玲，等. 电子文件风险管理 [M]. 北京：中国人民大学出版社，2008.

[7] 冯惠玲，刘越南，等. 电子文件管理国家战略 [M]. 北京：中国人民大学出版社，2011.

[8] 冯惠玲. 政府信息资源管理 [M]. 北京：中国人民大学出版社，2006.

[9] 冯乐耘，李鸿健. 档案保护技术学 [M]. 北京：中国人民大学出版社，1991.

[10] 高明远，岳秀萍. 建筑设备工程 [M]. 北京：中国建筑工业出版社，2005.

[11] 工业和信息化部电信研究院. 大数据白皮书（2014 年）[R]. 北京：工业和信息化部电信研究院，2014.

[12] 工业和信息化部电信研究院. 云计算白皮书（2014 年）[R]. 北京：工业和信息化部电信研究院，2014.

[13] 郭莉珠. 档案保护技术学教程 [M]. 北京：中国人民大学出版社，2008.

[14] 国家档案局. 电子文件归档与电子档案管理概论 [M]. 北京：中国档案出版社，1999.

[15] 国务院信息化工作办公室. 中国信息化发展报告 [M]. 北京：中国电子工业出版社，2006.

[16] 侯希文. 现代电子文档管理 [M]. 西安：陕西人民出版社，2009.

[17] 冀和平，崔慧峰. 防火防爆技术 [M]. 北京：化学工业出版社，2004.

[18] 金波，丁华东. 电子文件管理学 [M]. 上海：上海大学出版社，2015.

[19] 金波. 档案保护技术学 [M]. 北京：高等教育出版社，2000.

[20] 金波 . 数字档案馆生态系统研究 [M]. 北京：学习出版社，2014.

[21] 刘家真 . 拯救数字信息 [M]. 北京：科学出版社，2004.

[22] 刘家真 . 文献保护学 [M]. 武汉：武汉大学出版社，1990.

[23] 刘家真 . 文献遗产保护 [M]. 北京：高等教育出版社，2005.

[24] 刘萌 . 信息化与电子文件管理 [M]. 重庆：西南大学出版社，2003.

[25] 罗茂斌 . 档案保护技术学 [M]. 昆明：云南科技出版社，2001.

[26] 马长林，宗培岭，等 . 档案馆信息化建设探论 [M]. 上海：上海社会科学院出版社，2006.

[27] 聂元铭，曾志，黄燕宏 . 计算机数据修复与维护 [M]. 北京：科学出版社，2006.

[28] 彭远明 . 档案保护技术 [M]. 北京：解放军出版社，2004.

[29] 曲志深 . 喷墨打印机原理与维修 [M]. 北京：清华大学出版社，1995.

[30] 唐跃进 . 光盘信息存储与保护 [M]. 北京：中国档案出版社，2005.

[31] 王芳 . 数字档案馆学 [M]. 北京：中国人民大学出版社，2010.

[32] 王阜有，景卫东 . 新编文献复制技术 [M]. 北京：中国档案出版社，2003.

[33] 维克托·迈尔·舍恩伯格，肯尼思·库克耶 . 大数据时代 [M]. 盛杨燕，周涛，译 . 浙江：浙江人民出版社，2012.

[34] 薛四新 . 档案馆信息化与档案管理变革 [M]. 北京：机械工业出版社，2008.

[35] 杨南方，彭尚银，贾丕业，等 . 房屋防渗漏 [M]. 北京：中国建筑工业出版社，2006.

[36] 张春霞 . 建筑节能和环保应用技术 [M]. 北京：中国电力出版社，2006.

[37] 张美芳，张松道 . 文献遗产保护技术管理理论与实践 [M]. 长春：吉林文史出版社，2009.

[38] 张美芳 . 信息记录与存储技术 [M]. 北京：中国人民大学出版社，2007.

[39] 张勇 . 智能建筑设备自动化原理与技术 [M]. 北京：中国电力出版社，2006.

[40] 张照余 . 档案信息化理论与实践 [M]. 北京：中国档案出版社，2007.

[41] 赵淑梅 . 档案学实训教程 [M]. 沈阳：辽宁大学出版社，2009.

[42] 周耀林 . 档案文献遗产保护理论与实践 [M]. 武汉：武汉大学出版社，2008.

[43] 周耀林 . 可移动文化遗产保护策略 [M]. 北京：北京图书馆出版社，2006.

[44] 朱小怡 . 数字档案馆建设理论与实践 [M]. 上海：华东师范大学出版社，2007.

[45] 黄霄羽 . 国外档案部门抗震防灾经验分析 [J]. 中国档案，2008（7）：25-26.

[46] 刘家真 . 从传统中走出：论文献保护发展的方向 [J]. 中国图书馆学报：双月刊，1999(2)：21-23.

[47] 刘英浩.从工具时代向数字化时代的过渡 [J].兰台世界，2005(1)：52-53.

[48] 卢颖.档案管理中数码照片保存的原则和方法 [J].廊坊师范学院学报：自然科学版，2006(1)：14-15.

[49] 孟庆华，黄德音.染料在信息记录与存储领域的应用 [J].精细与专用化学品，2007(7)：11-16.

[50] 穆岚岚.档案的载体与形态 [J].黑龙江档案，2005(6)：46-47.

[51] 彭远明.复印件档案的老化原因与保护方法 [J].上海档案，2003(3)：42.

[52] 孙寅.新型信息记录材料：电子纸 [J].广东印刷，2002(6)：46-47.

[53] 王彩云.档案记录的改进措施和档案事业的未来 [J].濮阳教育学院学报，2002(4)：80.

[54] 王晖，樊肖祥，刘海，等.在突发事件中确保档案安全的对策 [J].档案学研究，2009(3)：17-20.

[55] 王良城.档案安全保障体系建设基本任务探析 [J].中国档案，2010(4)：20-21.

[56] 王志宇.不同格式电子文件的管理方法 [J].档案学通信，2007(1)：61-64.

[57] 项文新.档案信息安全保障体系框架研究 [J].档案学研究，2010(2)：70-75.

[58] 严春花，龙梦晴.中国古代档案保护制度概览 [J].兰台世界，2010(7)：17-18.

[59] 杨安莲.国外档案机构应对突发事件的主要做法及其借鉴意义 [J].上海档案，2009(2)：29-31.

[60] 杨安莲.论电子文件信息安全保障体系的构建 [J].档案学研究，2010(5)：75-78.

[61] 姚多岚.信息载体的多样化研究 [J].淮南职业技术学院学报，2002(2)：65-67，177.

[62] 尤春燕，张涛.磁盘阵列的维护与操作 [J].石家庄铁路工程职业技术学院学报，2004(3)：50-52.

[63] 张大伟.论档案工作者的"潮" [J].上海档案，2015(7)：29-32.

[64] 张芳娟.常见数据丢失原因及恢复方法探析 [J].商场现代化，2006(27)：69-70.

[65] 张美芳，黄丽华，金彤.档案安全保障体系的构建 [J].中国档案，2010(4)：22-23.

[66] 张美芳，王良城.档案安全保障体系建设研究 [J].档案学研究，2010(1)：62-65.

[67] 张美芳.数字时代档案保护指导思想的变化 [J].档案与建设，2002(2)：14-16.

[68] 张美芳.我国档案保护技术学可持续发展的若干思考 [J].档案学通信，2008(1)：69-72.

[69] 张艳欣，卞昭玲.从汶川地震谈档案馆突发性灾害的预防 [J].兰台世界，2008(22)：35-36.

[70] 赵淑梅，金彤.光盘记录材料辨考 [J].信息记录材料，2008(3)：48-55.

[71] 赵淑梅. 试论档案保护技术学体系的重新架构 [J]. 档案学研究，2004 (4):51-54.

[72] 左平熙. 美英图书馆联盟的灾难管理实践及启示 [J]. 河南省图书学刊，2008, 28 (1)：130-132.